서 문

삶은 유한하다. 그리고 우리는 그 유한한 삶을 자신의 의지대로 계획하고 준비하길 희망한다. 그러나 안타깝게도, 삶의 시작점인 출생을 스스로 계획하고 준비할 수는 없다. 그저 삶의 중간점과 종착점만을 계획하고 준비할 수 있을 뿐이다.

삶의 중간점인 성장, 성취 등에 관한 논의는 무수히도 많다. 그러나 삶의 종착점에 대해서는 아직 그 논의가 충분하지 않다. 우리는 이에 대해 드러내어 말하기를 조심스러워하기 때문이다.

저자는 본 책을 통해 삶의 종착점을 미리 계획하고 준비하는 방법을 말하고 싶다. 특히, 규모의 크고 적음을 떠나, 평생 자신이 땀 흘려 모아온 소중한 재산을 지혜롭게 남기는 방법에 관하여 이야기하고 싶다.

그리하여 이 책에서는 먼저, 재산을 남기는 대표적인 방법인 '상속과 증여'를 설명하고, 나아가 이를 구현할 수 있는 가장 유연하고도 효과적인 수단인 '신탁'을 연계하여 다양한 재산승계의 방법을 소개한다.

그 다음으로는, 초고령화 사회를 앞두고 있는 우리 사회의 또 다른 큰 고민 즉, 치매를 준비할 수 있는 '후견'을 설명하고, 나아가 이를 구현할 수 있는 효과적인 수단인 '신탁'을 연계하여 새로운 재산관리의 방법을 제시한다.

삶의 종착점에 대해 고민하고 있는 독자들에게, 또는 그 고민을 함께 하고 있는 가족 및 지인들에게 꼭 필요한 도움이 될 수 있기를 소망한다.

서 문

　책을 집필함에 있어 여러 분들로부터 많은 도움을 받았다. 우선, 이 책을 시작함에 큰 용기와 기회를 주신 공동저자 신관식 세무사님께 깊이 감사드리며, 출간 업무를 세심하게 지원해 주신 더존테크윌의 이태동 이사님, 경정암 부장님께 감사드린다.

　또한 언제나 든든한 응원을 아끼지 않으셨던 신한은행 박의식 그룹장님, 엄보용 부장님, 최충일 부부장님, 박정근 차장님, 신경아 과장님께 진심으로 감사드리며, 이 책의 밑거름이 된 신탁업무 수행에 많은 도움을 주셨던 박주한 지점장님, 이재규 지점장님, 오종섭 지점장님, 김두환 팀장님께도 깊이 감사드린다.

　마지막으로 언제나 무한한 애정으로 지켜봐 주시는 부모님, 시부모님, 사랑하는 나의 남편 범진, 귀여운 나의 아들 연우에게 글로 다하기 어려운 가장 큰 사랑과 감사를 전한다.

2024년 8월
태평로에서　윤 서 정

서 문

그 동안 1,300여 명이 넘는 시니어 고객들과 상담한 내용을 반추해보면 재산승계라는 여정에 있어서 그 종착점은 세금과 절세의 문제로 귀결되는 것 같다. 부(富)의 많고 적음을 떠나 대부분의 사람들은 세금을 이렇게 생각한다. '세금이란 남이 내면 당연한 것, 내가 내면 아까운 것'

상속세와 증여세는 같은 세법에 있지만 많이 다르다. 과세의 방식도 차이가 있다.

우선, 상속세는 사망한 피상속인의 재산에 대해 살아있는 상속인이 그 재산을 신고하고 세금을 부담한다. 아직 유교적 전통이 남아있는 우리나라에서 대개 자녀는 부모의 재산에 대해 잘 물어보지 못한다. 양자 모두가 어딘지 모르게 껄끄럽다. 여기서부터 문제가 시작된다. 이 책에서는 상속세의 과세체계, 상속세가 지닌 문제점, 상속세와 재산분할의 중요성, 상속포기 및 한정승인과 세금 이슈, 유류분 관련 최근 헌법재판소의 일부 위헌 결정과 대응전략, 상속세를 절세하는 방법, 2024년 기획재정부가 발표한 세법개정안 등을 안내하고 설명하면서 유언대용신탁, 수익자연속신탁, 보험금청구권신탁 등 신탁과의 컬래버레이션을 다룬다.

증여세는 부모 등 증여자와, 자녀 등 수증자 사이에 무상으로 재산이 이전될 때 발생하는 세금이다. 증여세는 자녀 등 수증자가 부담한다. 증여재산 공제금액, 증여세 감면제도 등을 활용하면 절세할 수 있다. 일찍부터, 정기적으로, 분산해서 증여하면 절세할 수 있다. 그러나 재산을 증여받은 사람이 그 재산을 허투루 쓰거나, 사업을 하다가 망하거나, 이혼을 하면 어떻게 될까? 이러한 문제를 예방할 방법은 없는 것일까? 이 책에서는 증여세의 과세체계, 증여재산의 평가방법, 증여세를 절세하는 전략과 여러 증여세 감면제도 등을 소개하며 부담부증여를 활용

서 문

한 증여신탁, 장애인신탁, 이벤트형 신탁, 창업자금 관리신탁, 공익신탁 등 신탁과의 컬래버레이션을 다룬다.

이 책은 저자의 여섯번째 책이면서 재산승계와 신탁에 관해 핵심사항들만 모아놓은 책이다. 세금전문가의 관점에서 바라보는 신탁의 활용 전략을 담은 책이다. 상속세와 증여세 그리고 신탁의 비중을 의도적으로 균형있게 다루고자 했던 책이다. 이 책을 끝으로 기존에 낸 책을 개정하는 것 이외에는 향후 새로운 책은 쓰지 않을 생각이다.

이렇게 단언하고 나니 감사한 분들이 참 많다. 우선 공동저자인 윤서정 변호사님께 무한한 신뢰와 존경을 표시한다. 사랑하는 아내 정유경, 똑똑한 첫째 신지후, 야무진 둘째 신서후와 가족들께 고맙다는 말씀을 전한다. 우리은행 송현주 부행장님, 손상범 부장님, 함문형 팀장님, 이윤희 차장님, 김지희 차장님, 김희락 계장님을 비롯하여 이 책이 출간될 수 있게 지원을 아끼지 않으신 더존테크윌의 이태동 이사님, 경정암 부장님께는 머리 숙여 감사드린다. 그 보답으로 앞으로도 열심히 살겠다.

2024년 8월
회현동에서 　신 관 식

차 례

PART 1 상속과 증여

제1장 상속과 신탁
1. 상속의 개념 ·· 9
2. 상속의 방법 ·· 30
3. 상속의 승인과 포기 ·· 100

제2장 증여와 신탁
1. 증여의 의의 ·· 112
2. 증여의 해제 ·· 113
3. 증여와 신탁 ·· 119

제3장 후견과 신탁
1. 후견의 의의 ·· 124
2. 후견의 유형 ·· 126
3. 후견과 신탁 ·· 132

PART 2 세금과 신탁

제1장 상속세와 신탁
1. 상속세 – '앞으로 고민해야 하는 세금' ····························· 144
2. 상속세 문제 ① ·· 146
3. 상속세 문제 ② ·· 150
4. 상속포기와 상속세 ·· 154
5. 유류분과 상속세 그리고 신탁 ·· 160
6. 상속재산분할과 상속세 ··· 172

차 례

7. 손주를 위한 유학비 및 생활비 그리고 상속세 ·················· 175
8. 퇴직금과 상속세 ·················· 177
9. 피상속인이 미국 영주권자(시민권자)일 때 상속세 ·················· 180
10. 상속증여재산의 세법상 평가액 ·················· 183
11. 미술품 관련 상속증여재산의 평가와 물납제도 ·················· 188
12. 상속세를 아끼려면 배우자를 사랑하자 ·················· 190
13. 신탁과 보험 그리고 보험금청구권신탁 ·················· 193
14. 애매모호한 기여분 ·················· 202
15. 상속세를 납부할 때 연부연납 활용 ·················· 205

제2장 증여세와 신탁

1. 증여세 절세의 원칙 ·················· 223
2. 정기적 증여를 통한 증여세 절세와 신탁 ·················· 229
3. 결혼 축의금과 교육비 과연 증여세 비과세일까? ·················· 232
4. 증여를 통한 절세와 신탁의 활용 ·················· 238
5. 민법상 부담부증여와 세법상 부담부증여 ·················· 244
6. 부모 자식 간 현금 거래와 차용증 그리고 증여세 ·················· 250
7. 부모 자식 간 저가양도거래와 증여세 ·················· 253
8. 자녀의 창업자금 지원 전략과 증여세 ·················· 255
9. 장애인이 재산을 증여받을 때 절세법 2가지 ·················· 259
10. 보험을 활용한 상속세 재원 마련과 절세 ·················· 267
11. 해외에 있는 자녀에게 송금할 때 증여세 ·················· 269
12. 가업을 생전에 자녀에게 넘겨주면서 절세하는 방법 ·················· 271
13. 합산되는 증여재산과 사례별 증여세 계산 ·················· 276
14. 최근 트렌드: 할아버지가 손자에게, 세대생략증여 ·················· 278
15. 기부하려면 제대로 해야 한다. ·················· 283
16. 재산을 언제 증여해야 할까? ·················· 287

재산승계의 정석　PART

1 상속과 증여

재산승계
CHAPTER
1

상속과 신탁

1 상속의 개념

1) 상속의 의의

상속은 자연인이 사망한 경우 그 사람의 재산상 권리·의무가 법률의 규정에 의하여 특정의 사람에게 포괄적으로 승계되는 것을 의미한다. 이때 사망한 자를 '피상속인'이라고 하고, 피상속인의 사망으로 인해 그 재산상 권리·의무를 포괄적으로 승계하는 자를 '상속인'이라 하며, 상속은 피상속인의 사망으로 '개시'된다. 이때 피상속인의 사망에는 '현실사망' 이외에도 '실종선고', '인정사망'*이 포함되나, 동시사망자 상호 간에는 상속이 개시되지 않는다. 현실사망은 실제로 사망한 때(사망신고한 때가 아님) 상속이 개시되고, 실종선고는 실종기간이 만료한 때* 상속이 개시되며, 인정사망은 반증이 없는 한 가족관계등록부에 기재된 사망일시에 사망한 것으로 인정되어 그때를 기준으로 상속이 개시된다.

> * **인정사망**: 수해, 화재나 그 밖의 재난으로 인하여 사망이 확실시되지만 사망의 확증이 없는 경우 진단서 또는 검안서 대신 재난을 조사한 관공서의 보고에 의하여 가족관계등록부에 사망의 기재를 할 수 있도록 하는 제도
>
> * **실종기간 만료**: 보통실종의 경우는 5년, 특별실종의 경우는 1년이며, 특별실종은 전지에 임한 자, 침몰한 선박 중에 있던 자, 추락한 항공기 중에 있던 자, 기타 사망의 원인이 될 위난을 당한 자의 실종을 말함

2) 상속인의 자격

상속인은 '피상속인이 사망하였을 때 피상속인이 가지고 있었던 재산상 권리·의무를 승계 받을 수 있는 법적 자격을 가진 자'를 말한다. 상속인은 상속순위가 있어야 하고, 상속능력이 있어야 하며, 상속결격이 없어야 한다. 이를 차례로 살펴보자.

(1) 상속순위

순위	상속인	비고
1순위	피상속인의 직계비속	피상속인의 배우자는 1순위 또는 2순위 상속인이 있는 경우에는 그 상속인과 동순위 상속인이 되고 그 상속인이 없는 경우에는 단독상속인이 됨
2순위	피상속인의 직계존속	
3순위	피상속인의 형제자매	
4순위	피상속인의 4촌 이내의 방계혈족	

상속순위는 위의 표와 같다. 이때 주의할 점은 선순위의 상속인이 있으면 상속은 이들에게서 완료되고 후순위의 상속인에게는 미치지 않는다는 것이다. 예를 들어, 피상속인에게 직계비속과 배우자, 직계존속이 있다면, 상속은 1순위 상속인인 직계비속과 배우자가 받으며 2순위 상속인인 직계존속은 상속을 받지 못한다. 또한, 동순위의 공동상속인이 여러 명일 때는 상속재산을 균등하여 분할한다. 다만, 배우자가 1순위 또는 2순위 상속인과 공동상속인이 될 때에는 1순위 또는 2순위 상속인의 상속분에 5할을 가산하여 분할한다. 예를 들어, 피상속인에게 직계비속과 배우자가 있다면, 이들은 1 대 1.5의 비율로 상속재산을 분할한다.

(2) 상속능력

상속능력이란 '상속인이 될 수 있는 자격'을 말한다. 상속은 재산권의 승계이므로 권리능력이 있는 자는 모두 상속능력이 인정된다. 상속능력이 인정되기 위해서는 피상속인이 사망할 당시 상속인은 생존하고 있어야 한다. 재산을 물려주는 사람, 그리고 재산을 물려받을 사람 모두 상속인의 자격이 누구에게 있는지 알아두어야 상속을 준비할 수 있고, 이것이 곧 상속 준비의 첫걸음이다. 이와 관련하여 필자가 작성한 기고문을 소개한다.

상속인의 자격을 알아두는 것이 상속 준비의 첫걸음

Q
서양의 전래동화 신데렐라에는 복잡한 가족관계가 등장한다. 신데렐라는 어려서 친모를 잃었고 이후 친부는 재혼했다. 이로 인해 신데렐라에게는 계모와 의붓자매인 두 언니가 생겼다. 신데렐라의 친부가 사망할 경우 상속인은 누가 될까.

A
현행법상 사실혼 관계의 배우자는 상속인이 되지 못하고 의붓자녀는 입양하지 않는 한 상속인이 되지 못한다. 따라서 친부와 계모가 법률혼 관계였고 친부가 언니들을 입양했다면 상속인은 신데렐라, 계모, 언니들이 된다. 그러나 친부가 언니들을 입양하지 않았다면 상속인은 신데렐라, 계모가 된다. 또 친부와 계모가 사실혼 관계였고 친부가 언니들을 입양하지 않았다면 상속인은 신데렐라가 된다.

하지만 언니들이 친부의 의붓자녀가 아니라 혼외자라면 상속인이 될 수 있을까. 신데렐라의 친부가 친모와 혼인 관계를 유지하던 중 신데렐라를 낳기도 전에 계모와의 사이에서 언니들을 낳았다고 해보자. 이때 신데렐라의 친부와 언니들 사이에는 혈연관계가 있지만 언니들은 그 사실만으로는 상속인이 되지 못한다. 이들이 상속인이 되기 위해서는 '인지'라는 절차를 거쳐야 한다. 인지란 혼외자를 친생자로 인정하는 것을 말한다. 생부 또는 생모가 스스로 인지할 수도 있고 혼외자가 생부 또는 생모를 상대로 인지청구의 소를 제기할 수도 있다. 생부 또는 생모가 사망한 경우라면 사망 사실을 안 날로부터 2년 내에 검사를 상대로 소를 제기하면 된다. 인지를 한 경우 상속인은 신데렐라와 언니들이 되고 인지를 하지 않은 경우 상속인은 신데렐라가 되는 것이다.

동화 속에서 신데렐라는 왕자를 만나 행복한 가정을 꾸렸다. 하지만 불의의 사고를 당해 왕자가 사망한 후 얼마 지나지 않아 신데렐라도 사망했다고 가정해 보자. 이 경우 상속인은 누가 될까.

왕자의 사망으로 상속인이 될 자는 법률상 배우자와 직계비속(직계가족 중 손아래의 사람)이다. 그러므로 왕자와 신데렐라 사이에 자녀가 없다면 왕자의 재산은 모두 신데렐라가 상속받는다. 그런데 얼마 지나지 않아 법률상 배우자도 직계비속도 없는 신데렐라 역시 사망했다면 직계존속이 상속인이 된다. 직계존속은 직계가족 중 손위의 사람을 말하므로 친부와 계모를 생각해 볼 수 있다. 하지만 계모는 신데렐라를 입양하지 않는 한 상속인이 되지 못한다. 즉, 계모가 신데렐라 생전에

> 그를 미리 입양해 둔 사실이 없다면 친부만이 상속인이 된다.
> 　이때 친부마저도 일찍이 세상을 떠났다면 상속인은 형제자매가 된다. 그렇다면 신데렐라의 언니들이 상속인이 되는 걸까. 신데렐라의 친부가 언니들을 입양했다면 신데렐라와 언니들 간에도 형제자매 관계가 성립하기 때문에 언니들은 신데렐라의 상속인이 된다. 그러나 입양하지 않았다면 상속인이 되지 않는다.
> 　앞서 해 본 가정을 이어가 언니들이 신데렐라 친부의 혼외자라면 신데렐라와 언니들은 이복자매 관계가 된다. 이복자매도 상속인이 될 자격이 있을까. 우리 법은 이복(아버지는 같으나 어머니가 다름) 또는 이부(어머니는 같으나 아버지가 다름) 형제자매도 형제자매로서 상속인의 자격을 인정한다. 단, 인지를 통해 가족관계증명서에 등록되어야 한다. 언니들이 인지를 통해 신데렐라 친부의 가족관계증명서에 등록되었다면 신데렐라의 상속인이 된다. 결과적으로 왕자의 재산까지 모두 언니들이 받게 되는 것이다.
> 　널리 알려진 전래동화를 통해서도 알 수 있듯이 상속인의 자격과 그에 따르는 상속 결과는 결코 가볍지 않다. 특히 상속이 적극재산 뿐 아니라 채무와 같은 소극재산도 모두 포함하여 물려받는다는 점을 고려하면 더욱 그렇다. 미리 정확하게 알아두지 않으면 자칫 얼굴도 모르는 혈족의 빚을 떠안을 수도 있을지 모르니 말이다.
> 　　　　　　　　　　　　　　　　　출처: 윤서정 변호사, 동아일보, 2023.11.14.

　이 외에도 상속인의 자격이 있는 자로 '태아'와 '외국국적을 가진 자'가 있다. 민법은 태아를 상속순위에 관하여 이미 출생한 것으로 본다. 단, 살아서 출생하지 못하면 상속인으로서의 자격이 없고, 살아서 출생한 경우에만 상속인으로서의 자격을 부여한다.

　한편, 고객들과 상담하다 보면 외국국적을 가진 자녀도 상속을 받을 수 있냐는 질문을 종종 받는다. 상속을 받는 데에 있어 상속인의 국적은 문제가 되지 않는다. 외국국적의 상속인도 상속인의 자격이 있다. 다만, 피상속인이 외국국적을 갖고 있는 경우에는 원칙적으로 피상속인의 본국법에 따라 상속이 이루어지므로, 그 본국법을 살펴 상속인, 상속순위, 상속분 등을 따져보아야 한다.

반면, 사실혼 배우자는 상속을 받지 못한다. 이에 대해 위헌 논란이 있었지만 헌법재판소는 사실혼 배우자에게 상속권을 인정하지 아니하는 것은 상속인에 해당하는지 여부를 객관적인 기준에 의하여 파악할 수 있도록 함으로써 상속을 둘러싼 분쟁을 방지하고, 상속으로 인한 법률관계를 조속히 확정시키는, 거래의 안전을 도모하기 위한 것이고, 나아가 사실혼 배우자는 혼인신고를 함으로써 상속권을 가질 수 있고, 증여나 유증을 받는 방법으로 상속에 준하는 효과를 얻을 수 있으며, 근로기준법, 국민연금법 등에 근거한 급여를 받을 권리 등이 인정되는 바, 위헌이 아니라고 판시하였다(헌법재판소 2014.8.28. 선고 2013헌바119). 이처럼 사실혼 배우자는 상속에 대한 권리가 없다. 다만, 피상속인이 상속인 없이 사망한 경우 피상속인의 사실혼 배우자는 특별연고자로서 가정법원에 상속재산의 전부 또는 일부를 분여해 줄 것을 청구할 수 있고, 피상속인과 가정공동생활을 하던 주택의 임대차 관계에서 임차인의 권리와 의무를 승계할 수 있다.

한편, 사실혼을 해소하는 경우에는 법률혼에서 이혼할 때와 마찬가지로 재산분할을 받을 수 있다. 대법원은 사실혼 관계에 대해 법률혼에 대한 민법의 규정 중 혼인신고를 전제로 하는 규정은 유추적용할 수 없으나, 부부재산의 청산의 의미를 갖는 재산분할에 관한 규정은 부부의 생활공동체라는 실질에 비추어 인정되는 것이므로 준용 또는 유추적용할 수 있다고 보고 있다(대법원 1995.3.28. 선고 94므1584 판결).

아울러 사실혼 배우자는 각종 연금에 대해서도 분할받을 수 있다. 다만, 연금의 수급요건 중 '배우자와의 혼인기간'은 별거나 가출 등의 사유로 실질적인 혼인관계가 존재하지 않았던 기간은 제외된다.

국민연금법이 정하는 노령연금은 이혼한 배우자가 노령연금 수급권자이고, 국민연금 가입기간 중 그 배우자와의 혼인기간이 5년 이상이며, 분할을 신청하는 본인이 60세가 되었다면 배우자의 노령연금액 중에서 혼인기간에 해당하는 연금액을 균등하게 나눈 금액을 분할해 받을 수 있다.

한편, 연금의 지급은 위 5년과 60세의 요건을 모두 갖춘 때로부터 5년 이내에 신청하여야 한다. 그렇다면 만일 60세가 되기 전에 이혼하는 경우에는 어떻게 해야 할까? 그 경우에는 비록 60세 요건을 충족하지 못했다고 하더라도, 이혼한 때로부터 3년 이내에 미리 신청해 둘 수 있다. 다만, 미리 신청했어도 실제 지급은 60세 요건을 충족한 때 이루어진다.

공무원연금법과 사립학교교직원연금법상 퇴직연금 또는 조기퇴직연금도 국민연금법상 노령연금과 유사하다. 다만, 혼인기간, 수급연령, 신청기간에 있어 다소 차이가 있는데, 먼저, 혼인기간은 동일하게 5년이기는 하지만 그 5년이 '배우자가 공무원(교직원)으로 재직한 기간 중의 혼인기간'이어야 한다는 점에서 차이가 있다. 또한, 분할을 신청하는 본인의 연령이 60세가 아니라 65세이고, 신청기간이 5년이 아니라 3년이라는 점에서 차이가 있다.

군인연금법상 퇴역연금도 위와 거의 유사하다. 다만, 분할을 신청하는 본인의 연령에 제한이 없고 연금 수급요건을 갖추고 퇴역한 때부터 지급된다는 점에서 차이가 있으며, 신청기간은 5년이다.

연금의 분할비율은 연금 수급권자인 상대방 배우자의 연금가입기간 중 혼인 기간에 해당하는 연금액을 균등한 비율로 나누는 것을 원칙으로 한다. 그러나 협의상 또는 재판상 이혼에 따른 재산분할 절차에서 이혼 당사자 사이에 연금의 분할 비율을 달리 정하기로 하는 합의가 있었거나 법원이 이를 달리 결정하면 그 비율에 따르게 된다.

한편, 상속인의 결격사유가 있는 자도 상속을 받지 못하는데, 이에 대해서는 아래에서 항을 바꾸어 설명하겠다.

(3) 상속결격

상속결격이란 '상속인에 대하여 일정한 법정사유가 발생한 경우 법률상 당연히 상속인으로서의 자격을 상실하게 되는 것'을 말한다. 민법은 상속인의 결격사유를 다음과 같이 정하고 있다.

> **민법 제1004조(상속인의 결격사유)** 다음 각 호의 어느 하나에 해당한 자는 상속인이 되지 못한다.
> 1. 고의로 직계존속, 피상속인, 그 배우자 또는 상속의 선순위나 동순위에 있는 자를 살해하거나 살해하려던 자
> 2. 고의로 직계존속, 피상속인과 그 배우자에게 상해를 가하여 사망에 이르게 한 자
> 3. 사기 또는 강박으로 피상속인의 상속에 관한 유언 또는 유언의 철회를 방해한 자
> 4. 사기 또는 강박으로 피상속인의 상속에 관한 유언을 하게 한 자
> 5. 피상속인의 상속에 관한 유언서를 위조·변조·파기 또는 은닉한 자

이러한 내용을 미처 알지 못해 비극이 벌어지기도 한다. 필자가 예전에 담당했던 사건 중, 남편이 불의의 교통사고로 사망하자 홀로 아이를 키울 자신이 없었던 아내가 낙태를 하였는데 그의 시어머니가 나타나 상속인의 결격사유를 주장하며 며느리는 상속받을 자격이 없고 자신이 상속받아야 한다고 주장한 사례가 있었다. 앞서 살펴본 바와 같이 태아는 상속순위에 관하여 이미 출생한 것으로 보기 때문에 피상속인의 직계비속으로서 아내와 동순위의 상속인이 되므로, 낙태를 한 경우 아내는 자신과 상속의 동순위에 있는 자를 살해한 자가 되는 바, 민법 제1004조 제1호에 따른 상속인의 결격사유로 인해 상속을 받지 못한다. 만일 아내가 미리 법률적 조언을 받을 수 있었다면, 다른 선택을 하고 다른 결과로 이어지지 않았을까 하는 안타까움이 짙게 남는다.

> **낙태하면 상속 못받는다? 낙태 허용하면서 이 법은 놔둔 정부**
>
> (전략) 현행 민법과 대법원 판례에 따르면 낙태한 여성은 합법적인 낙태 여부와 무관하게 남편 재산에 대한 상속권을 상실한다. 민법 1004조는 '상속의 동순위에 있는 자를 살해하거나 살해하려 한다'에게 상속권을 박탈하도록 규정하고 있다. 이어 민법 1000조는 태아에 대해 '상속순위에 관하여 이미 출생한 것으로 본다'고 정하고 있다. (후략)
>
> 출처: 이가람 기자, 중앙일보, 2020.1.8.

다만, 이와 같은 상속결격의 효과는 상속결격자의 일신에만 전속적으로 미치므로 상속결격자의 직계비속이나 배우자가 대습상속을 하는 데에는 지장이 없다. 대습상속에 대해서는 아래에서 항을 바꾸어 설명하겠다.

(4) 대습상속

대습상속이란 '상속인이 되었어야 하는 직계비속 또는 형제자매가 상속개시 전에 사망하거나 상속결격이 된 경우에 그 직계비속이나 배우자가 그 사망자나 결격자에 갈음하여 그 순위에서 상속인이 되는 것'을 말한다. 예를 들어, 아래와 같은 경우를 생각해 볼 수 있다.

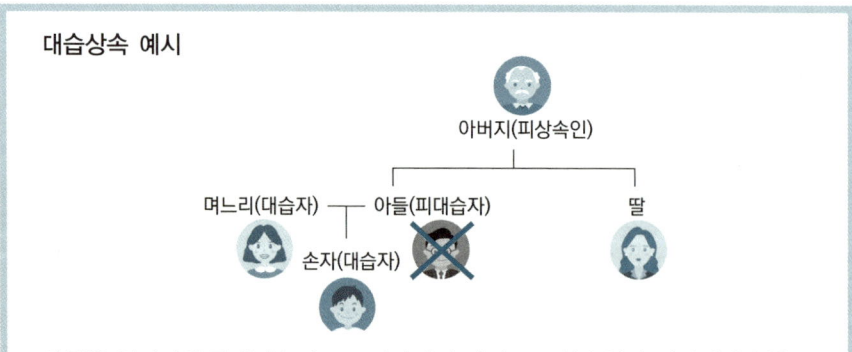

아들은 아버지의 직계비속이므로 아버지의 사망으로 상속인이 되었어야 했음. 그러나 아버지보다 먼저 사망하였으므로, 그의 직계비속(손자)과 배우자(며느리)가 대습자로서 아들의 상속분을 공동상속 함. 따라서 아버지의 사망으로 상속인이 되는 사람은 직계비속인 딸과 아들의 대습자인 며느리 및 손자임.

그런데 만일 위 사안에서 아버지와 아들이 항공기 사고로 동시에 사망했다면, 며느리와 손자는 대습상속을 받을 수 있을까. 법문상으로는 상속인이 되었어야 할 직계비속 또는 형제자매가 피상속인의 '상속개시 전'에 사망하여야 한다고 정하고 있다. 그러므로 법문 그대로 본다면, 아들은 아버지보다 먼저 사망한 것이 아니라 동시에 사망한 것이므로 대습상속을 받을 수 없을 것이다. 그러나 판례는 다음과 같은 이유로 동시사망의 경우에도 대습상속을 인정하고 있다. 필자 역시 타당하다고 생각한다.

> **대법원 2001.3.9. 선고 99다13157 판결**
> 원래 대습상속제도는 대습자의 상속에 대한 기대를 보호함으로써 공평을 꾀하고 생존 배우자의 생계를 보장하여 주려는 것이고, 또한 동시사망 추정규정도 자연과학적으로 엄밀한 의미의 동시사망은 상상하기 어려운 것이나 사망의 선후를 입증할 수 없는 경우 동시에 사망한 것으로 다루는 것이 결과에 있어 가장 공평하고 합리적이라는 데에 그 입법 취지가 있는 것인바, <u>상속인이 될 직계비속이나 형제자매(피대습자)의 직계비속 또는 배우자(대습자)는 피대습자가 상속개시 전에 사망한 경우에는 대습상속을 하고, 피대습자가 상속개시 후에 사망한 경우에는 피대습자를 거쳐 피상속인의 재산을 본위상속을 하므로 두 경우 모두 상속을 하는데, 만일 피대습자가 피상속인의 사망, 즉 상속개시와 동시에 사망한 것으로 추정되는 경우에만 그 직계비속 또는 배우자가 본위상속과 대습상속의 어느 쪽도 하지 못하게 된다면 동시사망 추정 이외의 경우에 비하여 현저히 불공평하고 불합리한 것이라 할 것이고, 이는 앞서 본 대습상속제도 및 동시사망 추정규정의 입법 취지에도 반하는 것이므로, 민법 제1001조의 '상속인이 될 직계비속이 상속개시 전에 사망한 경우'에는 '상속인이 될 직계비속이 상속개시와 동시에 사망한 것으로 추정되는 경우'도 포함하는 것으로 합목적적으로 해석함이 상당하다.</u>

3) 상속재산의 범위

(1) 포괄승계

상속이 개시되면 피상속인에게 속한 일체의 재산상 권리·의무가 상속개시와 동시에 아무런 의사표시나 다른 행위를 요하지 않고 포괄적인 일체로서 상속인에게 승계된다. 이러한 승계는 상속인이 상속개시를 알고 있는지 여부를 불문하고 상속인의 의사와 관계없이 이루어진다. 즉, 소극재산이 적극재산을 초과하는 경우에도 상속인이 이를 당연히 승계하도록 하여 상속인의 고유재산으로 피상속인의 채무를 부담하게 하는 결과를 초래할 수 있다.

이에 관하여 위헌 논란이 있었으나, 헌법재판소는 우리의 상속법제의 경우 상속의 포기·한정승인제도를 두어 상속인으로 하여금 그의 의사에 따라 상속의 효과를 귀속시키거나 거절할 수 있는 자유를 주고 있으며, 상속인과 피상속인의 채권자 및 상속인의 채권자 등의 이해관계를 조절할 수 있는 다양한 제도적 장치도 마련하고 있으므로, 헌법상 보장된 재산권이나 사적 자치권 및 행복추구권을 과도하게 침해하여 기본권제한의 입법한계를 벗어난 것으로서 헌법에 위반된다고 할 수는 없다고 판단하였다(헌법재판소 2004. 10.28. 선고 2003헌가13 결정).

위와 같은 우리 상속법제의 포괄·당연승계주의로 인해 피상속인의 채무를 떠안게 된 상속인들이 고통을 호소하는 경우가 있다. 관련하여 일본에서도 최근 이러한 문제로 '돌연상속'이 사회적 이슈로 떠오르고 있는바, 그에 관한 기사를 소개한다.

> **반평생 연 끊은 아버지 '세금 폭탄' 물려줘… '돌연 상속' 늪에 빠진 일본**
>
> "요즘은 부모가 이혼한 뒤 한쪽과 연락 끊기는 경우가 드물지 않죠. 하지만 남보다도 못하게 지냈더라도 혈연이란 이유로 빚이든 빈집이든 상속받아야 합니다. 이런 사실을 제대로 알고 있는 사람이 얼마나 될까요?"
>
> 지난해 12월 20일 일본 니가타현 니가타시에서 만난 나가누마 마스미(50)가 열변을 토했다. 그는 2019년부터 3년 동안 단 하루도 제대로 잠을 잔 적이 없다. 반평생 연을 끊고 지내던 아버지가 사망한 뒤 매달 세금을 내야 하는 시골 빈집을 갑자기 상속받았기 때문이다. (중략)
>
> 대표적인 사례가 나가누마가 겪은 '돌연상속'이다. 혈연과 대가족에 기반해 만들어진 법이 바뀌지 않으면서, 먼 친척이나 연락이 끊긴 부모에게서 채무나 빈집을 갑자기 상속받는 것을 말한다. (후략)
>
> 출처: 박지영 기자, 한국일보, 2024.1.10.

그렇다면 구체적으로 어떤 재산들이 상속되는 것인지, 그리고 어떤 재산들이 상속되지 않는 것인지 구분하여 알아보도록 하자.

상속재산 O	적극재산	- 물권: 소유권①, 전세권, 임차권, 지상권, 지역권, 점유권, 저당권, 질권, 유치권 등 - 채권: 통상의 채권, 재산분할청구권, 정신적 손해에 대한 배상청구권②, 생명침해로 인한 손해배상청구권, 유류분반환청구권 등 - 무체재산권: 특허권, 상표권, 저작권③, 광업권④, 어업권 등
	소극재산	- 채무: 통상의 채무, 조세채무⑤, 과징금 납부의무, 계속적인 보증채무⑥ 등
	기타	- 계약상 지위: 임대차계약의 당사자 지위, 골프 또는 헬스클럽의 회원 지위⑦ 등 - 소송상 지위⑧, 행정법령상 수허가자 지위
상속재산 X	적극재산	- 물권: 특수지역권⑨, 합유지분⑩ - 채권: 부양청구권⑪, 유족급여 또는 사망퇴직수당⑫, 생명보험금청구권
	소극재산	- 보증채무: 신원보증⑬
	기타	- 계약상 지위: 위임계약의 당사자 지위, 정기증여계약의 당사자 지위, 조합원 지위⑭, 대리관계의 본인 및 대리인 지위⑮, 사단법인 및 비법인사단의 사원 지위⑯ - 부의금(조의금)

표 상세설명

① 소유권: 상속재산에 해당되나, 그 중 농지 소유권은 농업경영을 하지 않는 자의 경우 상속에 제한을 받음(총 10,000㎡까지만 소유 가능).

② 정신적 손해에 대한 배상청구권: 상속재산에 해당되나, 그 중 약혼해제로 인한 위자료청구권은 당사자 간에 이미 그 배상에 관한 계약이 성립되거나 소를 제기한 경우가 아니면 상속되지 아니하며, 이는 혼인무효·취소, 입양무효·취소, 파양, 이혼으로 인한 위자료청구권도 동일함.

③ 저작권: 저작권은 저작재산권(저작권자가 저작물에 대하여 가지는 경제적 이익을 보호하는 권리), 저작인격권(저작자가 저작물에 대하여 가지는 인격적 이익을 보호하는 권리)로 구분할 수 있고, 그 중 저작재산권(복제권, 공연권, 공중송신권, 전시권, 배포권, 대여권, 2차적저작물작성권)은 상속이 되나, 저작인격권(공표권, 성명표시권, 동일성유지권)은 저작자의 일신에 전속하므로 상속되지 않음.

④ 광업권: 상속재산에 해당되나, 그 중 공동광업출원인은 조합계약을 한 것으로 간주되므로, 그 광업권자의 지위는 상속인이 승계하기로 약정하지 않은 이상 상속되지 않음.

⑤ 조세채무: 상속인(민법상 상속인과 상속세 및 증여세법상 수유자를 포함) 또는 민법상 상속재산관리인은 피상속인에게 부과되거나 그 피상속인이 납부할 국세 및 강제징수비를 상속으로 받은 재산의 한도에서 납부할 의무를 짐.

⑥ 계속적인 보증채무: 보증한도액이 정해진 경우 보증인의 지위가 상속인에게 상속됨이 원칙이나, 보증기간과 보증한도액의 정함이 없는 경우 보증인의 지위가 상속인에게 상속되지 않고, 기왕에 발생된 보증채무만이 상속됨.

⑦ 골프 또는 헬스클럽의 회원 지위: 회원계약이나 단체의 정관에서 정하는 바에 따라 상속 여부가 결정된다고 할 것이나, 상속 여부를 정하고 있지 않더라도 양도가 인정되는 한 원칙적으로 상속의 대상이 된다고 보는 것이 다수의 견해임.

⑧ 소송상 지위: 상속재산에 해당되나, 이혼 소송 계속 중 당사자인 피상속인이 사망한 경우처럼 소송의 목적인 권리관계가 피상속인의 일신에 전속하는 것인 경우에는 그 소송상 지위가 상속되지 아니하고 소송 종료됨.

⑨ 특수지역권: 어느 지역의 주민이 집합체의 관계로 각자가 타인의 토지에서 초목, 야생물 및 토사의 채취, 방목 기타의 수익을 하는 권리

⑩ 합유지분: 합유자 사이에 합유지분의 상속을 인정하기로 하는 특별한 약정이 없는 한 상속되지 않음.

⑪ 부양청구권: 상속재산에 해당되지 아니하나, 당사자의 협의 또는 가정법원의 심판에 의하여 구체적인 청구권의 내용과 범위가 확정된 후의 양육비채권 중 이미 이행기가 도달한 후의 양육비채권 즉, 연체부양료청구권은 상속재산에 해당됨.

⑫ 유족급여 또는 사망퇴직수당: 유족급여의 수급권자인 유족은 상속인으로서가 아니라 관련 법령에 의하여 직접 자기의 고유의 권리로서 취득하는 것이므로 각 급여의 수급권은 상속재산이 아님. 단, 상속세 및 증여세법 제10조 본문은 피상속인에게 지급될 퇴직금, 퇴직수당, 공로금, 연금 또는 이와 유사한 것이 피상속인의 사망으로 인하여 지급되는 경우 그 금액은 상속재산으로 본다고 규정하고 있으므로, 상속세를 계산함이 있어서는 상속재산으로 보고 있음.

⑬ 신원보증: 신원보증인의 지위는 상속되지 않지만, 신원보증인이 사망하기 전에 기존 신원보증계약에 기하여 구체적인 보증채무가 발생한 때에는 채무가 보증인의 상속인에게 상속됨.

⑭ 조합원 지위: 조합에 있어서 조합원 1인이 사망한 때에는 민법 제717조에 의하여 그 조합관계로부터 당연히 탈퇴하고, 특히 조합계약에서 사망한 조합원의 지위를 그 상속인이 승계하기로 약정한 바 없다면 사망한 조합원의 지위는 상속인에게 승계되지 아니하며, 그 경우 상속인은 민법 제719조에 따른 지분반환청구권을 행사할 수 있고 그 지분계산에 있어서 자산평가의 기준시기는 탈퇴 당시로 보아야 함.

⑮ 대리관계의 본인 및 대리인 지위: 상속재산에 해당되지 아니하나, 본인이 상인인 경우 상법 제50조에 따라 그 영업에 관하여 수여한 대리권은 소멸하지 아니함.

⑯ 사단법인 및 비법인사단의 사원 지위: 민법상 사단법인의 사원 지위는 상속할 수 없으나, 민법 제56조의 규정은 강행규정이 아니므로 사단법인의 경우 정관에 의하여 이를 인정하고 있을 때에는 양도 또는 상속이 허용되고, 비법인사단의 사원 지위는 규약이나 관행에 의하여 양도 또는 상속될 수 있음.

이 중 '생명보험금청구권' 및 '임대차계약의 당사자 지위'와 관련하여 상속재산의 포함 여부를 두고 자주 다툼이 있는 바, 아래에서 좀 더 자세히 알아보고자 한다.

① **생명보험금청구권**

피상속인이 자신을 피보험자로 한 생명보험계약을 체결하면서 보험료를 납부하는 경우에 그 생명보험계약에 의한 생명보험금청구권이 상속재산인지, 아니면 상속인이 자신의 고유한 권리로 생명보험금청구권을 취득하는지가 문제된다. 이를 상속재산으로 볼 것인지 아니면 상속인의 고유재산으로 볼 것인지에 따라 △생명보험금의 수령이 상속재산에 대한 처분행위로서 법정단순승인 사유에 해당하는지 여부, △상속포기를 한 경우에도 생명보험금을 수령할 수 있는지 여부, △피상속인의 채권자가 강제집행을 할 수 있는지 여부 등이 달라지기 때문이다.

> **대법원 2004.7.9. 선고 2003다29463 판결**
> 보험계약자가 피보험자의 상속인을 보험수익자로 하여 맺은 생명보험계약에 있어서 피보험자의 상속인은 피보험자의 사망이라는 보험사고가 발생한 때에는 보험수익자의 지위에서 보험자에 대하여 보험금 지급을 청구할 수 있고, 이 권리는 보험계약의 효력으로 당연히 생기는 것으로서 상속재산이 아니라 상속인의 고유재산이라고 할 것인데, 이는 상해의 결과로 사망한 때에 사망보험금이 지급되는 상해보험에 있어서 피보험자의 상속인을 보험수익자로 미리 지정해 놓은 경우는 물론, 생명보험의 보험 계약자가 보험수익자의 지정권을 행사하기 전에 보험하고가 발생하여 상법 제733조에 의하여 피보험자의 상속인이 보험수익자가 되는 경우에도 마찬가지라고 보아야 한다. (중략) 보험수익자의 지정에 관한 상법 제733조는 상법 제739조에 의하여 상해보험에도 준용되므로, 결국 상해의 결과로 사망한 때에 사망보험금이 지급되는 상해보험에 있어서 보험수익자가 지정되어 있지 않아 위 법률규정에 의하여 피보험자의 상속인이 보험수익자가 되는 경우에도 보험수익자인 상속인의 보험금청구권은 상속재산이 아니라 상속인의 고유재산으로 보아야 한다.

위와 같이 대법원은 **생명보험금청구권을 상속재산이 아니라 상속인의 고유재산으로 판단**하고 있다. 이와 관련하여 최근 대법원은 상속연금형 즉시연금보험계약의 경우 그 보험계약과 보험금의 성격을 어떻게 볼 것인지 문제된 사안에서 이 역시 생명보험계약과 동일하게 보아야 한다고 판단한 바 있다.

> **사망보험금은 상속재산 아닌 상속인의 고유재산**
>
> (전략) 대법원은 "상속형 즉시연금보험도 상법상 제370조에 근거해 사람의 사망과 생존 모두를 보험사고로 하는 생명보험계약에 해당한다"며 "자녀들이 받은 돈이 B씨가 생전 보험사에 낸 원금(보험납입금)과 실질적으로 같더라도 법적 성격은 'B씨가 낸 보험료'가 아니라 B씨 사망에 따른 사망보험금"이라고 설명했다.
>
> 이어 "피보험자 사망으로 인해 수익자로 지정된 자녀들이 받은 보험금을 상속재산으로 볼 수 없다"며 "그에 따라 상속인들이 상속재산을 처분해 단순승인 요건을 충족한 것으로도 볼 수 없다"고 판단했다. (후략)
>
> 출처: 임도영 기자, 법조신문, 2023.8.9.

상속연금형 즉시연금보험계약이란 보험계약자가 보험계약을 체결하고 보험료를 일시에 납입한 후 보험수익자가 매월 생존연금을 지급받다가 만기가 도래하면 납입한 보험료와 동일한 액수의 만기보험금을 지급받지만, 만기가 도래하기 전 피보험자가 사망하면 만기보험금 지급을 위해 적립된 금액과 일정 금액을 합산한 액수의 사망보험금을 받는 내용의 보험이다.

한편, 위 사건에서 보험계약자는 자신이 생존할 경우의 보험수익자를 자기 자신으로, 사망할 경우의 보험수익자를 상속인으로 지정하였다. 그리고 보험계약자는 그 후 생존연금을 지급받다가 만기가 도래하기 전 사망하여 상속인이 보험수익자로서 사망보험금을 수령하였다.

위 판결은 상속연금형 즉시연금보험계약의 경우에도 생명보험계약의 경우와 같이 그 보험금청구권 또는 그 보험금을 상속재산이 아니라 상속인의 고유재산으로 보아야 한다는 점을 최초로 명시하였다는 점에서 의미가 있다. 다만, 생명보험금청구권을 언제나 상속인의 고유재산으로 보는 것은 아니다. 아래 표의 순번 (3)의 경우와 같이 보험계약자=피보험자=보험수익자=피상속인인 경우에는 피상속인의 상속재산으로 본다. 이처럼 생명보험금청구권의 보험수익자를 보험계약자 겸 피보험자인 자신으로 지정해 놓는 경우는 저축보험 성격을 갖는 생명보험계약이나 상해보험계약에서 종종 있다.

생명보험금청구권을 상속재산으로 볼 것인지 아니면 고유재산으로 볼 것인지에 따라 아래 표의 ⓐ, ⓑ, ⓒ에 관한 점이 달라지는 바, 이를 상세히 살펴본다.

순번	보험계약자	피보험자	보험수익자	재산성격	ⓐ 법정단순승인	ⓑ 상속포기	ⓒ 강제집행
(1)	피상속인	피상속인	상속인	고유재산	단순승인X	수령가능	집행불가
(2)	피상속인	피상속인	지정안함*	고유재산	단순승인X	수령가능	집행불가
(3)	피상속인	피상속인	피상속인	상속재산	단순승인O	수령불가	집행가능

* 보험수익자를 지정하지 않은 경우 피보험자의 법정상속인이 보험금 수령권한을 가짐

표 상세설명

ⓐ 상속개시 후 상속인이 상속재산에 대한 처분행위를 한 때에는 상속재산에 대해 단순승인을 한 것으로 간주됨. 이처럼 법정단순승인이 인정되면 그 이후에는 상속포기나 한정승인을 할 수 없음. 그러므로 생명보험금청구권을 상속재산으로 본다면 보험금을 수령한 경우 법정단순승인으로 인정되어 그 이후에는 상속포기나 한정승인을 할 수 없으나, 고유재산으로 본다면 보험금을 수령하여도 법정단순승인으로 인정되지 않아 보험금을 수령한 이후에도 상속포기나 한정승인을 할 수 있음.

ⓑ 상속을 포기하는 것은 상속인으로서의 자격을 포기하는 것이므로, 상속을 포기한 이후에는 상속받을 수 없음. 그러므로 생명보험금청구권을 상속재산으로 본다면 상속을 포기한 이후에는 보험금을 수령할 수 없으나, 고유재산으로 본다면 상속을 포기한 이후에도 보험금을 수령할 수 있음.

ⓒ 피상속인의 채권자는 피상속인의 상속재산에 대해서는 강제집행을 할 수 있지만, 상속인의 고유재산에 대해서는 강제집행을 할 수 없음. 그러므로 생명보험금청구권을 상속재산으로 본다면 피상속인의 채권자가 강제집행 가능하나, 고유재산으로 본다면 강제집행 불가함.

다만, 위와 같이 **생명보험금청구권을 상속인의 고유재산으로 보는 경우에도 상속세와 관련해서는 과세대상**이 되는 바, 이를 주의하여야 한다.

상속세 및 증여세법 제8조(상속재산으로 보는 보험금) ① 피상속인의 사망으로 인하여 생명보험 또는 손해보험의 보험금으로서 피상속인이 보험계약자인 보험계약에 의하여 받은 것은 상속재산으로 본다.
② 보험계약자가 피상속인이 아닌 경우에도 피상속인이 실질적으로 보험료를 납부하였을 때에는 피상속인을 보험계약자로 보아 제1항을 적용한다.

② 임대차계약의 당사자 지위

임대차계약의 당사자 즉, **임대인 및 임차인의 지위는 상속의 대상이 된다.**

대법원 2017.3.22. 선고 2016다218874 판결
상가건물 임대차보호법 제3조는 '대항력 등'이라는 표제로 제1항에서 대항력의 요건을 정하고, 제2항에서 "임차건물의 양수인(그 밖에 임대할 권리를 승계한 자를 포함한다)은 임대인의 지위를 승계한 것으로 본다."라고 정하고 있다. 이 조항은 임차인이 취득하는 대항력의 내용을 정한 것으로, 상가건물의 임차인이 제3자에 대한 대항력을 취득한 다음 임차건물의 양도 등으로 소유자가 변동된 경우에는 양수인 등 새로운 소유자(이하 '양수인'이라 한다)가 임대인의 지위를 당연히 승계한다는 의미이다. 소유권 변동의 원인이 매매 등 법률행위든 상속·경매 등 법률의 규정이든 상관없이 이 규정이 적용되므로, 상속에 따라 임차건물의 소유권을 취득한 자도 위 조항에서 말하는 임차건물의 양수인에 해당한다.

이때 임대인의 지위를 상속받은 자가 여러 명인 경우, 임차인은 상속인 각자의 상속지분에 따라 보증금 반환을 청구해야 하는지, 아니면 상속인 중 누구에게나 보증금 전액을 청구할 수 있는지 문제된다. 이는 임대차보증금 반환채무가 분할채무인지 불가분채무인지에 대한 문제이다. 민법은 분할채권·채무관계를 원칙으로 하고 있지만, 채권의 목적이 그 성질상 또는 당사자의 의사표시에 의해 불가분인 경우에는 불가분채권·채무관계가 된다고 정하고 있다.

대법원은 임대인의 지위를 공동으로 승계한 공동임대인들의 임대차보증금 반환채무는 성질상 불가분채무에 해당한다고 판단한다(대법원 2021.1.28. 선고 2015다59801 판결). 이는 임차인을 보호하기 위한 것이다. 만일 임대차보증금반환채무가 분할채무라면, 임차인은 수인의 상속인들에게 각각 상속분의 비율로 임대차보증금을 나누어 받아야 하는데, 이는 임차인의 입장에서 임차인이 관여할 수 없었던 사정 즉, 임대인의 사망과 상속이라는 우연한 사정으로 인하여 예상치 못했던 불이익을 받게 되는 결과에 이르게 되므로 불합리하다. 이를 고려하여 대법원은 임대차보증금반환채무를 불가분채무로 판단하고 있으며, **임차인은 상속인들 중 누구에게라도 임대차보증금 전액의 반환을 요구할 수 있다.** 이때 임차인에게 임대차보증금 전액을 반환한 상속인은 다른 상속인들에게 상속분의 비율에 따라 구상권을 행사하여 권리를 보전할 수 있다.

그렇다면 임차인의 지위를 상속받은 자가 여러 명인 경우에는 어떻게 될까. 임대인이 여럿인 경우에는 위와 같이 대법원의 판단이 있지만, 임차인이 여럿인 경우에는 현재 명확한 대법원의 판단이 없다. 다만, 하급심 판결이 있는데, 과거에는 공동임차인들의 임대차보증금반환채권을 불가분채권으로 보아 공동임차인 중 누구라도 1인이 임대차보증금을 전부 받아도 된다는 취지로 판단하였으나(서울남부지방법원 2017.6.8. 선고 2016가단260633 판결), 최근에는 이와 반대로 분할채권으로 보아 특별한 의사표시가 없는 이상 공동임차인들은 임대차보증금반환채권에 대해 균등한 비율로 권리가 있고, 각자의 지분 한도 내에서만 임대차보증금을 받을 수 있다고 판단하고 있다(서울중앙지방법원 2018.11.27. 선고 2018가단5138418 판결, 서울중앙지방법원 2021.5.27. 선고 2019가합589190 판결, 수원지방법원 안산지원 2020.9.23. 선고 2020가단63330 판결, 수원지방법원 2023.3.16. 선고 2022가단517479 판결).

생각해 보면, 임대인이 여럿인 경우 임대차보증금반환채무를 불가분채무로 보는 이유는 그렇게 하여야만 임차인의 채권확보에 유리하여 임차인을 보호할 수 있기 때문이므로, 그 취지를 따른다면 임차인이 여럿인 경우 임대차보증금반환채권을 분할채권으로 보아 임차인 각자가 자신의 지분 한도 내에서 권리를 확보할 수 있도록 하여야 할 것이다. 만일 임대차보증금반환채권을 불가분채권으로 보아 임차인 중 1인에게 임대차보증금을 전부 지급할 수 있도록 한다면 다른 임차인들은 자신의 권리를 보호받기 어려워지기 때문이다. 이러한 점을 고려할 때 최근 판례의 판단이 일응 타당하다고 본다.

한편, 임차권이 상속인에게만 승계된다면 임차인의 사실혼 배우자, 사실상의 양자 등과 같이 임차인과 동거하고 있으나 상속권이 없는 자는 주거를 잃는 결과가 되므로 이들도 보호할 필요가 있다. 그리하여 주택임대차보호법은 주거용 건물의 임대차의 경우 아래와 같이 일정한 요건 하에서 이들에게 임차권의 승계를 인정한다.

주택임대차보호법 제9조(주택 임차권의 승계) ① 임차인이 상속인이 없이 사망한 경우에는 그 주택에서 가정공동생활을 하던 사실상의 혼인 관계에 있는 자가 임차인의 권리와 의무를 승계한다.
② 임차인이 사망한 때에 사망 당시 상속인이 그 주택에서 가정공동생활을 하고 있지 아니한 경우에는 그 주택에서 가정공동생활을 하던 사실상의 혼인 관계에 있는 자와 2촌 이내의 친족이 공동으로 임차인의 권리와 의무를 승계한다.
③ 제1항과 제2항의 경우에 임차인이 사망한 후 1개월 이내에 임대인에게 제1항과 제2항에 따른 승계 대상자가 반대의사를 표시한 경우에는 그러하지 아니하다.
④ 제1항과 제2항의 경우에 임대차 관계에서 생긴 채권·채무는 임차인의 권리의무를 승계한 자에게 귀속된다.

(2) 특정승계

앞서 설명한 바와 같이 상속은 포괄승계가 원칙이지만, 일부 재산에 대해서는 특정승계에 따른다. 분묘에 속한 1정보(=9,917.35537m^2 = 3,000평) 이내의 금양임야(조상의 분묘를 수호하기 위한 목적의 임야로서 묘산 또는 종산이라고 함)와 600평 이내의 묘토(제사나 분묘수호를 위한 비용에 충당하기 위한 농지로서 위토라고 함)인 농지, 족보와 제구의 소유권은 '제사를 주재하는 자'가 이를 승계한다. 또한 분묘에 안치되어 있는 선조의 유체·유골은 제사용 재산인 분묘와 함께 그 '제사를 주재하는 하는 자'에게 승계된다.

그렇다면 제사를 주재하는 자, 즉 제사주재자는 누가 될까. 이에 관하여 최근 종래의 판결을 변경하는 대법원 판결이 나와 화제가 된다. 종래 대법원은 제사주재자에 대하여, 공동상속인들 사이의 협의에 의해 정하되, 협의가 이루어지지 않는 경우에는 '망인의 장남'(장남이 이미 사망한 경우에는 장남의 아들, 즉 장손자)이 제사주재자가 되고, 공동상속인들 중 아들이 없는 경우에는 '망인의 장녀'가 제사주재자가 된다고 보았다(대법원 2008.11.20. 선고 2007다27670 판결).

그러나 최근 대법원은 종래 판결의 법리는 더 이상 조리에 부합한다고 보기 어려워 유지될 수 없다고 하면서, 공동상속인들 사이에 협의가 이루어지지 않는 경우에는 제사주재자의 지위를 인정할 수 없는 특별한 사정이 있지 않는 한 **피상속인의 '직계비속 중 남녀, 적서를 불문하고 최근친의 연장자'가 제사주재자로 우선한다**고 보았다(대법원 2023.5.11. 선고 2018다248626 판결).

헌법은 혼인과 가족생활에서 양성이 평등대우를 선언하고 있으므로 남녀의 성을 근거로 하여 차별하는 것은 원칙적으로 금지되고, 성 역할에 관한 고정관념에 기초한 차별은 허용되지 않는다. 그러므로 최근의 변경된 대법원 판결은 이러한 헌법의 원칙을 반영한 것으로써 시대의 흐름을 잘 반영하였다고 생각한다.

개념 정리하기

1. 상속순위

순위	상속인	비고
1순위	피상속인의 직계비속	피상속인의 배우자는 1순위 또는 2순위 상속인이 있는 경우에는 그 상속인과 동순위 상속인이 되고 그 상속인이 없는 경우에는 단독상속인이 됨
2순위	피상속인의 직계존속	
3순위	피상속인의 형제자매	
4순위	피상속인의 4촌 이내의 방계혈족	

※ 선순위의 상속인이 있으면 후순위의 상속인은 상속받지 못함!
※ 배우자의 상속분은 다른 공동상속인의 상속분에 5할을 가산!

2. 상속능력

상속인 ○	상속인 ×
법률상 배우자 입양한 의붓자식 인지된 혼외자 태아 이복 또는 이부 형제자매 외국국적을 가진 자	사실혼 배우자 입양하지 않은 의붓자식 인지되지 않은 혼외자 친양자*를 보낸 친생부모 상속결격 사유가 있는 자

* 친양자 입양: 입양 전의 친족관계를 종료시키는 입양

3. 상속결격

- 고의로 직계존속, 피상속인, 그 배우자 또는 상속의 선순위나 동순위에 있는 자를 살해하거나 살해하려한 자
- 고의로 직계존속, 피상속인과 그 배우자에게 상해를 가하여 사망에 이르게 한 자
- 사기 또는 강박으로 피상속인의 상속에 관한 유언 또는 유언의 철회를 방해한 자
- 사기 또는 강박으로 피상속인의 상속에 관한 유언을 하게 한 자
- 피상속인의 상속에 관한 유언서를 위조·변조·파기 또는 은닉한 자

2 상속의 방법

상속은 피상속인이 생전에 누구에게, 무엇을, 얼마만큼 줄 것인지 미리 지정하여 준비를 해둔 경우와 그와 같은 준비를 해두지 않은 경우로 나누어 볼 수 있다.

1) 준비 없는 상속

피상속인이 생전에 미리 상속재산의 분할방법을 지정해 두지 않은 경우에는 앞서 살펴본 바와 같이 민법에서 정하고 있는 법정상속에 따라 상속재산이 분할된다. 그러나 상속인들이 법정상속과 달리 분할하고자 한다면 협의분할 또는 심판분할에 의해 상속재산을 분할할 수 있다.

(1) 협의분할

상속인들은 유언에 의해 분할방법이 지정된 경우 외에는 언제든지 그 협의에 의하여 상속재산을 분할 할 수 있다. 이러한 협의분할은 반드시 '공동상속인 전원'이 참여하여야 한다. 그러므로 공동상속인 중 일부의 동의가 없거나, 그 의사표시에 대리권의 흠결이 있으면 분할은 무효이다. 물론, 협의분할이 반드시 한 자리에서 이뤄져야 하는 것은 아니다. 일종의 계약이므로 그 방법이나 형식에 제한이 없기 때문이다. 그러므로 순차적으로 이루어질 수도 있고, 상속인 중 한 사람이 만든 협의안을 다른 상속인이 후에 돌아가며 승인하는 것도 무방하며, 구두에 의한 협의도 가능하다. 다만, 상속재산 중 부동산이 있는 경우 상속등기의 편의를 위해 상속재산분할협의서를 작성하고 상속인 전원의 인감증명서를 첨부하는 것이 보통이다.

〈상속재산분할협의서〉

상 속 재 산 분 할 협 의 서 (예 시)

20○○년 ○월 ○일 서울 서초구 서초동 123-45 홍길동(홍길동 주민번호)의 사망으로 인하여 개시된 상속에 있어 공동상속인 김갑순, 홍일동, 홍이동, 홍삼동은 다음과 같이 상속재산을 분할하기로 협의한다.

1. 상속재산 중 서울 서초구 서초동 123-45 대 138㎡는 김갑순의 소유로 한다.

2. 상속재산 중 ○○주식회사의 보통주식 ○○주는 홍일동의 소유로 한다.

3. 상속재산 중 ○○은행 ○○동 지점에 예금된 금 500만원은 홍이동의 소유로, ○○은행 ○○동 지점에 예금된 금 1,000만원은 홍삼동의 소유로 한다.

4. (기타사항)

위 협의의 성립을 증명하기 위하여 이 협의서 4통(상속인 인원만큼)을 작성하고 아래에 각자 기명날인하여 1통씩 보관한다.
20○○년 ○월 ○일

　　　　　　공동상속인　　김 갑 순 ㊞ (인감도장)
　　　　　　(주민번호)　　서울 서초구 서초동 123-45
　　　　　　공동상속인　　홍 일 동 ㊞ (인감도장)
　　　　　　(주민번호)　　서울 서초구 서초동 123-45
　　　　　　공동상속인　　홍 이 동 ㊞ (인감도장)
　　　　　　(주민번호)　　서울 서초구 반포동 234-56
　　　　　　공동상속인　　홍 삼 동 ㊞ (인감도장)
　　　　　　(주민번호)　　서울 강동구 암사동 264

이때 주의해야 할 것이, 상속재산분할협의는 그 행위의 객관적 성질상 상속인 상호간의 이해의 대립이 생길 우려가 있는 민법 제921조 소정의 이해상반되는 행위에 해당하므로, 공동상속인인 친권자와 미성년인 수인의 자 사이에 상속재산분할협의를 하게 되는 경우에는 **미성년자 각자마다 특별대리인을 선임하여 그 각 특별대리인이 각 미성년자인 자를 대리하여 상속재산분할의 협의를 하여야** 하고, 만약 친권자가 수인의 미성년자의 법정대리

인으로서 상속재산분할협의를 한 것이라면 이는 민법 제921조에 위반된 것으로서 무효이다(대법원 2001.6.29. 선고 2001다28299 판결).

또한 협의분할의 방법에 제한이 없지만 채무에 대해서는 주의할 점이 있다. 예를 들어 공동상속인 중 1인이 법정상속분을 초과하여 단독으로 채무를 부담하기로 하는 협의를 하는 경우 그러한 법률행위의 실질은 민법 제454조에 따른 면책적 채무인수에 해당하므로, 이에는 채권자의 승낙이 필요하다. 만일 상속인들 사이의 협의만으로 협의분할의 효력이 있다고 한다면, 상속인들 중 변제능력이 가장 떨어지는 상속인이 채무를 단독으로 부담하기로 협의한 경우에 채권자는 자신이 관여할 수 없었던 예상치 못했던 사유로 채권확보에 곤란을 겪게 되기 때문이다.

(2) 심판분할

상속인들 사이에 원만히 협의가 이루어지지 않는다면 가정법원에 그 심판을 구해야 한다. 심판분할을 위해서는 반드시 조정을 거쳐야 하며 조정이 성립하지 않은 경우에만 가정법원의 심판분할절차가 진행되고, 상속인 중 한 사람 또는 여러 사람이 나머지 상속인 전원을 상대방으로 하여 청구해야 한다. 심판에 의한 상속재산의 분할은 단순히 법정상속분에 의하는 것이 아니라 공동상속인에 대한 '특별수익'을 고려하여 이루어진다.

> [각 상속인의 상속재산 분배액]
> = (상속재산의 가액** + 생전증여의 가액) X 법정상속분율
> - (특별수익자의 수증재산인 이미 받은 생전증여 또는 받을 유증)
> ** 상속재산 가운데 적극재산의 전액

이때 어떤 것이 특별수익인지, 상속인들 각자의 특별수익을 확정하는 것이 중요하다. 상속재산분할 사건의 실무에 있어 당사자 간 가장 다툼이 크고 심리의 핵심이 되는 부분이다. 우선, '생전증여'가 특별수익에 해당할 수 있는데, 모든 생전증여가 특별수익에 해당하는 것은 아니며 어떠한 생전증

여가 특별수익에 해당하는지는 피상속인의 생전의 자산, 수입, 생활수준, 가정상황 등을 참작하고 공동상속인들 간의 형평을 고려하여 당해 생전증여가 장차 상속인으로 될 사람에게 돌아갈 상속재산 중의 그의 몫의 일부를 미리 준 것으로 볼 수 있는지에 의하여 결정한다(대법원 1998.12.8. 선고 97므513 판결).

예컨대, 혼인 또는 생계를 위하여 생전에 증여로서 받은 것은 특별수익이 되나, 공동상속인의 특별한 기여의 대가로 증여 또는 유증을 했다면 이는 특별수익에 포함되지 않는다. 또한 모든 '유증'은 특별수익에 해당하며, 상속인 중의 한 사람을 수익자로 한 생명보험금청구권은 상속재산에는 포함되지 않으나 유증 내지 사인증여에 준하는 것이므로 특별수익에는 해당하고, 공동상속인의 한 사람이 피상속인의 사망에 의해 사망퇴직금을 받은 경우에는 유증으로서 특별수익에 포함된다.

한편, 상속재산분할심판은 다른 상속 관련 소송과 달리 이를 청구할 수 있는 기간에 제한이 없다. 그러나 소송 실무에서는 청구기간에 사실상 제한이 있으므로 권리행사를 만연히 지체하지 말라고 조언한다. 예를 들어, 피상속인 사망 후 상속 등기를 하지 않아, 상속재산인 부동산이 피상속인 명의로 그대로 남아 있다면 상속재산분할심판을 언제 청구하든 관계없다.

그러나 부동산의 경우 상속인은 다른 상속인들의 협조가 없더라도 단독으로 법정상속분에 따라 상속등기를 하는 것이 가능하다. 피상속인의 상속인으로 자녀 A, B, C가 있는데 이들 간 의견 불일치로 상속재산분할협의에 곤란을 겪고 있다고 해보자. 그런 상황에서도 A는 B, C의 협조 없이 단독으로 법정상속분에 따라 A, B, C 공동명의로 각 1/3씩의 지분으로 하여 상속등기할 수 있다. 그 후 A가 자신의 지분을 제3자에게 처분하거나 또는 A의 채권자가 A의 지분을 강제집행하여 경매를 통해 제3자에게 낙찰되었다고 한다면, 나머지 상속인 B, C는 그제서야 상속재산분할심판을 통해 변경등기를 하려고 해도 이미 제3자 앞으로 등기 이전된 지분은 돌려받을 수 없다. 그렇

게 되면 결국에는 A에게 가액반환만을 구할 수 있는데 이때 A가 무자력인 상황이라면 아무것도 받지 못하게 될 가능성이 크다. 이 같은 이유 때문에 소송 실무에서는 불안정한 상태를 오래 두지 말고 상속인 간에 협의가 이루어지지 않는 경우라면 상속재산분할심판을 통해 조속한 해결을 도모하라고 하는 것이다.

2) 준비 해둔 상속

피상속인은 생전에 상속재산을 누구에게, 무엇을, 얼마만큼 줄 것인지 미리 지정하여 준비해 둘 수 있다. 그리고 이는 △민법에 의한 유언 또는 △신탁법에 의한 유언대용신탁, 이 두 가지 방법으로 가능하다.

(1) 유언

① 유언의 의의

유언이란 유언자의 사망에 의하여 일정한 법률효과를 발생시킬 것을 목적으로 일정한 방식에 따라 행하는 법률행위로써 상대방 없는 단독행위이다. 민법은 유언자의 진의를 보호하기 위해 유언을 할 수 있는 사항을 별도로 정하고 있다. 따라서 그 외의 사항에 대해서는 유언을 하여도 효력이 없다. 유언을 할 수 있는 사항은 아래와 같다.

[법정 유언사항]
- 재단법인 설립을 위한 재산출연행위 (민법 제47조 제2항)
- 친생부인 (민법 제850조)
- 인지 (민법 제859조 제2항)
- 유증 (민법 제1074조)
- 신탁법에 의한 신탁의 설정 (신탁법 제2조)
- 친권자가 하는 미성년자의 후견인의 지정 (민법 제931조)
- 상속재산분할방법의 지정 또는 제3자에 대한 지정의 위탁 (민법 제1012조 전단)
- 상속재산의 분할금지 (민법 제1012조 후단)
- 유언집행자의 지정 또는 위탁 (민법 제1093조)

또한 유언은 유언을 할 능력이 있는 자가 하여야 하는데, 민법은 이러한 **유언능력으로 △17세 이상인 자와 △의사능력이 있는 자**일 것을 요구한다. 즉, 미성년자나 피성년후견인, 피한정후견인일지라도 17세 이상이고 의사능력이 있다면 유언능력이 있어 유언을 할 수 있다. 다만, 피성년후견인의 경우에는 의사가 심신 회복의 상태를 유언서에 부기하고 서명날인하여야 한다.

> **[판례]** 대법원 2022.5.26. 선고 2019다213344 판결
> <u>의사능력이란 자기 행위의 의미나 결과를 정상적인 인식력과 예기력을 바탕으로 합리적으로 판단할 수 있는 정신적 능력이나 지능을 말한다.</u> 의사능력 유무는 구체적인 법률행위와 관련하여 개별적으로 판단해야 하고, 특히 어떤 법률행위가 일상적인 의미만을 이해해서는 알기 어려운 특별한 법률적 의미나 효과가 부여되어 있는 경우 의사능력이 인정되기 위해서는 그 행위의 일상적인 의미뿐만 아니라 법률적인 의미나 효과에 대해서도 이해할 수 있어야 한다.

최근에는 유언자의 유언 당시 유언능력이 있었는지를 두고 유언서의 효력을 다투는 경우가 많다. 특히 유언자가 사망 전에 치매 진단을 받았다거나 기타의 사유로 의사능력이 저하된 사실이 있었다면 그 다툼은 더욱 치열하다. 그러나 대법원은 치매 환자라고 할지라도 일률적으로 의사능력이 없다고 보지 않으며, 각각의 사안에 따라 여러 제반 사정을 살펴 유언 당시 의사능력이 있었는지 여부를 개별적으로 판단하고 있다. 아래에서는 치매 환자의 의사능력에 대해 정반대의 결론을 내린 두 판결을 소개한다.

재산승계의 정석

> **"치매 진단 후 남긴 두 유언… '의사능력'에 法 판단 갈렸다"**
>
> (전략) 6일 법조계에 따르면 서울고법 민사24부(재판장 김시철)는 최근 장남 A씨가 부친 유언은 무효라며 서울대 법인을 상대로 낸 소송에서 원고 패소 판결한 1심 판단을 유지했다. A씨 부친은 2014년 서울 강남구의 한 아파트와 경기도 남양주·용인 일대 땅을 서울대에 기부한다는 유언공정증서를 작성했다. 2020년 부친이 사망하자 A씨는 부친의 2009년 치매 진단 등을 근거로 소송을 냈다. 1·2심 법원은 A씨 부친이 2009년 섬망과 함께 뇌경색, 실어증 증상 등이 있었던 사실은 인정했지만 2014년 유언 작성 당시 유언 능력이 없었다고 단정하기 어렵다고 판단했다. 앞서 2010년 A씨는 '부친이 심신 박약상태'라며 한정치산선고 심판사건도 청구했었다. 부친은 당시 심문에서 "장남이 의대 교수인데 불효자로 (나한테) 대들어 고통스럽다. 재산을 사회에 환원할 것"이라는 입장을 밝혔다. 재판부는 이런 상황 등을 감안했을 때 "사무 처리 능력이 지속적으로 없는 상태가 아니라 섬망 등 특정상황에서만 의사능력이 제한됐던 것으로 보인다"고 봤다. (중략)
>
> 반대로 증세가 악화해 정상적 판단이 어려운 경우에는 무효 판결이 나왔다. 대법원은 2016년 C씨가 외삼촌을 상대로 낸 소유권이전등기 말소 청구 소송에서 C씨 승소 판결을 확정했다. 외삼촌은 병원에 입원해 있던 누나(C씨 모친)를 자신의 집으로 데려갔고, 이후 모친은 '재산관리를 동생에게 맡기고 사후 모든 재산을 동생들에게 준다'는 약정서와 유언장을 작성해 공증도 받았다. 외삼촌은 소유권이전등기까지 마친 상태였다. 1심은 "당시 C씨 모친의 치매 증상이 상당히 진행돼 법률적 의미와 효과를 이해하지 못했다"며 약정서와 유언장, 소유권 이전 전부를 무효라고 판결했다. 1심 판단은 대법원까지 그대로 유지됐다. (후략)
>
> 출처: 양한주 기자, 국민일보, 2023.6.7.

이처럼 유언자의 의사능력 유무와 관련하여, 각 사안별로 유언서 작성 당시의 사정을 종합적으로 고려하여 개별적으로 달리 판단될 수 있는 바, 향후 의사능력에 대한 분쟁의 소지가 높을 것으로 예상되는 경우에는 작성일자 또는 이에 근접한 일자의 정신과 또는 신경과 전문의의 소견서를 미리 준비해 두어야 하겠고, 유언서 외에도 유언자의 의사를 드러낼 수 있는 각종 기록(영상, 녹음, 서면 등)을 충분히 남겨두어야 할 것이다. 이러한 자료들이 있다면 유언서의 효력을 두고 분쟁이 발생하지 않을 가능성이 높고, 설사 분쟁이 발생한다고 하더라도 이를 조속히 종결시킬 수 있을 것이다.

② 유언의 방식

민법은 유언의 방식을 아래와 같이 다섯 가지로 정하고 있다.

민법 제1065조(유언의 보통방식) 유언의 방식은 자필증서, 녹음, 공정증서, 비밀증서와 구수증서의 5종으로 한다.

그리고 민법은 제1066조부터 1070조에 걸쳐 각 유언의 방식별로 갖추어야 할 형식 요건을 정하고 있다. 그리고 이러한 요건을 갖추지 않은 유언은 아무런 효력이 없다. 그러므로 유언자는 각 유언의 방식별 형식 요건을 잘 숙지하고 그 장·단점을 비교하여 자신에게 맞는 방식을 선택하여야 한다.

ⓐ 자필증서에 의한 유언

자필증서에 의한 유언은 유언자가 그 전문과 연월일, 주소, 성명을 자필로 기재하고 날인하여야 한다. 유언자가 유언서의 전문을 직접 자필로 작성해야 하므로, 타인에게 대필하게 하거나 컴퓨터나 타자기 또는 점자기를 이용하여 작성한 유언은 무효이며, 전자복사기를 이용하여 작성한 복사본 역시 무효이다(대법원 1998.6.12. 선고 97다38510 판결).

이처럼 자필증서에 의한 유언에 자서를 요구하는 취지는 유언자로 하여금 자서를 통해 의사의 독립성과 의사표시의 진정성을 증명하도록 하는 데에 있다. 물론, 컴퓨터 등을 이용하여 작성된 부분이 부수적인 부분에 그치고, 그 부분을 제외하더라도 유언의 취지가 충분히 표현된 경우에는 유효하다고 판단되나(서울고등법원 2020.12.10. 선고 2020나2021150 판결), 아래와 같이 유언 본문을 자필로 기재하고 그에 첨부한 재산목록을 컴퓨터로 작성한 경우에 있어 해당 유언을 무효로 판단한 판결이 있는바, 유언의 효력과 관련하여 불필요한 분쟁을 방지하기 위해서는 유언 전문을 자필로 쓰는 편이 안전할 것이다.

 재산승계의 정석

유언장, 내용 모두 자필로 안 섰다면 무효

(전략) 2018년 1월 사망한 A씨는 생전에 자필 유언장을 남겼다. 자녀 중 한 명인 B씨에게 재산을 유증하겠다는 취지의 유언이었다. 그런데 문제가 있었다. A씨가 남긴 유언장은 A씨가 자필로 작성한 용지 2장과 컴퓨터로 작성 후 복사된 금융재산목록 2장, 부동산목록 1장으로 구성돼 있었기 때문이다. 각 장 사이에는 인장과 무인으로 간인이 돼 있었지만, 자필로 작성되지 않은 재산목록이 문제가 된 것이다.

민법 제1066조는 '자필증서에 의한 유언은 유언자가 그 전문과 연월일, 주소, 성명을 자서하고 날인해야 한다'고 규정하고 있다. B씨를 제외한 A씨의 나머지 자녀들은 컴퓨터로 작성된 부분이 있기 때문에 유언장의 요건을 갖추지 못했다며 소송을 제기했다.

재판부는 "민법 제1066조가 자필증서에 의한 유언에 전문 등의 자서를 요구하는 취지는 유언자로 하여금 자서를 통해 의사의 독립성과 의사표시의 진정성을 증명하도록 하는 데에 있으므로, 컴퓨터 등을 이용해 작성된 유언은 자필증서가 아니어서 효력이 없다"면서 "다만, 컴퓨터 등을 이용해 작성된 부분이 부수적인 부분에 그치고 그 부분을 제외하더라도 유언의 취지가 충분히 표현된 경우에는 유효하다고 볼 수 있다"고 밝혔다. (후략)

출처: 박미영 기자, 법률신문, 2021.1.25.

물론, 위 사건에서 컴퓨터로 작성한 재산목록은 앞서 진행된 다른 사건의 소송에서 작성되었던 것을 그대로 복사하여 첨부한 것으로써 재산목록 작성의 시기와 유언서 작성의 시기에 약 4년 정도 시간적 간격이 있기도 하였고, 그로 인해 재산목록상 부동산은 유언서 작성 당시의 유언자 소유 부동산과도 차이가 있었는 바, 법원은 이러한 점도 종합적으로 고려하여 해당 유언서를 무효로 판단하였을 것이다. 그렇다고 할지라도 유언자로서는 위와 같은 사정이 없으니 괜찮을 것이라고 안심하지 말고, 가급적 유언서 전문을 자필로 작성하여 향후 분쟁의 소지가 되지 않도록 준비하여야 할 것이다.

또한 유언자는 유언서 작성의 일자를 연월일로 정확히 기재하여야 한다. 이는 유언능력 유무를 판단함에 있어 유언의 시기를 기준으로 하는 점, 복수의 유언이 있고 전후의 유언이 저촉되는 경우에는 그 저촉된 부분의 전의 유언은 철회한 것으로 보는 점 등을 고려할 때, 그로 인한 법적 분쟁과 혼란을 예방하고자 유언자로 하여금 유언의 작성시기를 직접 자필로 기재하도록 요구하는 것이다. 그러므로 연월일의 기재가 없는 자필증서는 유언으로서 효력이 없다. 대법원은 연월의 기재만 있고 일의 기재가 없는 경우 그 작성일을 특정할 수 없으므로 효력이 없다고 판단한 바도 있다(대법원 2009.5.15. 선고 2009다9768 판결). 다만, 연월일을 반드시 정확하게 기입하지 않더라도, 유언작성일을 특정할 수만 있다면 충분하다. 그러므로 만 85세 생일, 20주년 결혼기념일과 같은 식으로 기재하여도 효력을 인정할 수 있다.

아울러 유언자는 주소를 정확히 기재하여야 한다. 이때 주소는 반드시 주민등록법에 의하여 등록된 곳일 필요는 없으나, 적어도 민법 제18조에서 정한 생활의 근거되는 곳으로서 다른 장소와 구별되는 정도의 표시를 갖추어야 한다(대법원 2014.9.26. 선고 2012다71688 판결). 판례는 유언서에 '암사동에서'라고만 기재한 사안에서 그 '암사동에서'라는 부분은 다른 주소와 구별되는 정도의 표시를 갖춘 생활의 근거되는 곳을 기재한 것이라고 보기 어렵다는 이유로 위 유언장은 주소의 자서가 누락되어 법정된 요건과 방식에 어긋나므로 그 효력이 없다고 보았다(대법원 2014.9.26. 선고 2012다71688 판결).

마지막으로 성명을 자서하고 날인을 하여야 한다. 이때 날인하는 인장은 인감일 필요는 없고, 인장 대신 무인에 의한 경우도 가능하나 사인(sign)은 인정되지 않는다.

ⓑ **녹음에 의한 유언**

녹음에 의한 유언은 유언자가 유언의 취지, 그 성명과 연월일을 구술하고 이에 참여한 증인이 유언의 정확함과 그 성명을 구술함으로써 성립한다. 이는 글자를 모르는 사람도 이용할 수 있다는 장점이 있으나, 녹음된 것의 위·변조가 쉬워 유언의 보존을 담보할 수 없다는 단점이 있다. 녹음은 음향을

기록할 수 있는 것이라면 그 녹음기기의 종류를 가리지 않으며, 음향이 기록되는 이상 영상이 함께 기록되는 녹화 역시 포함된다.

> **[판결] 유언 모습 촬영 영상, '사인증여' 효력 인정 신중해야**
>
> 사망한 부모가 생전에 유언하는 모습을 촬영한 차남이 다른 상속인인 형제들을 상대로 소유권이전등기를 청구한 사건에서 영상으로 촬영한 유언에 따라 사인증여가 효력이 있다고 판단하는 것은 신중해야 한다는 대법원 판단이 나왔다. 유언 촬영 자리에 동석한 일부 자녀와의 사이에서만 청약과 승낙이 이뤄졌다고 판단해 사인증여 효력을 인정하는 것은 망인의 의사에 부합하지 않을 뿐 아니라 나머지 상속인과의 형평에도 맞지 않는다는 취지다. (후략)
>
> 출처: 홍윤지 기자, 법률신문, 2023.10.22.

위 사건은 유언자가 유언하는 모습을 영상으로 촬영했지만, 녹음에 의한 유언의 요건을 갖추지 못해 그 효력이 인정되지 않은 사례이다. 해당 영상은 "유언증서, 유언자 망인은 다음과 같이 유언한다"라는 말로 시작하여 마지막에 유언집행자의 지정과 더불어 "유언자 망인"이라는 말로 끝맺는 내용이었지만, 유언자가 자신의 성명과 연월일을 구술하고 이에 참여한 증인이 유언의 정확함과 그 성명을 구술하여야 한다는 요건을 갖추지 않았다.

그로 인해 해당 영상이 유언으로서 효력을 인정받지 못하자, 유언자의 차남은 '사인증여'로서라도 그 효력을 인정받고자 소송을 제기한 것이다. 유증은 유언으로 수증자에게 일정한 재산을 무상으로 주기로 하는 행위로서 상대방 없는 단독행위이지만, 사인증여는 증여자가 생전에 무상으로 재산의 수여를 약속하고 증여자의 사망으로 그 약속의 효력이 발생하는 증여계약의 일종으로 수증자와의 의사의 합치가 있어야 하는 점에서 단독행위인 유증과 구별된다(대법원 2001.9.14. 선고 2000다66430, 66447 판결). 즉, 사인증여가 인정되려면 증여자의 청약과 수증자의 승낙이라는 의사의 합치가 있어야 하는데, 해당 영상에서는 유언자가 유언 내용을 읽다가 "그럼 됐나"라고 말하였지만 이는 자문한 것일 뿐 차남에게 물은 것이라고 보기 어려우며,

차남 또한 승낙의 의사를 표한 바 없으므로 청약과 승낙이 이루어졌다고 볼 수 없어 결국 사인증여로서도 그 효력을 인정받지 못하였다.

ⓒ 공정증서에 의한 유언

공정증서에 의한 유언은 유언자가 증인 2인이 참여한 공증인의 면전에서 유언의 취지를 구수하고 공증인이 이를 필기낭독하여 유언자와 증인이 그 정확함을 승인한 후 각자 서명 또는 기명날인하여야 한다. 이때 증인 2인은 증인으로서의 자격이 있어야 한다.

민법 제1072조(증인의 결격사유) ① 다음 각 호의 어느 하나에 해당하는 사람은 유언에 참여하는 증인이 되지 못한다.
1. 미성년자
2. 피성년후견인과 피한정후견인
3. 유언으로 이익을 받을 사람, 그의 배우자와 직계혈족

② 공정증서에 의한 유언에는 공증인법에 따른 결격자는 증인이 되지 못한다.

이 중 제일 문제되는 것은 '유언으로 이익을 받을 사람, 그의 배우자와 직계혈족'은 증인이 될 수 없다는 점이다. 그렇기 때문에 유증을 받을 사람이나 기타 해당 유언에 대해 이해관계를 가진 자를 제외하고 이와 무관한 제3자를 증인으로 참여시켜야 하므로, 가족 간의 내밀한 문제를 노출하여야 한다는 부담이 있다.

한편, '유언의 취지를 구수'해야 한다는 것과 관련해서는 분쟁이 많이 발생한다. 유언 취지의 구수는 유언의 내용을 상대방에게 전달하는 것을 말하는데, 판례는 실질적으로 구수가 이루어졌다고 보기 위하여 어느 정도의 진술이 필요한지는 획일적으로 정하기 어렵고 구체적인 사안에 따라 판단하여야 한다고 판단한다(대법원 2008.2.28. 선고 2005다75019, 75026 판결).

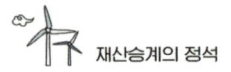
재산승계의 정석

> **"모자 분쟁' 어머니가 아들 이겼다"**
>
> 고 허영섭 녹십자 전 회장의 유산상속을 둘러싸고 장남과 어머니 간 법적 분쟁이 어머니의 승리로 마무리됐다.
> 대법원 1부(주심 박병대 대법관)는 장남 성수(43)씨가 자신을 제외한 다른 가족과 복지재단에 전재산을 나눠주도록 한 부친의 유언은 무효라며 어머니 정모(67)씨 등을 상대로 제기한 유언무효 확인청구소송 상고심에서 원고패소로 판결한 원심을 확정했다고 6일 밝혔다. (중략)
> 구체적으로 재판부는 "공증인이 사전에 유언자의 의사에 따라 유언을 작성한 뒤 그 서면에 따라 질문하고 이에 대한 유언자의 답변을 통해 진의를 확인할 수 있어 실질적으로 유언을 진술한 것"이라며 "유언자가 유언 취지를 정확히 이해할 의사식별 능력이 있고 유언 자체가 진정한 의사에 기한 것으로 인정할 수 있는 경우에는 유언취지의 구수요건을 갖췄다고 봐야 한다"고 설명했다. (후략)
> 출처: 이수민 기자, 서울경제, 2013.1.6.

위 사건은 유언자가 유언서 작성 당시 유언의 취지를 직접 말하지는 않았지만, 공증인이 사전에 미리 유언자로부터 전달받은 바에 따라 유언의 취지를 작성한 다음 이에 기초하여 문답을 통해 유언자의 진의를 확인하였던 경우였고, 이에 대해 판례는 유언 취지의 구수로 인정할 수 있다고 하였다.

반면, 제3자에 의하여 미리 작성된 유언의 취지가 적혀 있는 서면에 따라 유언자에게 질문을 하고 유언자가 동작이나 한두 마디의 간략한 답변으로 긍정하는 경우에는 유언 취지의 구수로 인정할 수 없다고 하였으며(대법원 2008.2.28. 선고 2005다75019 판결), 반혼수상태로 병원에 입원 중인 유언자에게 유언취지를 묻자 유언자가 고개를 끄덕거린 것만으로는 유언 취지의 구수를 인정할 수 없다고 하였다(대법원 1993.6.8. 선고 92다8750 판결).

ⓓ **비밀증서에 의한 유언**

비밀증서에 의한 유언은 유언자가 필자의 성명을 기입한 증서를 엄봉날인하고 이를 2인 이상의 증인의 면전에 제출하여 자기의 유언서임을 표시한 후 그 봉서표면에 제출연월일을 기재하고 유언자와 증인이 각자 서명 또는 기명날인하여야 한다. 유언자가 증서 그 자체를 자서할 필요는 없고, 작성연월일이나 주소의 기재 역시 필요 없다. 다만, 비밀증서에 의한 유언이 그 방식에 흠결이 있는 경우에 그 증서가 자필증서의 방식에 적합한 때에는 자필증서에 의한 유언으로서 유효하다. 한편, 작성연월일은 기재하지 아니하여도 무방하나 유언서의 증인에 대한 제출연월일은 반드시 기재되어야 한다. 증인의 경우 앞서 설명한 바와 같이 결격사유가 없어야 하나, 비밀증서에 의한 유언의 경우 엄봉된 유언서를 증인에게 제출하는 것이므로 그 내용이 노출되는 것에 대한 부담은 공정증서에 의한 유언에 비해 적다. 아울러 유언서는 그 표면에 기재된 날로부터 5일 내에 공증인 또는 법원 서기에게 제출하여 그 봉인상에 확정일자인을 받아야 하므로 이 같은 절차가 불편함으로 작용할 수 있다.

ⓔ **구수증서에 의한 유언**

구수증서에 의한 유언은 질병 기타 급박한 사유로 인하여 위의 4가지 방식에 의할 수 없는 경우에 유언자가 2인 이상의 증인의 참여로 그 1인에게 유언의 취지를 구수하고 그 구수를 받은 자가 이를 필기낭독하여 유언자와 증인이 그 정확함을 승인한 후 각자 서명 또는 기명날인하여야 한다. 이때 '급박한 사유'란 유언자가 보통방식에 의한 유언을 할 수 없는 불가피한 상황을 말한다. 유언 취지의 구수나 증인에 대한 내용은 공정증서에 의한 유언과 동일하다. 한편, 구수증서에 의한 유언은 그 증인 또는 이해관계인이 급박한 사유가 종료한 날로부터 7일 내에 가정법원에 그 검인을 신청하여야 한다. 이때 이해관계인이란 상속인, 수증자, 유언집행자로 지정된 자 등 유언에 대하여 법률상 이해관계가 있는 자를 말한다. 검인은 급박한 사유로

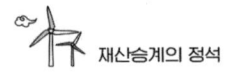

인하여 구수증서라는 간이한 방식으로 유언자의 유언이 있은 후에 그 유언이 유언자의 진의에서 나온 것임을 확정하는 절차이며, 이는 해당 유언이 유언자의 진의에서 나온 것인지를 판단할 뿐이고 직접 유언의 유효 여부를 판단하는 것은 아니다.

③ 유언의 철회

유언자는 언제든지 유언 또는 생전행위로써 유언의 전부나 일부를 철회할 수 있다. 또한 전후의 유언이 저촉되거나 유언 후의 생전행위가 유언과 저촉되는 경우에는 그 저촉된 부분의 전 유언은 이를 철회한 것으로 보며, 유언자가 고의로 유언증서 또는 유증의 목적물을 파훼한 때에는 그 파훼한 부분에 관한 유언은 이를 철회한 것으로 본다.

한편, 유언의 철회는 '유언 또는 생전행위'로 할 수 있다고 하는데, 이때 '생전행위'는 무엇을 말하는 것일까. 어디까지를 유언을 철회하는 생전행위로 볼 것인지 문제가 된다. 예를 들어, '아파트를 자녀 A에게 주겠다'고 유언한 뒤 아파트를 다른 사람에게 팔아버린 것과 같이 유언과 '모순된 행동'을 한 경우에는 유언을 철회했다고 보아야 할 것이다. 그렇다면 유언을 한 후 다른 자녀 B를 만나 '아파트를 자녀 B에게 주겠다'고 단순히 말을 한 경우에도 유언을 철회한 것으로 보아야 할까. 필자는 우리 법제가 유언 시 형식요건을 갖추도록 요구하고 있는 점을 고려하면 유언 철회 시에도 어느 정도 요건을 갖추도록 하는 것이 바람직하다고 생각하며, 그렇기에 다른 자녀를 만나 종전의 유언과 모순되는 바를 말로만 한 경우에는 유언의 철회를 인정하지 않는 것이 적절하다고 본다. 그러나 현행 법령은 유언 철회의 방식을 '유언 또는 생전행위'라고만 규정하고 있고 '생전행위'의 범위를 구체적으로 정하고 있지 않으므로, 위와 같이 단순히 말로만 의사를 표시한 경우에도 생전행위로써 유언의 철회가 인정될 가능성이 있는 바, 주의할 필요가 있겠다.

> **'1000억 줄게' 유언장까지 썼는데… "없었던 일로 할게요"**
>
> (전략) C씨는 2009년 6월 자신의 명의로 된 예금과 유가증권, 부동산 등 약 1000억원 규모 재산을 다섯 자녀 중 삼남인 B씨에게 이전하겠다는 내용을 담은 A4용지 4쪽 분량의 유언증서를 썼다. 법무법인으로부터 해당 유언증서가 본인의 의사로 적었다는 공증(사서증서 인증)도 받았다. 유언증서 작성 5일 전엔 재산 양도서를 작성해 이 역시 사서증서로 인증받았다. C씨는 비슷한 시기 유언증서와 똑같은 내용을 녹음해 남기기도 했다.
>
> 그런데 C씨가 2012년 1월 재산 양도계획을 모두 철회한다는 뜻을 담은 문서를 작성하면서 상황이 급변했다. 유언 내용이 여전히 유효한지를 두고 자녀들간 논쟁이 벌어졌다. 그러다 C씨가 2019년 8월 사망하면서 유언 효력을 둘러싼 상속분쟁이 본격화됐다. B씨는 2020년 7월 어머니의 유언에 효력이 있음을 인정해달라는 소송을 제기했다. 그는 "철회 대상은 양도서일뿐 유언 내용까지 철회된 것은 아니다"라고 주장했다. 나머지 형제들은 "어머니의 유언은 양도 철회로 취소됐다"며 맞섰다.
>
> 법원에선 다른 형제들의 주장이 받아들여졌다. 재판부는 "C씨는 양도 철회서를 작성한 시기에 한 시중은행에도 '다시 재산을 직접 관리할 생각으로 B씨로부터 모든 은행 통장을 돌려받았지만 연로한 탓에 (한꺼번에) 여러 은행과 거래할 수 없어서 다른 은행의 정기예금을 중도 해지해 이체했다'는 서신을 보냈다"며 이 같은 행위들은 유언 내용과 일치하지 않기 때문에 유언이 철회됐다고 보는 것이 타당하다"고 판단했다. (후략)
>
> 출처: 김진성 기자, 한국경제, 2023.5.23.

위 사건은 재산양도서와 유언서를 작성한 후 양도철회서를 작성한 경우에도 그 작성경위 등을 고려할 때 재산양도서만 철회한 것이 아니라, 유언서까지 철회한 것으로 보아야 한다고 판단한 사례이다. 이처럼 유언의 철회 방식을 자유롭게 보고 있는바, 유언자는 향후 불필요한 분쟁을 만들지 않기 위해서는 사소한 행동이나 언행도 조심하는 편이 안전하다.

그렇다면 의도치 않았던 사소한 행동이나 언행으로 유언이 철회되지 않게 하기 위해서 미리 유언을 철회할 권리를 포기하는 의사표시를 분명히 해두면 어떨까. 충분히 떠올려 볼 수 있는 생각이지만, 민법은 유언자의 유언 철회의 자유를 보장하기 위해 이를 허용하지 않는다. 그러므로 유언자가 수증자에게 유언을 철회하지 않는다는 계약을 체결하였다고 하더라도 그 계약은 아무런 효력이 없다. 판례는 유언자가 자녀들에게 부동산을 유증하는 공정증서를 작성한 후 그 자녀들과 사이에 공정증서의 내용을 수정하려면 자녀들 모두의 동의를 받도록 하는 등으로 약정을 체결한 사안에서, 유언자의 유언 철회의 자유를 제한하고 사실상 유언 철회를 무력화하는 셈이 된다는 이유로 해당 약정은 무효라고 판단하였다(대법원 2015.8.19. 선고 2012다94940 판결).

(2) 유언대용신탁

① 유언대용신탁의 개념

유언대용신탁이란 위탁자(재산을 보유한 자)가 수탁자(재산을 보관·관리·운용하는 자)와 신탁계약을 체결하여 수익자(재산을 물려받는 자)에게 물려줄 재산을 수탁자에게 이전하고, 수탁자는 이를 보관·관리·운용하면서 위탁자 생전에는 신탁재산으로부터 발생하는 이익을 위탁자에게 지급하다가, 위탁자 사후에는 신탁재산의 원본과 이익을 모두 수익자에게 지급하는 것을 말한다.* 현재 유언대용신탁 실무에서 활용되고 있는 신탁의 구조는 대체로 위와 같다.

> * 신탁법 제59조 제1항 제1호, 다만 동법 동조 동항 제2호에 따라 위탁자 생전에도 사후수익자가 수익권을 취득하도록 구조를 설계할 수 있으나 이 경우에도 사후수익자는 위탁자가 사망할 때까지 수익자로서 권리를 행사하지 못하므로 강학상으로는 제1호의 구조와 다르다고 할지라도 실무상으로는 큰 차이가 없음.

② 유언대용신탁의 구조

신탁을 설정하면 신탁재산의 소유권은 위탁자에서 수탁자로 이전된다. 예를 들어, 신탁재산이 부동산이라면 부동산의 등기 명의는 위탁자에서 수탁자로 변경된다. 즉, 부동산의 법적인 소유권자는 수탁자이다. 그러나 부동산에서 발생하는 수익은 수탁자가 아니라 수익자가 갖는다. 이때 수익자가 신탁재산을 맡긴 위탁자 자신이라면 자익신탁이라 하고 위탁자가 아닌 제3자라면 타익신탁이라 하는데, 유언대용신탁의 경우 자익신탁과 타익신탁이 공존하는 형태이다. 유언대용신탁은 위탁자 생전에는 자익신탁이며, 위탁자 사후에는 타익신탁이다.

즉, 위탁자 생전에는 신탁재산으로부터 발생하는 수익을 위탁자(위탁자이자 생전수익자)가 갖는데, 이때 위탁자가 갖는 수익은 신탁재산의 원본이 아니라 신탁재산의 원본으로부터 발생하는 이익이다. 반면, 위탁자 사후에는 신탁재산으로부터 발생하는 수익을 사후수익자가 갖고, 이때 사후수익자가 갖는 수익은 신탁재산의 원본과 이익이다. 쉽게 말해, 위의 예처럼 신탁재산이 부동산이라면 위탁자 생전에는 당해 부동산으로부터 발생하는 임대료(신탁재산이 금전이라면 이자, 주식이라면 배당금)는 위탁자가 갖고, 위탁자 사후에는 당해 부동산 및 위탁자 사망시부터 발생한 임대료는 사후수익자가 갖는다. 이것이 실무에서 가장 많이 활용되는 유언대용신탁의 기본적인 구조이며, 이를 통해 위탁자는 자신의 사후 자신이 평생동안 일구었던 재산을 자신이 원하는 자에게 물려줄 수 있게 된다. 즉, 비록 그 방법에는 차이가 있지만 유언과 동일한 효과를 낼 수 있는 것이다.

한편, 유언으로는 결코 그 효과를 달성할 수 없는, 유언대용신탁만의 고유한 상속설계 방법이 있는데, 바로 수익자연속신탁이다. 이는 수익자의 순위를 연속적으로 이어지게 지정하여 선순위 수익자가 사망하면, 또 다시 후순위 수익자가 신탁재산에 대한 수익권을 갖게 하는 것이다.

예를 들어, 남편이 자신의 사후에는 아내에게, 그리고 아내의 사후에는 학교법인에 재산을 물려주고자 할 때, 유언으로는 위와 같은 상속설계가 불가능하다. 왜냐하면 아내의 사후에는 아내가 미리 정해 놓은 바가 있다면 그 뜻대로 상속되거나 또는 미리 정해 놓은 바가 없다면 아내의 상속인들이 재산을 물려받게 되는 것이지, 남편이 아내의 사후에까지 그 영향을 미칠 수 없기 때문이다. 반면, 수익자연속신탁으로는 남편의 뜻을 실현할 수 있다. 아내를 1순위 사후수익자로, 학교법인을 2순위 사후수익자로 지정한다면, 남편의 사후에는 수탁자가 신탁재산의 원본을 보유하면서 신탁재산으로부터 발생하는 이익은 아내가 살아있는 동안에는 아내에게 지급하고, 아내가 사망할 경우에는 신탁재산의 원본과 이익을 모두 학교법인에 지급하는 것이다. **이때 주의해야 할 것이 있다. 선순위 수익자는 언제나 신탁재산의 원본이 아니라 이익만을 가지며, 신탁재산의 원본은 최종 수익자가 갖는다는 점이다.**

한편, 현행 신탁법은 수익자연속신탁이 존속할 수 있는 기간을 제한하는 규정이 없다. 즉, 위탁자는 수익자연속신탁을 통하여 가문의 재산을 자신이 원하는 기간만큼 지속하도록 설계할 수 있다.*

---

* 영국, 일본 등에서는 신탁재산이 장기간 사회·경제적으로 활용되지 못하게 두는 것은 재화의 시장유통을 막기 때문에 바람직하지 않다는 등의 이유로 수익자연속신탁의 경우 그 기간을 제한하고 있으며(영국 125년, 일본 30년), 이를 영구구속금지의 원칙 또는 영구불확정금지의 원칙(Rule Against Perpetuities)이라고 함.

아래에서는 수익자연속신탁의 활용사례를 제시한 기사를 소개한다.

> **치매에 걸린 아내와 수익자 연속신탁**
>
> (전략) ▷고객의 질문
> 나는 80세 남성으로 3년 전 대장암 말기 진단을 받았다. 2년 넘게 병원에서 치료를 받다가 현재는 집에서 요양하고 있다. 내 아내는 77세로 6년 전 뇌출혈 수술을 받았는데, 1년 전 치매 진단을 받았고 CDR 2(중증도 치매)이다. 두 명의 자식 중에서 첫째는 왕래가 뜸하고, 둘째가 우리 부부와 가깝게 살며 우리 부부를 3년 넘게 간병 및 봉양하고 있다. 따라서 내가 먼저 죽게 되면 내 명의로 보유하고 있는 현재 아파트와 현금은 아내가 쓸 수 있게 하고 아내가 사망한 뒤에는 해당 아파트와 잔여 현금을 우리 부부를 위해 고생한 둘째에게 주고 싶은데 가능할까?
>
> ▷ 수익자 연속신탁과 활용 (중략)
> 예를 들어 ① 고객(남편)은 위탁자 겸 생전수익자로서 부동산인 아파트와 현금을 신탁재산으로 하여 수탁자(신탁회사 등)와 신탁을 설정하고, ② 위탁자(남편) 사망 시 1차 연속수익자를 아내로 지정하여 위탁자가 향후 사망하게 되면 아내가 해당 아파트에 계속 거주할 수 있게 하고, 이자 등을 받을 수 있게 하며, ③ 1차 연속수익자인 아내가 사망할 경우에는 2차 연속수익자인 둘째 자녀가 신탁재산의 소유권(아파트 소유권, 잔여 현금 등)을 이전받도록 설계한다면 고객의 고민을 해결할 수 있을 것이다. (후략)
>
> 출처: 신관식 세무사, 브라보 마이 라이프, 2023.11.14.

(3) 유언과 유언대용신탁

상속을 준비하는 방법에 유언과 유언대용신탁이 있다. 그렇다면 이 둘은 어떤 차이가 있을까. 내게 맞는 상속 준비 방법을 찾기 위해서는 위 두 제도의 차이를 아는 것이 우선이다.

① 설정방법

두 제도는 이를 설정하는 방식에 있어 차이가 있다. 유언은 앞서 설명하였듯이 자필증서, 녹음, 공정증서, 비밀증서, 구수증서의 5가지 방법이 있고, 이들은 민법에서 각각 형식 요건을 달리 정하고 있는데 그 요건을 갖추지 않으면 효력을 인정받을 수 없다. 그러므로 엄격한 형식 요건을 갖추어야 한다는 부담이 있고, 설사 이를 갖추었다고 할지라도 유언 당시 유언자가 의사능력을 갖추고 있었는지 여부와 관련하여 분쟁의 여지가 많다.

반면, 유언대용신탁은 위탁자와 수탁자 간의 계약으로 설정하고, 그 외 엄격한 형식 요건이 요구되지 않으므로 설정에 있어 간편한 측면이 있다. 나아가 실무에서 수탁자인 대부분의 금융기관은 유언대용신탁계약을 체결하기에 앞서 위탁자에게 인지능력검사진단서라는 것을 요구하고 이를 계약에 첨부하고 있다. 인지능력검사는 일종의 치매검사로 위탁자가 의사능력*이 있는지 여부를 정신과 또는 신경과 전문의로부터 확인받는 검사이다. 그러므로 계약 당시 위탁자에게 의사능력이 있었는지 여부와 관련하여 분쟁 발생 가능성을 현저히 줄일 수 있다.

> * **의사능력**: 자신의 행위의 의미나 결과를 정상적인 인식력과 예기력을 바탕으로 합리적으로 판단할 수 있는 정신적 능력 내지는 지능

② 상속설계의 유연성

> **유언의 자유와 유언 사항**
> (전략) 일찍이 대법원은 2008.11.20. 선고 2007다27670 전원합의체 판결에서 다수의견은 유체·유골의 처분 방법 또는 매장장소 지점에 관한 망인 자신의 생전 의사 내지 감정은 마땅히 존중되어야 하지만, 이러한 유체·유골의 처분 방법이나 매장장소의 지정이 법이 정한 유언사항에 해당하지 않기 때문에 피상속인의 의사를 존중해야 하는 도의적인 것에 그치고, 제사 주재자가 무조건 이에 구속되어야 하는 법률적 의무까지 부담한다고 볼 수는 없다고 판시하였다. (후략)
> 출처: 배인구 변호사, 법률신문, 2022.11.28.

유언은 유언법정주의에 의하여 법률이 규정한 사항에 한하여만 효력이 있고, 앞서 설명한 바와 같이 민법은 이러한 법정 유언사항을 유증, 상속재산분할방법의 지정 등 몇 가지로 제한하여 인정하고 있다. 위 기사는 민법이 유체·유골의 처분 방법이나 매장장소의 지정을 법정 유언사항으로 인정하지 않으므로, 그에 대한 유언이 있다고 할지라도 이에 따라야 할 법률적 의무는 없다고 한 대법원 판결을 소개한 것이다.

반면, 유언대용신탁은 유언처럼 법으로 신탁 가능한 사항을 정하고 있지는 않다. 신탁의 목적이 선량한 풍속 또는 사회질서에 위반하는 사항이거나, 위법 또는 불능한 것이거나, 소송 또는 탈법을 목적으로 하거나, 채권자를 해함을 알면서 하는 것이거나 하는 등이 아니라고 한다면, 원칙적으로 사적자치의 원칙 또는 계약자유의 원칙에 따라 위탁자는 자유롭게 상속을 설계할 수 있다. 다만, 이러한 자유는 상속재산의 분할에 대해서만 허용된다. 현실적으로 수탁자인 금융기관들이 유언으로 가능한 친생부인이나 인지와 같은 신분상의 법률행위에 대해서는 관련 업무를 수행할 수 없기 때문이다. 결국, 상속재산분할에 대해서는 유언보다 훨씬 유연한 설계가 가능하지만, 그 외의 사항에 대해서는 오히려 설계가 곤란한 점이 있다 할 것이다.

재산승계의 정석

그렇다면 상속재산분할과 관련해서 유언대용신탁은 구체적으로 어떤 유연한 설계가 가능할까. 유언은 유언자의 사망 후 유언의 내용대로 수유자에게 집행이 되고 나면 그것으로 끝이다. 그러므로 자녀가 미성년자이어서 재산을 제대로 관리할 능력이 부족한 경우, 부모로서는 재산을 물려주고 싶어도 그 재산이 잘 관리되고 온전히 자녀를 위해 잘 쓰일 수 있을까 하는 것이 걱정될 수 있다. 이러한 걱정에 대해 유언대용신탁은 해결방안을 제시한다. 아래의 기사는 팝의 황제 마이클잭슨이 자신의 미성년 자녀들을 위해 재산을 신탁한 사실을 소개한 것으로, 마이클잭슨은 자신의 사망과 동시에 자녀들에게 재산을 모두 지급하는 것이 아니라, 자녀들이 재산을 관리하기에 성숙한 연령에 이른 때 즉, 30세, 35세, 40세가 되는 해에 재산을 나누어 지급할 수 있도록 설계하였다. 이는 외국의 유명인사만이 할 수 있는 특별한 방법이 아니라, 우리 모두 지금 바로 실행할 수 있는 방법이다.

[FAMILY BUSINESS CONSULTING] 마이클잭슨의 유산 플랜서 배운다

(전략) 마이클 잭슨 생전에 가족신탁에서 나오는 수익은 마이클 잭슨에게 귀속된다. 사망 시에는 제일 먼저 유산의 20%를 어린이 자선재단에 기부한다. 자선단체의 선정 방법은 어머니와 공동 수탁자들이 위원회를 구성해서 함께 협의, 지정한다.
어린이 자선재단에 기부한 20%와 상속세, 병원비, 장례비, 변호사비 등을 공제한 나머지 남은 유산의 50%는 어머니 캐서린 잭슨을 위해 '캐서린 잭슨 신탁(Katherine Jackson trust)'으로 분리해서 운영한다. 그리고 어머니를 수익자로 지정해 그녀가 평생 안정된 삶을 살 수 있도록 지원하고, 사망한 후에는 남은 재산을 자신의 자녀들 3명에게 동등하게 분배하도록 했다.
나머지 50%는 자신의 변호사와 음악감독이 공동 수탁자가 돼 '마이클 잭슨 자녀 신탁(Michael Jackson children trust)'으로 분리하고 신탁 재산은 세 자녀에게 3분의 1씩 동등하게 분배한다. 하지만 자녀들은 21세가 돼야 신탁 사산의 운용 수익금을 전액 받을 수 있다. 그때 자녀들이 수익금만으로 적정 수준의 생활이 어렵다면 수탁자들이 협의해 원금의 일정 부분을 추가로 지원할 수 있다. 그리고 신탁 원본은 각 자녀의 30세 생일에 3분의 1, 35세 생일에 남은 잔액의 2분의 1, 그리고 40세 생일에 잔액 전부를 지급한다. 만약 30세 이전이라도 자녀들이 집을 사거나, 결혼을 하거나 또는 사업을 하기 위해 신탁 원금이 필요하다면, 공동수탁자들이 신중하게 판단해 원금에서 일정 부분을 사전에 지원할 수도 있다. 하지만 최종적인 결정은

> 자녀들의 후원자인 어머니 캐서린 잭슨의 동의가 있어야 집행할 수 있다. 만약 마이클 잭슨의 사망 시 어머니와 자녀 또는 후손(손자 등)이 생존해 있지 않다면, 20%의 자선 재산 기부금을 제외한 나머지 신탁 재산은 조카 3명에게 균등하게 나누어 주고 그 지급 방식은 자녀들에게 하는 것과 동일한 방법으로 지급한다.
> 출처: 김선화 한국가족기업연구소 대표, 매거진한경, 2014.4.17.

한편, 유언대용신탁은 이혼 후 자녀를 홀로 키우고 있는 가정에도 해결방안을 제시한다. 요즘은 이혼이 더 이상 특별하지 않다. 그 정도로 이혼 가정이 늘어나고 있는데, 이혼 후 단독 친권을 갖고 홀로 미성년 자녀를 양육하는 경우에는 자녀의 미래가 더욱 걱정된다. 혹시라도 내가 사고 또는 질병으로 사망하게 되면, 내 재산은 이혼한 전 배우자가 자녀의 친권자로서 관리하게 될 텐데 이때 전 배우자가 내 재산을 자녀를 위해 쓰지 않고 착복하거나 자신의 이익을 위해 유용하지는 않을지 걱정된다. 이는 전 배우자가 재혼이라도 한 경우에는 더욱 그러하다.

물론, 일명 '최진실법'의 개정으로 2013.7.1. 이후 친권의 자동부활은 금지되었다. 개정 전에는 단독 친권자가 사망한 경우에 생존한 타방 배우자가 자동으로 친권자가 되는 친권 자동부활 제도가 있었으나, 당시 단독 친권자가 사망했을 때 이혼에 이르게 된 경위나 자녀의 의사 등을 고려하지 않고, 특히 자녀를 키우고 있는 조부모가 있음에도 친권을 전 배우자에게 넘기는 것은 부당하다는 사회적 여론이 들끓어 친권의 자동부활을 금지하도록 민법이 개정되었다. 그리하여 현재는 단독 친권자로 정하여진 부모의 일방이 사망한 경우 생존하는 부 또는 모, 미성년자, 미성년자의 친족은 그 사실을 안 날부터 1개월, 사망한 날부터 6개월 내에 가정법원에 생존하는 부 또는 모를 친권자로 지정할 것을 청구할 수 있고, 가정법원은 친권자의 지정 청구가 생존하는 부 또는 모의 양육의사 및 양육능력, 청구 동기, 미성년자의 의사, 그 밖의 사정을 고려하여 미성년자의 복리를 위하여 적절하지 아니하다고 인정할 때에는 청구를 기각하고 직권으로 미성년후견인을 선임할 수 있다.

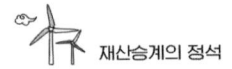

　이처럼 민법이 개정되기는 하였으나, 미성년후견인으로 지정하여 자녀를 돌보아 줄 믿을만한 사람이 없는 경우에는 내 재산이 자녀를 위해 온전히 쓰일 수 있을까 하는 걱정은 여전하며, 설사 믿을만한 사람이 있다고 할지라도 이혼한 전 배우자를 배제하고 미성년후견인으로 지정되기까지는 위와 같은 법적 절차가 필요하므로, 위 절차를 제대로 수행하지 못하는 경우 이혼한 전 배우자가 친권자로 지정될 가능성은 또한 여전하다.

　따라서, 이 경우에도 유언대용신탁을 통해 자녀가 미성년인 동안에는 자녀의 교육비, 생활비, 병원비 등의 명목으로 일정 금액만을 정기적으로 지급하다가 자녀가 성년이 되는 때 또는 대학을 졸업하는 때 등 자녀가 재산을 직접 관리하기에 성숙한 연령에 이르는 때 재산을 모두 지급하도록 설계할 수 있다. 이러한 방식의 설계는 비단 자녀가 미성년자인 경우 뿐만 아니라, 자녀가 낭비벽이 있어 재산을 관리할 능력이 없는 경우, 추후 사업의 부도 등으로 파산할 것이 걱정되는 경우, 지적 장애가 있는 경우에도 활용이 가능하다.

　또한, 자녀에게 재산을 물려주고는 싶은데, 자녀가 이혼하게 되면 재산분할로 사위 또는 며느리가 재산을 가져갈 것이 걱정될 수도 있다. 이는 특히 자산가에게 더 큰 걱정일 수 있는데, 예를 들어 재벌가 딸이 평범한 회사원과 결혼한 후 이혼하여 재산분할을 청구하는 경우 재벌가 회장이 평생을 노력해 일궈 온 재산이 사위에게 가는 결과에 이를 수 있고, 우리는 이러한 스토리를 영화나 드라마 또는 세간의 재벌가 이혼소송을 통해 많이 보아 왔다. 이때 재벌가 딸이 자신의 부모로부터 물려받은 재산도 재산분할의 대상이 되는지 의문이 들 수 있다. 물론 민법은 부부재산에 대해 법정부부재산제로 부부별산제를 명시하고 있고, 이에 따르면 부부의 일방이 혼인 전부터 가진 고유재산과 혼인 중 자기의 명의로 취득한 재산은 특유재산으로 하며, 특유재산에 대해서는 각자 독자적으로 관리, 사용, 수익할 권리를 갖는다고 한다. 그러므로 특유재산은 원칙적으로 재산분할의 대상이 되지 않는 것이

나. **판례는 특유재산이라고 할지라도 다른 일방이 적극적으로 특유재산의 유지에 협력하여 그 감소를 방지하였거나 그 증식에 협력하였다고 인정되는 경우에는 분할의 대상이 될 수 있다고 하면서 이와 같은 협력에는 분할대상 재산에 대한 직접적인 협력 뿐만 아니라 간접적인 협력도 포함되고 경제적 협력 뿐만 아니라 비경제적 협력도 포함되는 것으로 본다**(대법원 2002.8.28.자 2002스36 결정). 그러므로 재벌가 딸이 부모로부터 물려받은 재산에 대해서도 사위가 유지·증식에 협력한 바가 있다고 한다면 재산분할의 대상이 될 수 있는 것이다.

이러한 상황에 대해 재벌가 회장의 걱정을 해소할 수 있는 방법으로 유언대용신탁을 생각해 볼 수 있다. 그리고 이에 민법에서 정하고 있는 부부재산약정 제도를 함께 활용하면 그 효과가 더욱 분명하다. 예를 들어, 자신의 재산을 유언대용신탁으로 수탁자에게 맡기면서 자신의 사후에도 신탁재산의 원본은 수탁자가 보유하고 신탁재산의 이익만을 딸에게 지급하도록 할 수 있다. 이와 같이하면 해당 재산은 딸이 아니라 수탁자가 보유하고 있는 것이므로 재산분할의 대상이 되지 않으며, 수탁자가 신탁재산의 원본을 관리하기 때문에 사위가 그 재산의 유지·증식에 협력한 바가 있다고 주장할 수도 없다. 물론, 딸이 가지는 신탁재산에 대한 이익수익권은 재산분할의 대상이 될 수 있지만, 이에 관해서도 신탁 설정 시 수탁자 등 제3자에게 수익자변경권을 부여하여 딸이 이혼할 개연성이 높은 때에 수익자를 타인으로 변경하도록 할 수 있다. 이 같은 방법으로 관리하다가 딸이 결혼생활을 어느 정도 지속하여 이혼의 가능성이 적어지는 일정한 때에 신탁재산의 원본을 딸에게 이전하도록 하는 것이다.

한편, 이미 딸에게 증여한 재산이 있는 상황이라면 부부재산약정을 함께 활용할 수도 있다. 앞서 설명하였듯이 민법은 부부재산에 대해 법정부부재산제로 부부별산제를 두고 있지만 이에 우선하여 효력이 있는 것이 바로 부부재산약정이다. 부부는 혼인성립 전에 그 재산에 관하여 자유로이 약정할 수 있다. 그리고 그 약정 시기는 혼인성립 전 즉, 혼인신고 전이어야 하고 약정 대상은 혼인 중의 재산관계이며 이를 등기하지 않으면 부부의 승계인 또는 제3자에게 대항할 수 없다. 부부재산약정등기는 남편이 될 자의 주소지 관할 등기소에 신청하며 아래 예시와 같이 '약정자' 부와 '약정사항' 부로 구분하여 기록된다.

1. [기록례 1] 약정등기

【 약 정 자 】	(약정자의 표시)		
표시번호	접 수	약정자의 기본사항	등기원인 및 기타사항
1	2007년 9월 3일	부 김갑동 781023-1654231 　서울특별시 마포구 공덕동 223 처 이을순 810207-2546778 　서울특별시 서초구 서초동 967	

【 약 정 사 항 】	(약정의 내역)		
사항번호	접 수	등 기 원 인	약 정 내 역
1	2007년 9월 3일 제23호	2007년 9월 1일 부부재산약정	1. 부부재산 중 다음에 기재한 것은 각자의 재산으로 한다. (부의 재산) 가. 서울특별시 마포구 공덕동 100번지 토지 100㎡ 나. 2006년식 소나타 01마9324 (처의 재산) 가. 서울특별시 서초구 서초동 967번지 청솔아파트 101-111 나. 국민은행 예금 5천만원 2. 부의 특유재산의 사용, 수익 및 관리는 처가 한다. 3. 혼인 중 새로 취득한 재산은 부부공유로 한다.

다만, 혼인 중의 재산관계에 대해서만 약정 가능하고 이혼 전 재산분할청구권을 사전 포기하는 것은 허용되지 않으므로 부부재산약정을 해 둔 것만으로 재산분할의 대상에서 무조건 제외된다고 할 수는 없으나, 재산분할 시 법원은 혼인의 기간, 혼인파탄의 귀책사유, 재산형성의 기여도, 재산의 규모, 이혼 후 경제적 생활보장 등의 여러 사정을 종합적으로 고려하여 판단하므로 부부재산약정에 대해서도 재산분할을 판단하는 기타의 사정으로 판단할 가능성이 높다. 즉, 딸이 부모로부터 증여받은 재산을 특유재산으로 분명히 명시해 둔다면 이를 재산분할의 대상에서 제외하고자 할 때 관련 증거로 제출하여 주장할 수 있으며, 특히, 소유권에 대한 공시방법이 없고 그

외의 방법으로도 달리 소유관계를 확인하기 어려운 고가 보석이나 미술품 등의 경우에는 부부의 공동소유로 추정되므로 부부재산약정을 해 두면 특유재산임을 분명히 할 수 있을 것이다. 나아가 이를 신탁회사에 관리신탁까지 해 둔다면 사위로서는 해당 재산의 유지·증가에 협력하였다고도 주장할 수 없을 것이다.

아울러, 만일 사위가 사업을 무리하게 운영하여 채무를 부담하게 되었다고 했을 때 소유관계가 명확하지 않은 재산은 부부의 공동소유로 추정되므로 이에 대해 채권자가 강제집행할 수 있으나, 부부재산약정을 통해 딸의 특유재산임을 명확히 해 두었다면 이를 근거로 채권자에게 대항할 수 있어 이러한 경우에도 보호가 가능하다.

이 외에도 최근에는 여러 금융기관들에서 노후와 사후를 준비하고자 하는 고객들의 니즈에 맞춰 다양한 신탁상품을 출시하고 있다. 대표적으로 반려동물을 위한 신탁이 있다. 반려동물을 돌보아 줄 믿을만한 사람을 수익자로 지정하고 재산을 수탁자에게 맡겨 놓으면, 수탁자는 위탁자 사후 수익자에게 매월 정해진 금액을 지급하고 반려동물이 다치거나 병든 경우에는 의료비를 추가로 지급한다. 그리고 수익자가 반려동물을 제대로 돌보는지 관리·감독하기 위해 신탁관리인을 두어 그 역할을 하게 할 수도 있다. 이러한 방법은 유언으로도 가능하다. 부담부 유증을 활용하여 유언으로 재산을 주면서 반려동물을 돌볼 의무를 부담시킬 수 있다. 그러나 재산을 받은 사람이 반려동물을 제대로 돌보는지 관리·감독하기 어려우며 그 의무를 이행하지 않았을 때 통제할 방법이 없다. 즉, 재산을 받은 사람이 이를 개인적으로 전부 일시에 유용한다 할지라도 이를 막을 길이 없다. 그러므로 이러한 경우에도 유언대용신탁을 활용하여 객관적 제3자인 수탁자가 재산이 반려동물을 위해 쓰여질 수 있도록 통제하도록 하는 것이 좋다. 이 역시 상속설계의 유연성에 따른 결과이다.

재산승계의 정석

초고령화시대, 상속 수단으로 '신탁'은 과연?

(전략) 최근 들어 신탁이 설계의 유연성으로 인해 자발적 상속에 적합, 일반인들의 관심을 받고 있다. 소비자 니즈에 맞는 다양한 상품도 나온다. (중략)

신탁계약은 위탁자의 지시에 따라 수탁자가 신탁재산을 운용·관리·처분하는 일대일 계약으로, 위탁자의 의지에 따라 설계할 수 있어 개별 계약별로 형태가 서로 다르다. 소비자 필요에 따라 가족돌봄, 셀프장례, 자산관리, 부양목적 등 다양한 신탁 상품이 등장하는 추세다. △가족관계 변화에 따른 맞춤형 신탁으로 배우자, 자녀 외에도 반려동물, 제3자 등을 위해 재산을 승계하는 가족돌봄 신탁 △고령화에 따른 인구구조 변화 등으로 스스로 장례를 준비해 자녀 세대 및 주변인의 비용 부담을 줄여주는 목적의 셀프장례 신탁 △생전에는 자산을 관리해 증식하고 노후에 생활비·의료비 등으로 지출하고 남은 금액은 상속하는 형태의 고령화 맞춤형 자산관리 신탁 △장애가 있는 가족, 정신적 제약이 있는 가족을 위해 수탁된 재산을 대신 관리하고 생활비를 지급하는 부양 목적의 신탁 등이 있다. (후략)

출처: 김성태 기자, 마켓뉴스, 2023.7.24.

③ 보관의 안전성

[TV온에어] '내 마음의 꽃비' 이주실 새 유언장 은폐, 임지은 사장 취임

(전략) 민승재도 천일란에게 "더 이상 지체하지 말고, 어머니 유언대로 미성 당신이 이끌어주세요"라고 말해 충격을 선사했다. 하지만 이때 법률사무소에서 전화 한 통이 걸려와 김계옥의 새 유언장이 있다는 사실이 알려졌다.

이에 불안해진 이수창과 천일란은 새로운 계획을 세웠다. 이수창의 계획대로 유언장을 전하러 오던 변호사가 가방을 날치기당했고, 유언장을 분실하게 됐다.

집안에서 유언장의 다른 한 부도 찾았지만, 그 유언장은 천일란의 손에 돌아갔다. 유언장에는 "민덕수에게 회사 지분을 포함해 전 재산을 물려줌"이라고 적혀 있었고, 천일란은 자신에게 모든 재산을 넘긴다는 내용으로 거짓 유언장을 꾸며 민승재에게 넘겼다. (후략)

출처: 오지원 기자, 티브이데일리, 2016.8.30.

어느 아침드라마의 에피소드를 설명한 기사이다. 우리가 영화나 드라마에서 수도 없이 많이 보았던 장면이다. 유언서를 도난당하고, 분실하고, 위·변조하고, 훼손하고 하는 등의 내용이다. 이처럼 유언서는 보관의 안전성이 담보되지 못하는 위험성이 있다. 도난, 분실, 위·변조, 훼손 등의 문제만 있는 것이 아니다. 유언자가 유언서를 작성한 후 안전하다고 생각한 곳에 잘 보관해 두었지만, 추후 치매 등으로 의사능력이 저하되면 그 보관장소를 기억하지 못할 수도 있고, 유언서를 작성한 후 생전에 누구에게도 그 보관장소를 알려두지 않아 끝내 상속인들이 그 유언서를 발견하지 못하는 경우도 있을 수 있다.

공정증서로 작성해 두면 안전할까. 물론, 공증사무실에서 공정증서 원본을 보관하고 있으므로, 자필증서나 그 외 다른 방식의 유언서에 비해 어느 정도 보관의 안전성이 담보된다고 할 수 있다. 그러나 유언자가 보관하고 있던 정본을 분실하여 다시 발급을 받아야 할 필요가 있다고 가정해보자. 정본 재발급을 위해 공증사무실을 찾았는데, 해당 공증사무실이 경영난으로 폐업하여 없어졌을 수도 있다. 또는 공증인도 사람이므로 유언자보다 먼저 사망하여 공증사무실이 없어졌을 수도 있다. 물론 그러한 경우에도 유언서를 찾을 방법이 전혀 없는 것은 아니다. 법무부장관은 공증인이 소속한 지방검찰청 관할 구역의 다른 공증인에게 서류를 인계하도록 명하므로, 다른 공증사무실에서 유언서를 보관하고 있을 것이다.

그러나 그 경우에도 유언서를 인계받은 공증사무실이 어느 곳인지, 어디에 있는지를 찾아야 하는 번거로움은 역시 유언자 또는 상속인의 몫이다. 보통 대한공증인협회 홈페이지에서 검색하거나 법무부 법무과에 문의하여 찾을 수 있다. 이렇게라도 유언서 원본을 인계받은 공증사무실을 찾아내 정본을 재발급 받을 수 있으면 다행이다. 그러나 만일 유언자가 젊은 나이에 일찍이 유언을 해 두어 공증을 한 지 20년이 넘었다고 하면 유언서 정본을 재발급 받는 것이 아예 불가능할 수도 있다. 공증 서류의 보존에 관한 규칙에 따르면 유언 공정증서의 보존 기간은 20년이므로 공증사무실에서 해당 유언서를 폐기했을 수도 있기 때문이다.

반면, 유언대용신탁은 그 신탁계약서를 2부 작성하여 1부는 위탁자가, 나머지 1부는 신탁회사가 보관하며 신탁회사들은 이를 보안이 철저한 문서보관 부서 및 전산시스템에 보관하므로 도난, 분실, 위·변조, 훼손될 우려가 없고 그 영속성이 유지되어 보관의 안전성이 담보된다.

④ 상속재산의 범위

유언은 유언자가 보유하고 있는 모든 재산에 대해 유언을 남길 수 있다. 즉, 모든 부동산과 모든 금융자산, 나아가 계약상의 지위나 채무에 대해서도 그것이 상속가능한 것이라면 제한 없이 모두 유언으로 상속을 설계할 수 있다. 그러나 유언대용신탁은 신탁으로 맡길 수 있는 재산에 제한이 있다. 신탁법은 재산적 가치를 지니는 것이기만 하다면 신탁할 수 있는 재산에 제한을 두고 있지 않지만, 자본시장과 금융투자업에 관한 법률(이하 '자본시장법')은 신탁업자가 수탁할 수 있는 재산을 아래와 같이 금전, 부동산 등 7가지로 제한하고 있다. 현재 유언대용신탁은 자본시장법의 적용을 받는 은행, 증권사, 보험사 등 금융기관에서 취급하고 있고 이들이 수탁자가 되므로 자본시장법상 열거된 7가지 재산에 대해서만 유언대용신탁으로 상속을 설계할 수 있다.

자본시장법 제103조(신탁재산의 제한 등) ① 신탁업자는 다음 각 호의 재산 외의 재산을 수탁할 수 없다.
  1. 금전
  2. 증권
  3. 금전채권
  4. 동산
  5. 부동산
  6. 지상권, 전세권, 부동산임차권, 부동산소유권 이전등기청구권, 그 밖의 부동산 관련 권리
  7. 무체재산권(지식재산권을 포함한다)
② 신탁업자는 하나의 신탁계약에 의하여 위탁자로부터 제1항 각 호의 재산 중 둘 이상의 재산을 종합하여 수탁할 수 있다.

그리고 위의 7가지 재산에 해당된다 할지라도 아래와 같이 몇몇 재산들은 신탁이 제한된다. 먼저 전, 답, 과수원 등과 같은 농지는 신탁이 불가하다. 농지법은 농지에 관하여 '농업 생산성을 높이는 방향으로 소유·이용되어야 하며 투기의 대상이 되어서는 아니된다'고 기본 이념을 밝히면서 '자기의 농업경영에 이용하거나 이용할 자가 아니면 소유하지 못한다'고 정하고 있다. 또한 등기선례 역시 농지에 대하여 신탁을 원인으로 등기하는 경우에도 농지취득자격증명을 첨부하도록 한다. 신탁을 하면 그 재산을 수탁자인 신탁회사 앞으로 등기 이전하여 명의를 변경하여야 하는데, 현재 유언대용신탁을 취급하고 있는 신탁회사들은 주로 금융기관이므로 농지취득자격증명을 갖추고 있지 않다. 따라서, 전, 답, 과수원 등 농지에 대해서는 유언대용신탁으로 상속을 설계할 수 없다.

> **농지법 제6조(농지 소유 제한)** ① 농지는 자기의 농업경영에 이용하거나 이용할 자가 아니면 소유하지 못한다.
> ② 제1항에도 불구하고 다음 각 호의 어느 하나에 해당하는 경우에는 농지를 소유할 수 있다. 다만, 소유 농지는 농업경영에 이용되도록 하여야 한다.
>   1. 국가나 지방자치단체가 농지를 소유하는 경우
>   2. 「초·중등교육법」 및 「고등교육법」에 따른 학교, 농림축산식품부령으로 정하는 공공단체·농업 연구기관·농업생산자단체 또는 종묘나 그 밖의 농업 기자재생산자가 그 목적사업을 수행하기 위하여 농림축산식품부령으로 정하는 바에 따라 농지를 취득하여 소유하는 경우
>   3. 주말·체험영농을 하려고 제28조에 따른 농업진흥지역 외의 농지를 소유하는 경우
>   4. 상속[상속인에게 한 유증(遺贈)을 포함한다. 이하 같다]으로 농지를 취득하여 소유하는 경우
>   (이하 생략)
>   등기선례 제7-465호 농지에 대하여 신탁을 원인으로 하여 소유권이전등기를 신청하는 경우에는 관리신탁, 처분신탁, 담보신탁 등 신탁의 목적에 관계없이 농지취득자격증명을 첨부하여야 한다.

또한 투기과열지구로 지정된 지역에서 재건축 또는 재개발 정비사업 예정에 있는 것은 신탁이 곤란하다. 도시 및 주거환경정비법(이하 '도시정비법')에 따르면 투기과열지구로 지정된 지역에서 재건축사업을 시행하는 경우에는 조합설립인가 후, 재개발사업을 시행하는 경우에는 관리처분계획인가 후 해당 정비사업의 건축물 또는 토지를 양수한 자는 조합원이 될 수 없다고 정하고 있다.

도시 및 주거환경정비법 제39조(조합원의 자격 등) ② 주택법 제63조제1항에 따른 투기과열지구(이하 "투기과열지구"라 한다)로 지정된 지역에서 재건축사업을 시행하는 경우에는 조합설립인가 후, 재개발사업을 시행하는 경우에는 제74조에 따른 관리처분계획의 인가 후 해당 정비사업의 건축물 또는 토지를 양수(매매·증여, 그 밖의 권리의 변동을 수반하는 모든 행위를 포함하되, 상속·이혼으로 인한 양도·양수의 경우는 제외한다. 이하 이 조에서 같다)한 자는 제1항에도 불구하고 조합원이 될 수 없다. 다만, 양도인이 다음 각 호의 어느 하나에 해당하는 경우 그 양도인으로부터 그 건축물 또는 토지를 양수한 자는 그러하지 아니하다.

1. 세대원(세대주가 포함된 세대의 구성원을 말한다. 이하 이 조에서 같다)의 근무상 또는 생업상의 사정이나 질병치료(의료법 제3조에 따른 의료기관의 장이 1년 이상의 치료나 요양이 필요하다고 인정하는 경우로 한정한다)·취학·결혼으로 세대원이 모두 해당 사업구역에 위치하지 아니한 특별시·광역시·특별자치시·특별자치도·시 또는 군으로 이전하는 경우
2. 상속으로 취득한 주택으로 세대원 모두 이전하는 경우
3. 세대원 모두 해외로 이주하거나 세대원 모두 2년 이상 해외에 체류하려는 경우
4. 1세대(제1항제2호에 따라 1세대에 속하는 때를 말한다) 1주택자로서 양도하는 주택에 대한 소유기간 및 거주기간이 대통령령으로 정하는 기간 이상인 경우
5. 제80조에 따른 지분형주택을 공급받기 위하여 건축물 또는 토지를 토지주택공사등과 공유하려는 경우
6. 공공임대주택, 공공주택 특별법에 따른 공공분양주택의 공급 및 대통령령으로 정하는 사업을 목적으로 건축물 또는 토지를 양수하려는 공공재개발사업 시행자에게 양도하려는 경우
7. 그 밖에 불가피한 사정으로 양도하는 경우로서 대통령령으로 정하는 경우

그러므로 도시정비법에서 정하고 있는 몇 가지 예외사유에 해당하지 않는 한 재건축의 경우에는 조합설립인가 후, 재개발의 경우에는 관리처분계획인가 후 신탁을 하여 위탁자에게서 수탁자로 소유권이 이전된다면 위탁자는 조합원으로서의 자격을 잃고 현금청산 대상자가 될 수 있다. 간혹 고객들과 상담하다 보면 보유하고 있는 아파트에 대해 재건축 또는 재개발 이야기가 나오고는 있으나, 실제 사업이 진행되려면 오랜 시간이 걸릴 것으로 예상되고 아마 본인들 생전에는 사업이 진행되지 않을 것으로 보이니 유언대용신탁을 하고 싶다고 하는 경우가 있다. 이 때에도 신탁회사로서는 해당 아파트의 정비사업 진행현황을 정확히 알아보아야 하고, 그 결과 진행된 바가 없어 신탁을 한다고 할지라도 추후 사업이 진행된다면 조합설립인가 또는 관리처분계획인가 전에 해당 신탁을 해지하여야 현금청산의 대상이 되지 않을 수 있다는 점을 고객에게 충분히 안내하여야 할 것이다.

이 외에도 법령상의 사유가 아니라 실무상의 사유로 신탁하지 못하는 것이 있는데, 예금주가 은행에 대하여 가지는 예금채권이 바로 그것이다. 물론 모든 예금채권이 신탁 불가한 것은 아니다. 예를 들어, A은행과 유언대용신탁계약을 체결하면서 A은행에서 계좌를 개설한 예금의 예금채권을 신탁하는 것은 가능하다. 그러나 A은행에서 유언대용신탁계약을 체결하면서 B은행에서 계좌를 개설한 예금의 예금채권을 신탁하는 것은 사실상 불가하다. 신탁을 하면 위탁자가 보유하고 있던 신탁재산을 수탁자에게 이전하여야 하므로 B은행에 대한 예금채권을 A은행에 양도하여야 한다. 그런데 민법은 채권의 양도를 허용하면서도 채권의 성질이 양도를 허용하지 아니하거나 채권의 당사자가 반대의 의사를 표시한 경우에는 양도하지 못한다고 정하고 있다. 그런데 현재 대부분의 은행들은 예금거래 시 공정거래위원회에서 심사·승인한 '예금거래 기본약관'을 따르고 있고, 해당 약관은 '예금을 양도하려면 사전에 은행에 통지하고 동의를 받아야 한다'고 정하고 있으므로, 예금채권의 당사자인 계좌 개설 은행으로서는 자신들의 사전 동의 없는 예금채권의 양도에 대해 반대의 의사를 표시한 것이라고 볼 수 있다. 그러므

로 위의 예시에서는 B은행이 예금채권의 양도에 동의를 해 주어야 하는데 은행거래 실무상 그러한 동의를 받기는 매우 어렵다.

한편, 이와 관련하여 판례는 양수인이 중대한 과실 없이 양도금지특약이 존재를 알지 못하였다면 채권양도는 유효하게 되어 채무자는 양수인에게 양도금지특약을 가지고 채무 이행을 거절할 수 없다고 하므로(대법원 2019.12.19. 선고 2016다24284 판결), 만일 A은행이 예금거래 기본약관의 내용을 중대한 과실 없이 알지 못하였다고 한다면 해당 채권양도가 유효하다고 볼 수도 있겠으나, A은행도 역시 동일한 예금거래 기본약관을 따르고 있을 것이므로 이를 중대한 과실 없이 알지 못한 경우라고 판단하기는 어렵다고 보인다. 상황이 이러한 바, A은행과 유언대용신탁계약을 체결하려면 사실상 B은행에서 개설한 예금을 해지하여 A은행으로 옮긴 뒤 신탁을 할 수밖에 없다.

아울러 현재는 신탁에 제한이 있으나 향후 관련 법령의 개정으로 신탁이 활성화될 예정에 있는 재산들도 있다. 바로 **생명보험금청구권**과 **비상장주식**의 신탁이다.

시장규모 1200조… 보험도 코인도 못 맡기는 신탁

(전략) 국내 신탁시장 규모는 1200조원대까지 커졌다. 하지만 초고령화 시대에 새로운 '사회적 안전판'으로 활용할 수 있는 신탁제도를 낡은 규제가 가로막고 있다는 지적이 늘고 있다.

신탁법상 재산적 가치를 지닌 자산은 수탁이 가능해 보험을 신탁하는 것은 문제가 없지만 자본시장법이 수탁 가능한 자산 종류를 7종(금전, 증권, 금전채권, 동산, 부동산, 부동산관련권리, 무체재산권)으로 제한하고 있다. 자산종류는 1961년 최초 법 제정 이후 2005년 무체재산권 하나만 포함된 것 외에는 변화가 없다. A씨의 경우 보험금청구권의 수탁이 막힌 이유다.

은행권 관계자는 "현재는 적지 않은 보험금이 수익자에게 한 번에 지급될 수밖에 없다"며 "보험금 청구권도 수탁이 가능해지면 신탁회사가 자산 관리 능력이 떨어지는 고령층이나 미성년 자녀 등에게 분할 지급하는 방식 등으로 관리할 수 있다"고 했다. 이어 "은행권에서도 '보험금청구권신탁' 개발 움직임이 있었지만 자본시장법상 불가능해 개발을 포기했다"고 전했다. (후략)

출처: 서대웅 기자, 이데일리, 2022.4.29.

생명보험금청구권에 대해서는 그간 시장의 신탁 수요가 매우 높았다. 부모가 생명보험계약을 체결하면서 피보험자를 자신으로, 보험수익자를 자녀로 지정한 경우, 부모의 조기 사망 시 미성년인 자녀에게 거액의 보험금이 일시 지급될 경우 이를 적절히 관리하기 어렵고 그로 인해 미성년 자녀 주변의 친인척들이 이를 관리해 준다는 명목으로 유용하는 일이 빈번했기 때문이다. 그러므로 생명보험금청구권을 신탁하여 신탁회사가 부모 사후 보험금을 안전하게 보관·관리하다가 미성년 자녀의 성장 후 이를 분할하여 지급하면 위와 같은 위험을 해소할 수 있으므로 시장에서는 지속적으로 신탁을 허용해 줄 것을 요구하였다. 그러나 신탁법의 주무부처인 법무부에서는 2013년 생명보험금청구권의 양도를 허용할 경우 보험범죄를 조장할 가능성이 높다는 이유로 신탁 불가 취지의 유권해석을 하였고 그 이래 현재까지 생명보험금청구권은 신탁을 하지 못하고 있다.

그럼에도 시장의 요구가 계속되자, 금융위원회는 2022년 10월 신탁업 혁신방안을 발표하면서 생명보험금청구권의 신탁 허용에 대해 법무부와 협의를 추진하겠다고 밝혔고, 2024년 3월 이를 법제화하는 자본시장법 시행령 및 금융투자업규정 개정안을 입법예고하였다. 이에 따르면 △**보험계약자의 사망을 보험사고로 하는 생명보험계약(상법 제730조에 따른 생명보험계약을 말하며 주계약에 부가된 특별약관 계약은 제외)으로서 보험금이 3천만 원 이상이고** △**보험약관에 따른 보험계약대출이 허용되지 않거나 신탁계약 체결 당시 보험계약 대출이 없어야 하며** △**보험계약자 및 피보험자가 신탁의 위탁자와 동일하고** △**보험수익자가 보험계약자 본인 또는 보험계약자의 배우자, 직계비속, 직계존속 중에서 지정되어 있다는 요건**을 모두 충족하는 경우 생명보험금청구권 신탁이 가능하도록 정하고 있다. 법제화 작업이 완료되어 관련 법령이 시행된다면 앞서 설명한 바와 같이 보험수익자가 미성년 자녀이거나 또는 성년이더라도 정신적·신체적 장애가 있어 보험금 관리에 곤란을 겪는 경우 활용될 수 있을 것이며, 나아가 보험수익자에게 후견인이 선임되어 있는 경우에도 후견인의 재산 편취를 방지하고 후견업무의

효율성을 높이기 위한 방법으로 활용될 수 있을 것이다.

또한 지금까지는 의결권 행사에 제한이 있다는 이유로 주식 특히, 비상장주식을 신탁하는 경우 많은 제약이 있었다. 자본시장법이 주식을 신탁하는 경우 신탁업자는 동일법인 발행주식총수의 15%까지만 의결권을 행사할 수 있다고 정하고 있기 때문이다.

> **자본시장법 제112조(의결권 등)** ③ 신탁업자는 신탁재산에 속하는 주식이 다음 각 호의 어느 하나에 해당하는 경우에는 그 주식의 의결권을 행사할 수 없다.
> 1. 동일법인이 발행한 주식 총수의 100분의 15를 초과하여 주식을 취득한 경우 그 초과하는 주식

예를 들어, 어느 중소기업의 창업주가 자신이 보유하고 있는 회사 지분 80%를 신탁하는 경우 그 지분은 신탁업자에게 이전되는데 신탁업자는 발행주식총수의 15%까지만 의결권을 행사할 수 있으므로 신탁 이후에는 15%까지밖에 의결권을 행사하지 못하게 되는 것이다. 이는 금융자본과 산업자본이 서로의 업종을 소유하거나 지배하는 것을 금지하고자 하는 금산분리의 원칙에 기초한 결과인데, 이러한 제한으로 인해 경영권 방어에 어려움이 있어 사실상 비상장주식의 신탁이 활성화되지 못하고 있는 실정이었다. 그러나, 유언대용신탁의 경우 개인이 상속을 목적으로 하는 것이고, 위탁자가 생전에 전적으로 의결권행사지시권을 보유하고 있으므로 금산분리의 원칙을 적용할 이유가 없다.

학계나 실무계에서도 유언대용신탁에 대해서는 의결권 행사 제한 규정을 폐지하라는 의견을 계속 내왔고, 이에 금융위원회는 2022년 10월 신탁업 혁신방안을 발표하면서 가업승계를 위해 유언대용신탁 방식에 의한 주식신탁을 활용하는 경우에는 의결권 행사 제한 규정을 적용하지 않겠다고 밝혔으며, 국민의힘 김희곤 의원은 2023년 11월 이를 반영한 자본시장법 개정안을 발의하였다. 비록 21대 국회의 회기 종료로 위 개정안은 폐기되었지만, 향

후에도 이에 대한 논의는 계속되어 종국에는 개정에 이를 수 있을 것으로 예상한다. 만일 그렇게 된다면 앞으로 유언대용신탁을 활용하여 가업승계를 설계하는 사례는 더욱 증가할 것이다.

⑤ 집행의 신속성

유언이든 유언대용신탁이든 그 두 제도 모두에 있어 제일 중요한 것은 유언자 또는 위탁자의 사망 후 생전에 그가 미리 지정해 둔 대로 신속하고 정확하게 재산을 집행하는 것이다. 설정방법이 아무리 간편하다 하여도 결국 집행이 제대로 되지 않으면 아무런 소용이 없고, 모든 재산에 대해 빠짐없이 다 설계를 했다고 하여도 결국 집행이 제대로 되지 않으면 아무런 의미가 없다. **유언대용신탁은 유언에 비해 집행이 신속하고 정확하다는 점에서 큰 장점이 있다.** 특히 이는 예금과 같은 금융자산을 집행할 때 더욱 그러하다.

> **[생활 속 법률-상속] 유언하면 뭐하나… 집행이 이렇게 어려운데**
>
> (전략) 망인이 남긴 예금 인출과 관련한 문제는 사실 유언장이 있음에도 상속인들 전원의 동의를 받아오라는 은행의 태도에 문제가 있다. (중략)
>
> 그런데도 은행은 별다른 근거도 없이 상속인들 전원의 동의가 없으면 예금을 인출해 줄 수 없다는 태도를 보이는데 이는 유증 받은 상속인의 권리를 침해하고 있는 것이다. (후략)
>
> 출처: 부광득 변호사, 이데일리, 2023.3.11.

위와 같이 은행은 유언서가 있더라도, 그것이 설사 공증까지 받은 것이더라도, 유언서만으로는 예금을 인출해 주지 않는다. 해당 유언서가 최종으로 작성된 것이 맞는지 확인하기 어려우므로 섣불리 예금을 인출해 주었다가 이중지급의 위험에 빠질 수 있다는 것이 그 이유다. 그리하여 반드시 상속인 전원을 내점시켜 예금 인출에 대한 전원의 합의를 받도록 하는데, 유언자가 남긴 유언서에 불만을 품은 상속인이 있다면 해당 절차에 협조해 주지 않을 가능성이 높다.

또한 유언서는 공정증서에 의한 경우를 제외한 나머지 4가지 경우 즉, 자필증서, 녹음, 비밀증서, 구수증서의 경우 모두 집행 전 '검인'이라는 절차를 밟아야 한다. 검인이란 가정법원이 유언서의 존재 및 내용을 인정하는 것을 말한다. 이때 주의할 것이, 검인은 단지 유언서나 유언녹음의 위·변조, 훼손 등이 있는지를 확인하고 이를 막아 유언을 확실하게 보존하기 위한 일종의 검증절차인 것이지, 유언의 효력을 확인하여 주는 절차가 아니라는 것이다. 그러므로 검인절차를 문제없이 밟았다고 할지라도 추후 다른 상속인들은 유언의 효력을 따지는 소송을 제기할 수 있고 이에 따라 법원은 실체 판단을 하여 당해 유언의 효력을 인정하지 않을 수도 있다.

보통 검인은 유언서의 보관자 또는 최초로 유언서를 발견한 자가 청구하게 되는데, 이를 청구하면 청구인을 비롯한 이해관계인들이 법원에 출석하여 검인절차를 함께 해야 한다. 이때 원본증서를 확인하고 유언자의 필적 여부를 검토하며, 상속인 전원의 목록 및 이해관계인 전원의 가족관계증명서 등 관련 서류를 확인한다. 그리고 법원은 그 결과를 검인조서에 기록한다. 이 절차만 해도 대략 2~3개월 정도가 소요된다. 즉, 이 기간 동안 상속재산이 집행되지 못하고 동결되는 것이다. 그리고 혹여 유언서에 불만을 품은 상속인들이 검인기일에 출석해 해당 유언서는 위조된 것이라고 주장하고 그러한 사실이 검인조서에 기재라도 된다면, 금융자산 뿐 아니라 부동산에 대해서도 유언서 내용대로 집행하는 것이 역시 불가능해진다. 등기소에서는 유언서의 효력이나 내용을 다투는 사실이 기재된 검인조서로는 등기를 해주지 않기 때문이다. 그 경우에는 결국 유언장이 유효하다는 사실을 확인하는 유언효력확인의 소를 제기해서 판결을 받아야 하는 수밖에 없다.

아울러 유언집행자와 관련해서도 문제가 될 수 있다. 유언을 할 때는 보통 유언자 사후 유언을 집행해 줄 유언집행자를 지정하게 된다. 변호사, 세무사 등으로 상속집행 업무를 잘 알고 있는 자를 지정할 수도 있고, 아니면 주변에 신뢰할만한 자, 또는 유언을 통해 재산을 물려받을 자 중 한 명을 지정할 수도 있다. 만일 유언집행자를 지정하지 않았다면 상속인이 유언집행자가 된다. 그런데 유언집행자가 그 임무를 게을리하고 유언집행 업무를 착수하지 않으면 어떻게 해야 할까. 그 경우 상속인이나 그 밖의 이해관계인은 법원에 유언집행자의 해임을 청구하고 새로운 유언집행자의 선임을 청구하여야 한다.

이처럼 유언은 그 집행에 있어 여러 가지 사유로 절차의 지연이 발생하거나 상속재산이 동결될 우려가 있다. 그에 반해 유언대용신탁은 신탁업자가 유언자의 사망 즉시 유언집행자로서 유언을 신속하고 정확하게 집행한다. 금융자산의 경우 유고가 발생한 당일 집행 가능하고, 부동산의 경우 사후수익자에게 등기를 이전하는데 소요되는 시간 약 3~4일 정도 후면 집행 가능하다.

⑥ 상속재산의 독립성

신탁법은 '신탁재산에 대하여는 강제집행, 담보권 실행 등을 위한 경매, 보전처분(이하 '강제집행 등') 또는 국세 등 체납처분을 할 수 없다'고 규정하고 있다. 이는 비단 유언대용신탁의 경우만이 아니라 모든 신탁에 있어 적용되는 법리이며, 그로 인해 유언대용신탁을 하면 상속재산이 독립되어 보호되고 강제집행 등이 금지된다.

예를 들어, 어느 유언자가 A 부동산에 대해 자녀에게 물려주겠다고 유언을 남겼는데, 유언 후 유언자의 경제적 상황이 악화되어 채무를 지게 되었다고 가정해보자. 그 경우 채권자는 유언자의 유언 유무에 관계없이 A 부동산에 대하여 강제집행 등을 할 수 있다. 그러나 만일 유언대용신탁을 해 두었다면 채권자는 A 부동산에 대해 강제집행 등을 할 수 없다. 나아가 위탁자의 채권자 뿐 아니라, 수탁자 및 수익자의 채권자도 A 부동산에 대해 강제집행 등을 할 수 없다. 다만, 신탁법은 신탁이 설정되기 전에 이미 발생한 권리 또는 신탁사무의 처리상 발생한 권리에 기한 경우에는 신탁재산에 대하여 강제집행 등을 할 수 있다고 예외를 둔다. 이때 신탁 전의 원인으로 발생한 권리는 신탁재산이 수탁자에게 귀속되기 전부터 이미 대항력 있는 권리가 당해 재산 위에 존재하는 경우를 말한다. 그리고 이때 신탁 전인지 후인지를 판단하는 시점은 신탁의 설정일자(신탁의 계약일자)를 기준으로 하는 것이 아니라, 신탁재산으로 편입된 일자(위탁자의 재산이 수탁자에게 이전된 일자)를 기준으로 한다. 또한 단순히 권리가 발생하였다는 사실만으로는 부족하고 그 권리에 기해 신탁부동산 위에 저당권, 전세권, 대항력 있는 임차권 등을 설정하였거나, 압류, 가압류 등을 해 두어 대항력을 취득한 경우라야 한다.

판례 역시 신탁 전의 원인으로 발생한 권리라 함은 신탁 전에 이미 신탁부동산에 저당권이 설정된 경우 등 신탁재산 그 자체를 목적으로 하는 채권이 발생된 경우를 말하는 것이고 신탁 전에 위탁자에 관하여 생긴 모든 채권이 이에 포함되는 것은 아니라고 하며(대법원 1987.5.12. 선고 86다545 판결), 이는 국가의 조세채권의 경우에도 다름이 없어 국가라 하더라도 사전에 압류, 가압류 등을 설정하지 않는 이상 강제집행 등을 할 수 없고, 국세의 우선권을 근거로 이미 제3자 앞으로 소유권이 이전된 재산권을 압류할 수 없다고 한다(대법원 1996.10.15. 선고 96다17424 판결).

"신탁재산, 맡긴 사람(위탁자) 재산 아니다"

채무자가 부동산을 담보신탁하면서 수익자를 타인으로 지정했다면 그 부동산은 맡긴 사람(위탁자)의 재산으로 볼 수 없다는 대법원 판단이 나왔다. 채권자가 수익자를 대상으로 부당이득반환을 요구했지만 부당이득에 해당하지 않아 반환하지 않아도 된다고 대법원이 판결했다.

대법원 3부(주심 노정희 대법관)는 신용보증기금(채권자)이 A씨(수익자)를 상대로 낸 부당이득반환 청구 소송에서 원심의 원고 일부 승소 판결을 깨고 사건을 서울서부지법에 돌려보냈다고 16일 밝혔다.

A씨는 2004년 형 B씨의 명의로 서울 서대문구의 한 아파트를 3억원에 매수했다. 부동산 대금을 대부분 A씨가 지불해 사실상 그가 소유한 아파트였지만 법적인 소유권은 B씨에게 있었다. B씨는 2008년 이 아파트를 담보신탁하면서 수익권자를 A씨로 지정했다. 신탁계약에는 계약이 해지될 때 아파트 소유권을 A씨에게 이전한다는 내용이 있었다.

A씨는 2016년 B씨로부터 아파트를 4억5000만원에 매수했다. 이에 따라 법적인 소유권도 A씨에게 넘어갔다.

그러자 신용보증기금이 문제를 제기했다. 신용보증기금은 B씨에 대해 2억원의 채권을 가지고 있었다. B씨는 아파트 외에는 별다른 재산이 없어 채무가 재산을 초과한 상태였다.

그런 상황에서 채무자인 B씨가 빚은 갚지 않으면서 자신의 재산을 줄이는 사해행위를 함으로써 기금의 채권 회수가 어려워지는 손해가 발생했다는 것이다. 신용보증기금은 매매를 취소하고 돈을 배상하라며 A씨를 상대로 소송을 냈다. (중략)

대법원은 문제의 아파트를 강제집행이 가능한 B씨의 책임재산으로 볼 수 없다고 판단했다. 신탁회사에 맡긴 재산은 기본적으로 신탁회사에 소유권이 옮겨지기 때문이다.

부동산을 신탁하면 소유권 외에 수익권이 별도의 권리로 쪼개지는데 통상적으로 이 역시 재산으로 인정된다. 그런데 신탁계약 당시 수익권자가 A씨로 지정됐기 때문에 부동산에 대한 수익권 역시 B씨의 재산으로 볼 수 없다고 대법원은 판단했다.

대법원은 "이 사건 매매계약 당시나 소유권이전등기가 마쳐진 시점을 전후해 B씨의 재산 상태가 변동됐다고 단정할 수 없다"며 "B씨가 A씨와 매매계약을 체결한 행위는 사해행위라고 하기 어렵다"고 밝혔다.

대법원 관계자는 "채무자가 재산을 신탁한 경우 수익자가 위탁자(채무자)가 아닌 타인으로 지정됐다면 신탁계약상 수익권이 타인에게 귀속되므로 위탁자의 책임재산으로 볼 수 없다는 점을 최초로 판시한 판결"이라고 설명했다.

출처: 김선일 기자, 내일신문, 2023.8.16.

위 사건에서 법원은 신탁재산의 독립성에 대해 설명하면서 나아가 한 가지 더 중요한 점을 밝히고 있다. 바로, 신탁재산과 구분되는 것으로써 '수익권'에 대한 개념이다. 수익권은 수익자가 수탁자로부터 신탁재산의 원본 또는 이익을 수령할 수 있는 권리를 말하는데, 이는 신탁재산과 구분되는 것이므로 신탁법에 따라 신탁재산에 강제집행 등이 금지된다 하더라도 수익자가 가지는 수익권에 대해서는 강제집행 등이 가능하다. 쉽게 말해, 위탁자가 자신이 보유한 부동산을 신탁하고 그 이후 채무를 지게 되었는데, 이때 위탁자의 채권자가 신탁재산인 부동산에 대해 강제집행 등을 하고자 하면 이는 신탁법에 따라 금지되지만, 위탁자가 수탁자에 대하여 가지는 수익권에 대해서는 강제집행 등이 가능하다는 뜻이다. 이와 관련하여 위 판결은 위탁자가 부동산에 관해 신탁을 하면서 수익자로 위탁자를 지정한 경우에는 위탁자가 가지는 신탁계약상의 수익권이 위탁자의 책임재산이 되지만, 신탁계약에서 위탁자와 수탁자가 신탁행위로서 위탁자가 아닌 다른 사람을 수익자로 지정한 경우에는 신탁계약상의 수익권은 그 수익자에게 귀속되기 때문에 위탁자의 책임재산이라고 볼 수 없다고 판시하였다(대법원 2023.7.27. 선고 2023다234096 판결).

한편, 다른 판결은 이와 관련하여 신탁이 존속하는 동안 위탁자가 언제든지 신탁계약을 종료시키고 신탁계약에서 정한 절차에 따라 위탁자 앞으로 소유권이전등기를 마칠 수 있다는 것이 합리적으로 긍정되는 경우에는 위탁자의 신탁부동산에 관한 소유권이전등기청구권이 위탁자의 일반채권자들에게 공동담보로 제공되는 책임재산에 해당된다고 볼 여지가 있으나, 신탁계약상 신탁부동산을 처분하는 데 수익권자의 동의를 받도록 정해진 경우에는 그 처분에 관하여 수익권자의 동의를 받거나 받을 수 있다는 등의 특별한 사정이 없는 한 위탁자가 신탁을 종료시키고 위탁자 앞으로 신탁부동산에 관한 소유권이전등기를 마치는 것은 허용되지 않으므로, 이러한 경우에는 위탁자의 신탁부동산에 관한 소유권이전등기청구권은 실질적으로 재산적 가치가 없어 채권의 공동담보로서의 역할을 할 수 없으므로 그 소유권이전

등기청구권을 위탁자의 적극재산에 포함시킬 수 없다고 판시하기도 하였다 (대법원 2021.6.10. 선고 2017다254891 판결).

그러므로 만일 위탁자가 자신이 보유한 재산을 신탁하면서, 신탁계약의 내용으로 '위탁자가 신탁재산을 처분하거나 신탁을 종료하기 위해서는 수익자의 동의를 받아야 한다'는 점을 명시해 두었다면 신탁 이후 발생한 위탁자의 채권자는 신탁재산은 물론, 위탁자의 수익권에 대해서도 강제집행 등을 할 수 없을 것이다.

다만, 신탁 전 이미 채권이 발생한 경우이거나 또는 채권이 발생하지는 아니하였더라도 채권 성립의 기초가 되는 법률관계가 발생되어 있고 가까운 장래에 그 법률관계에 터잡아 채권이 성립되리라는 점에 대한 고도의 개연성이 있으며 실제로 가까운 장래에 그 개연성이 현실화되어 채권이 성립한 경우에는, 이를 면탈하고자 신탁을 한다면 이는 사해신탁으로 취소될 수 있고 이에 신탁회사 또는 수익자가 공모·교사·방조한 경우에는 위탁자와 연대하여 채권자에 대해 손해배상 책임을 질 수 있기 때문에 이러한 상황에서는 섣불리 신탁을 하여 강제집행 등을 피하고자 하면 안 될 것이다.

(4) 유류분과 유언대용신탁

유류분은 상속을 준비할 때 반드시 고려하여야 하는 사항이다. 그만큼 유류분에 관하여 상속인 간 분쟁이 무수히 많고, 그로 인한 갈등이 첨예하게 대립된다. 지금부터는 이 유류분이 과연 무엇이고, 그에 관한 사회적 논란에 어떤 것이 있으며, 유류분과 유언대용신탁, 그리고 유류분과 기여분은 어떤 관계에 있는지 살펴보고자 한다.

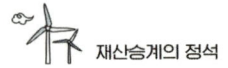

① 유류분의 의의

> **BYC 회장, 어머니에게 1300억대 소송 당했다**
>
> BYC 한석범 회장이 부친인 고 한영대 전 회장이 남겨준 재산을 둘러싸고 어머니로부터 소송을 당한 것으로 나타났다.
>
> 2일 법조계에 따르면 서울중앙지법 민사합의42부(부장판사 정현석)는 최근 한 회장을 대상으로 한 유류분 청구 소송을 배당받았다. 이는 지난해 12월 1일 한 전 회장의 배우자이자 한회장의 어머니인 김모씨가 서울중앙지법에 소송을 냈기 때문이다. 김 씨는 장녀 한지형 씨와 함께 한 회장과 삼남인 한기성 씨를 상대로 약 1300억원을 청구한 것으로 알려졌다.
>
> 내의 전문업체 BYC의 창업주인 한 전 회장은 지난해 1월 세상을 떠났는데 김 씨는 유산 상속 과정에서 배우자에게 법적으로 보장된 유류분을 받지 못했다고 주장하는 것으로 전해졌다. (후략)
>
> 출처: 장하얀 기자, 동아일보, 2023.3.3.

이러한 유류분 소송은 비단 재벌가의 이야기만이 아니다. 유류분에 관한 분쟁은 상속재산의 규모를 불문하고 빈번하게 발생한다. 유류분이란 쉽게 말해, '**법이 정하고 있는 최소한의 상속분**'이다. 조금 더 정확히 말하자면, '피상속인의 상속인 중 일정한 근친자에게 법정상속분에 대한 일정비율의 상속재산을 확보하여 주는 제도'를 말한다. 예를 들어, 피상속인이 유언을 통해 상속인인 자녀 2명 중 1명에게만 재산을 물려주었다고 해보자. 그 경우 상속에서 배제된 나머지 자녀 1명은 자신의 권리를 전혀 주장할 수 없는 걸까. 우리 민법은 유류분이라는 제도를 두어, 나머지 자녀 1명도 유류분만큼은 자신의 권리를 주장할 수 있도록 하였다. 그렇다면, 유류분은 누가 그 권리를 주장할 수 있고, 어느 범위까지 주장할 수 있는 것인지 알아보자.

유류분은 피상속인의 직계비속, 배우자, 직계존속으로 상속개시시 상속권이 있는 자가 그 권리를 주장할 수 있다. 태아도 살아서 출생하면 유류분권을 갖고, 대습상속인도 피대습자의 상속분의 범위 내에서 유류분권을 갖는다. 다만, 상속 결격·포기자는 유류분권도 당연히 잃으며, 포괄수유자는 상속인과 동일한 권리·의무를 가지나 유류분권은 가지지 않는다. 아울러 유류분율은 피상속인의 직계비속 및 배우자는 그 법정상속분의 1/2이고, 피상속인의 직계존속은 그 법정상속분의 1/3이다. 피상속인의 재산처분의 자유와 상속인 보호의 조화를 위해 법정상속분의 일부만을 유류분으로 인정한 것이다.

한편, 유류분은 유류분 산정의 기초가 되는 재산에 유류분율을 곱하여 계산하고, 유류분권리자는 위와 같이 계산된 유류분에서 당해 유류분권리자가 받은 특별수익액과 순상속분액을 공제하고, 남은 유류분 부족액에 대해 그 권리를 주장할 수 있다.

* 유류분 부족액 = [유류분 산정의 기초가 되는 재산(A) × 당해 유류분권리자의 유류분율(B)] – 당해 유류분권리자의 특별수익액(C) – 당해 유류분권리자의 순상속분액(D)

  A = 상속개시 시의 상속재산액 + 증여재산액 – 상속채무액
  B = 법정상속분의 1/2 또는 1/3
  C = 당해 유류분권리자가 증여로 인해 얻은 수증액 + 유증으로 인해 얻은 수유액
  D = 당해 유류분권리자가 상속으로 인해 얻은 재산액 – 상속채무 부담액

이때 유류분 산정의 기초가 되는 재산 중 '**상속개시 시의 상속재산액**'은 적극재산만을 의미하고 유증재산과 사인증여를 포함한다. 또한 '**증여재산액**'은 상속개시 전의 1년간 증여를 의미하고 모든 무상처분을 포함하므로 법인설립을 위한 출연행위나 무상의 채무면제 등도 포함하는데, 증여의 당사자 쌍방이 유류분권리자에게 손해를 가할 것을 알고 증여한 때에는 상속개시 1년 이전의 증여라도 포함한다. 이때 유류분권리자에게 손해를 가할 것을 알고 행해진 것이라고 보기 위해서는, 당사자 쌍방이 증여 당시 증여재산의 가액이 증여하고 남은 재산의 가액을 초과한다는 점을 알았던 사정뿐만 아니라, 장래 상속개시일에 이르기까지 피상속인의 재산이 증가하지 않으리라는 점까지 예견하고 증여를 행한 사정이 인정되어야 하고, 이러한 당사자 쌍방의 가해의 인식

은 증여 당시를 기준으로 판단하여야 하는데, 그 증명책임은 유류분반환청구권을 행사하는 상속인에게 있다(대법원 2022.8.11. 선고 2020다247428 판결).

그렇다면 상당하지 않은 대가에 의한 유상행위는 어떻게 될까. 예를 들어, 10억짜리 부동산을 1백만 원에 매도한 경우를 말한다. 무상의 처분이 아니므로 증여가 아니라고 주장할 수 있겠지만, 이 역시 당사자 쌍방이 유류분권리자를 해할 것을 알고서 한 유상행위는 이를 증여로 보아 산입하여야 할 것이고, 이 경우에 산입되는 액은 그 대가를 공제한 잔액 9억 9,900만 원이다. **한편, 공동상속인에 대한 증여는 상속개시 1년 전에 증여받은 것이라도, 유류분 제도가 시행된 1979.1.1. 이후에 증여된 것이라면 모두 산입대상이 된다.** 당사자 쌍방이 유류분권리자에게 손해를 가할 것을 알고서 하였는지 여부와도 관계없다(대법원 2021.7.15. 선고 2016다210498 판결). 즉, 자녀가 부모로부터 증여받은 것은 20년 전, 30년 전에 증여받은 것도 모두 산입된다. 또한 '**상속채무**'란 상속개시 시의 소극재산을 의미하나, 상속재산에 관한 비용(상속세, 관리비용 및 각종의 소송비용 등), 유언집행에 관한 비용(유언 등의 검인신청비용, 상속재산목록작성비용 등)은 공제되어야 할 채무에 포함되지 않는다(대법원 2015.5.14. 선고 2012다21720 판결).

그렇다면 위와 같은 유류분 산정의 기초가 되는 재산의 가액은 '**언제**'를 기준으로 하여야 할까. 원칙은 '상속개시 시'를 기준으로 한다. 증여받은 재산이 금전일 경우에는 증여받은 금액을 상속개시 당시의 화폐가치로 환산하여 이를 증여재산의 가액으로 봄이 상당하고 그러한 화폐가치의 환산은 증여 당시부터 상속개시 당시까지 사이의 물가변동률을 반영하는 방법으로 산정한다(대법원 2009.7.23. 선고 2006다28126 판결).

이때 유류분반환은 증여 또는 유증받은 재산 자체를 원물반환하는 것이 원칙이다. 다만, 원물반환이 불가능하거나 현저히 곤란한 경우, 예를 들어 증여나 유증 후 그 목적물에 관하여 제3자가 저당권이나 지상권 등의 권리를 취득한 경우에는 반환의무자가 목적물을 저당권 등의 제한이 없는 상태로 회복하여 이전하여 줄 수 있다는 등의 예외적인 사정이 없는 한 유류분권리자는 반환의무자를 상대로 원물반환 대신 그 가액 상당의 반환을 구할 수도 있을 것이나, 그렇다고 하여 유류분권리자가 스스로 위험이나 불이익을 감수하면서 원물반환을 구하는 것까지 허용되지 아니한다고 볼 것은 아니므로, 그 경우에도 법원은 유류분권리자가 청구하는 방법에 따라 원물반환을 명하여야 한다(대법원 2014. 2. 13. 선고 2013다65963 판결). 또한 원물반환이 가능하더라도 유류분권리자와 반환의무자 사이에 가액으로 이를 반환하기로 하는 협의가 이루어지거나 유류분권리자의 가액반환청구에 대하여 반환의무자가 이를 다투지 않은 경우에는 법원은 가액반환을 명할 수 있지만, 유류분권리자의 가액반환청구에 대하여 반환의무자가 원물반환을 주장하며 가액반환에 반대하는 의사를 표시한 경우에는 반환의무자의 의사에 반하여 원물반환이 가능한 재산에 대하여 가액반환을 명할 수 없다(대법원 2013. 3. 14. 선고 2010다42624, 42631 판결). 이와 같이 가액반환을 하는 경우에는 그 가액을 '사실심 변론종결시'를 기준으로 산정하여야 한다. 사실심이란 1심과 2심을 말하며, 변론종결시란 판결선고 전 마지막 변론기일을 뜻한다.

한편 위와 같은 유류분 산정의 기초가 되는 재산의 가액은 '**무엇을**' 기준으로 하여야 할까. 상속개시 시 피상속인 앞으로 남아있는 재산에 대해서는 그 재산 자체에 대해 가액을 산정하면 된다. 그러나 생전증여 재산이 있는데 증여 후, 그리고 상속개시 시 전에 그 형태가 변경되었다면 무엇을 기준으로 하여야 하는지에 대해서는 달리 볼 필요가 있다.

예를 들어, 아버지로부터 생전에 토지를 증여받은 자녀가 있다고 해보자. 위 자녀는 해당 토지가 지방자치단체에서 시행하는 도시건설을 위한 사업부지에 속하게 되자, 토지조성비 등을 부담하여 지목을 답에서 전 등으로, 전에서 잡종지 등으로 변경하였고, 얼마 후 아버지는 사망하였다. 이처럼 토지의 지목 변경으로 해당 토지의 가치가 상승하자, 다른 자녀들은 이에 욕심이 생겼고, 종국에는 유류분반환청구소송을 제기하기에 이르렀다. 이 경우 유류분은 생전증여 시의 지목을 기준으로 산정해야 할까, 아니면 상속개시 시의 지목을 기준으로 하여야 할까. 이에 대해 판례는 증여 이후 수증자나 수증자로부터 증여재산을 양수받은 자가 자기의 비용으로 증여재산의 성상(性狀) 등을 변경하여 상속개시 당시 그 가액이 증가되어 있는 경우, 위와 같이 변경된 성상 등을 기준으로 상속개시 당시의 가액을 산정하면 유류분 권리자에게 부당한 이익을 주게 되므로, 이러한 경우에는 그와 같은 변경을 고려하지 않고 증여 당시의 성상 등을 기준으로 상속개시 당시의 가액을 산정하여야 한다고 한다(대법원 2015.11.12. 선고 2010다104768 판결).

즉, 상속개시 시가 아니라 증여 시의 재산 형태를 기준으로 하되, 이를 상속개시 시의 가액으로 산정한다고 본 것이다.

이와 관련하여 최근 생전증여 재산이 매각되거나 수용된 경우에는 무엇을 기준으로 하여야 하는지에 대한 판결이 있어 소개한다.

[상속] 어머니로부터 증여받은 토지, 상속개시 전 수용… 유류분 가액 산정방법은?
대법원 제2부(주심 민유숙 대법관)는 5월 18일, 2014년 12월 숨진 A씨의 두 자녀기 A씨로부터 도지를 증여받은 다른 사녀 B씨를 상대로 낸 유류분반환청구소송의 상고심(2019다222867)에서 B씨의 상고를 받아들여, 수용 당시의 가액을 기준으로 상속개시까지 사이의 물가변동률을 반영하는 방법으로 증여재산의 가액을 산정해야 한다고 판시, 상속이 개시된 때 즉, 어머니 사망시를 기준으로 증여재산인 토지의 가액을 72억여원으로 산정해 원고들의 유류분반환청구를 일부 받아들인 원심을 깨고, 증여재산 가액을 다시 산정하라며 사건을 서울고법으로 되돌려 보냈다. (중략)

> 대법원은 "수증자가 증여재산을 상속개시시까지 그대로 보유하고 있는 경우에는 그 재산의 상속개시 당시 시가를 증여재산의 가액으로 평가할 수 있으나, 상속개시 전에 증여재산이 처분되거나 수용된 경우 그 상태대로 재산에 편입시켜 유류분을 반환하도록 하는 것이 타당하다"며 "이 사건 각 토지의 가액은 각 토지가 수용된 때인 2009.11.3.을 기준으로 상속이 개시된 때인 2014.12.2.까지의 물가변동률을 반영하는 방법으로 산정하였어야 한다"고 밝혔다.
>
> 대법원은 "증여재산인 토지 일대에 개발사업이 시행된 결과 상속개시 전에 협의취득 또는 수용에 이른 경우 증여토지의 형상이 완전히 변모하고 개발사업의 진행 경과에 따라 가격의 등락이 결정되게 되는바, 이를 수증자나 다른 공동상속인들의 이익이나 손실로 돌리는 것은 부당하고, 정부의 부동산 정책과 개발사업에 따라 부동산 가액 변동성이 매우 큰 우리나라의 상황이 고려되어야 한다"며 "피상속인이 생전에 증여를 한 다음 수증자에 의하여 처분되거나 수용되었다고 하여 그 재산의 시가상승 이익을 유류분 반환대상에 포함시키도록 재산가액을 산정한다면 수증자의 재산 처분을 제재하는 것과 마찬가지가 된다"고 밝혔다.
>
> 출처: 김덕성 기자, 리걸타임즈, 2023.6.22.

위와 같이 생전증여 재산이 매각되거나 수용된 경우에 대해, 위 판결이 있기 전에는 판결이 나뉘었다. 우선, '수용'된 경우에는 피상속인이 해당 재산을 증여하지 않고 상속개시 시까지 보유하고 있었더라도 어차피 수용되었을 것이니 그 수용보상금을 기준으로 상속개시 당시의 가액을 산정하여야 한다고 하는 판결과 증여 당시의 상태에 따라야 하므로 수용되지 않았을 것을 전제로 해당 재산 자체를 기준으로 상속개시 당시의 가액을 산정하여야 한다는 판결이 혼재되어 있었다. 반면, '매각'된 경우에는 수용과 달리 수증자의 의사에 따른 것이므로 수증자가 매각하지 않았다면 여전히 증여 당시의 상태로 남아 있었을 것이라고 보아, 해당 재산 자체를 기준으로 상속개시 당시의 가액을 산정하여야 한다고 판결하였었다.

이렇다 보니 예를 들어, 토지를 1억 원일 때 증여받은 후 이를 5억 원에 매각하였는데 상속개시 시에는 해당 토지가 10억 원까지 오른 경우, 유류분 반환청구소송에서 10억 원을 기준으로 유류분을 산정하여 반환하여야 하는 사례가 발생하기도 했다. 이런 이유 때문에 재산을 증여받은 사람은 향후 있을지도 모를 유류분반환청구소송을 대비하여 재산을 처분하지 못하는 경우도 많았다. 위의 판결에서 '피상속인이 생전에 증여를 한 다음 수증자에 의하여 처분되거나 수용되었다고 하여 그 재산의 시가상승 이익을 유류분 반환대상에 포함시키도록 재산가액을 산정한다면 수증자의 재산 처분을 제재하는 것과 마찬가지가 된다'고 지적한 것이 바로 이에 대한 이야기이다. 위 대법원 판결은 생전증여 재산이 매각되거나 수용된 경우 유류분 산정의 기초가 되는 재산의 가액을 무엇을 기준으로 산정할 것인지에 대하여 엇갈리던 법원의 입장을 '**매각대금 또는 수용보상금에 물가변동률을 반영한 금액을 기준으로 하여야 한다**'고 정리한 최초의 판결(대법원 2023.5.18. 선고 2019다222867 판결)이라는 점에서 의미가 있다.

② **유류분의 위헌논란**

> **형제자매에게 재산 안 줘도 유류분 청구 못해**
>
> 헌법재판소 전원재판부가 4월 25일 피상속인의 형제자매의 유류분을 규정한 민법 제1112조 4호에 대해 재판관 전원일치 의견으로 위헌 결정했다(2020헌가4 등). 1977년 유류분 제도가 도입된 후 47년만에 나온 위헌 결정으로, 이에 따라 상속인이 된 형제자매가 재산 상속을 받지 못하더라도 유류분 청구를 할 수 없게 되었다. (중략)
>
> 재판부는 "피상속인의 형제자매는 상속재산형성에 대한 기여나 상속재산에 대한 기대 등이 거의 인정되지 않음에도 불구하고 유류분권을 부여하는 것은 그 타당한 이유를 찾기 어렵다"고 밝혔다. (중략)
>
> 헌재는 이날 또 유류분만 규정하고 유류분상실사유를 별도로 규정하지 아니한 민법 1008조의2를 유류분에 준용하는 규정을 두지 아니한 민법 1118조에 대해 2025.12.31.을 시한으로 입법자가 개정할 때까지 헌법불합치 결정했다. 피상속인을 장기간 유기하거나 정신적·신체적으로 학대하는 등의 패륜적인 행위를 일삼은 직계비속과 직계존속, 배우자 상속인의 유류분을 인정하는 것은 일반 국민의 법감정과 상식에 반한다고 할 것이므로, 이러한 상속인에 대해선 유류분을 인정하지 않는 방향으로 유류분 조항을 개정하되, 법적 혼란이나 공백이 발생할 우려가 있어 관련 조항을 개정하도록 하되, 2025.12.31.까지 개정되지 않으면 효력을 상실하도록 헌법불합치 결정한 것이다. 기여분 부분도 마찬가지다.

> 헌재 재판부는 "민법 제1118조는 기여분에 관한 민법 제1008조의2를 유류분에 준용하는 규정을 두고 있지 않아서, 피상속인을 오랜 기간 부양하거나 상속재산형성에 기여한 기여상속인이 그 보답으로 피상속인으로부터 재산의 일부를 증여받더라도, 해당 증여 재산은 유류분 산정 기초재산에 산입되므로, 기여상속인은 비기여상속인의 유류분반환청구게 응하여 위 증여재산을 반환하여야 하는 부당하고 불합리한 상황이 발생하게 된다(대법원 1994.10.14. 선고 94다8334 판결 참조)"고 지적했다.
>
> 재판부는 다만, (배우자와 직계존비속간) 유류분 제도는 여전히 정당성이 있다고 판단했다. 재판부는 "심판대상조항(민법 제1112조 등)에 따른 유류분제도는 피상속인의 재산처분행위로부터 유족들의 생존권을 보호하고, 법정상속분의 일정비율에 상당하는 유류분으로 산정하여 상속재산형성에 대한 기여, 상속재산에 대한 기대를 보장하려는 데에 그 취지가 있고(헌재 2010.4.29. 2007헌바144), 가족의 연대가 종국적으로 단절되는 것을 저지하는 기능을 갖는다(헌재 2013.12.26. 2012헌바467)"고 전제하고, "오늘날 사회구조가 산업화·정보화 사회로 변화하고, 가족의 모습과 기능이 핵가족으로 바뀌었으며, 남녀평등이 점차로 실현되고 있지만, 가족의 역할은 오늘날에도 중요한 의미를 가지고, 상속인들은 유류분을 통해 긴밀한 연대를 유지하고 있으며, 유류분이 공동상속인들 사이의 균등상속에 대한 기대를 실현하는 기능을 여전히 수행하고 있다"고 밝혔다. (후략)
>
> 출처: 김덕성 기자, 리걸타임즈, 2024.4.25.

고객들을 만나 유류분에 대해 상담하다 보면, '유류분 그런게 대체 왜 있는거냐, 내 재산 내가 주고 싶은 사람한테 주겠다는데 그걸 왜 국가가 나서서 이래라 저래라 하느냐'고 울분을 터뜨리는 경우가 많다. 또는 '부모님이 평생 오빠만을 편애하더니 돌아가신 후에도 자신을 차별하려 한다, 유류분이라도 없었다면 이 억울함을 풀 길이 없을 뻔 했다'는 하소연을 하는 경우도 많다. 아니, 거의 대부분의 상담에서 둘 중 하나의 이야기는 빠짐없이 듣고 오는 것 같다. 그 정도로 유류분 제도는 그 존재의 필요성에 대해 상반되는 양측의 입장이 첨예하게 대립한다.

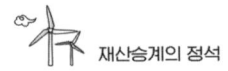

유류분 제도는 1977년 12월 31일 법률 제3051호로 민법에 신설되어 1979년 1월 1일부터 시행되었다. 1958년 민법 제정 당시에는 유류분 제도가 도입되지 않았으나, 1977년 민법 개정 논의 과정에서 여권 신장의 사회적 분위기를 반영하고, 유족들의 공헌의 산물이라고 볼 수 있는 상속재산의 일부에 대해 상속인이 취득하여야 할 권리를 인정하며, 피상속인의 자력으로 생계를 유지하여 오던 생계능력이 없는 유족에 대한 사회정책적인 혜택을 인정하기 위해 유류분 제도가 도입되었다. 상속재산을 가산(家産)의 개념으로 보던 농경사회에서는 논과 밭 등의 재산이 주요 생계수단이었으므로 이를 상속인들이 아닌 제3자에게 모두 몰아서 물려준다면 사실상 그 재산을 함께 일궈 온 상속인들의 공헌을 배반하고 생계를 위태롭게 한다는 점에서 필요성이 인정되었다. 나아가 장자상속 문화가 팽배하여 아내나 딸들은 상속에서 완전히 배제되는 등 불평등한 상황이 만연하였기에 이들을 보호하기 위해서도 필요하였다.

그러나 가족형태의 변화, 여성의 사회적·경제적 지위 향상 등으로 시대가 변화하면서 유류분 제도는 현재 가장 논쟁적인 법 제도 중 하나가 되었다. 그리하여 수차례 헌법재판소에 그 위헌성에 대한 판단 요청이 접수되었으나, 헌법재판소는 2010년에 두 차례, 2013년에 한 차례 합계 세 차례에 걸쳐 합헌 결정을 내렸다. 그럼에도 유류분 제도에 대한 위헌 논란은 계속되었고, 이에 법무부는 2021년 유류분권리자에서 형제자매를 제외하는 민법 개정안을 입법예고하기에 이르렀으며, **결국 헌법재판소는 2024년 4월 25일 이러한 사회적 요구를 반영하여 아래와 같이 일부 위헌 및 헌법불합치 결정을 하였다.**

유류분 제도	헌법재판소 결정
유류분 제도 자체	합헌
피상속인의 형제자매에게 유류분을 인정한 점	단순위헌
유류분 상실사유를 규정하지 않은 점	헌법불합치
기여분에 관한 조항을 준용하는 규정을 두지 아니한 점	헌법불합치

헌법재판소는 유류분 제도 자체는 합헌이라고 보았다. 오늘날 산업화·정보화 사회로 변화하고, 가족의 모습과 기능이 핵가족으로 바뀌었으며, 남녀평등이 점차로 실현되고 있지만, 가족의 역할은 오늘날에도 중요한 의미를 가지고, 상속인들은 유류분을 통해 긴밀한 연대를 유지하고 있으며, 유류분이 공동상속인들 사이의 균등상속에 대한 기대를 실현하는 기능은 여전히 수행하고 있다고 본 것이다. 그러나 피상속인의 형제자매는 상속재산 형성에 대한 기여나 상속재산에 대한 기대 등이 거의 인정되지 않으므로 이들에게 유류분권을 부여하는 것은 그 타당한 이유를 찾기 어려우므로 위헌이라고 판단하였다. 이에 따라 현재 법원에 계류 중인 형제자매가 제기한 유류분반환청구소송은 기각 판결로 종결될 것이다.

한편, 유류분권리자와 각 유류분을 획일적으로 규정한 것은 소송경제를 고려할 때 합리적이라고 할 것이나 유류분 상실사유를 별도로 규정하지 아니한 것은 불합리하므로 헌법불합치라고 판단하였다. 피상속인을 장기간 유기하거나 정신적·신체적으로 학대하는 등의 패륜적인 행위를 일삼은 상속인의 유류분을 인정하는 것은 일반 국민의 법감정과 상식에 반한다고 할 것이기 때문이다.

또한, 유류분 제도에 기여분에 관한 규정을 준용하지 않은 것도 불합리하므로 헌법불합치라고 판단하였다. 준용 규정을 두지 않으면 피상속인을 오랜 기간 부양하거나 상속재산 형성에 기여한 기여상속인이 그 보답으로 피상속인으로부터 재산의 일부를 증여받더라도, 해당 증여 재산은 유류분 산정 기초재산에 산입되므로, 기여상속인은 비기여상속인의 유류분반환청구에 응하여 위 증여재산을 반환하여야 하는 부당하고 불합리한 상황에 이르기 때문이다.

다만, 헌법재판소는 헌법불합치 결정을 하면서 그에 관한 조항을 2025.12.31.를 시한으로 입법자가 개정할 때까지 계속 적용한다고 단서를 두었으므로 현재 법원에 계류 중인 직계비속, 배우자, 직계존속이 제기한

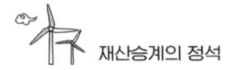

유류분반환청구소송은 계속 진행이 가능하나 헌법재판소의 헌법불합치 결정의 취지가 반영될 것으로 예상된다.

이처럼 헌법재판소는 유류분 제도와 관련하여 △형제자매 유류분, △유류분 상실사유, △기여분 준용규정에 대해 문제를 지적하였다. 그러나 이 외에도 유류분 제도에 대해서는 다음의 문제를 깊이 생각해 보아야 한다.

첫째, 유류분 산정의 기초가 되는 재산에 생전증여 재산을 포함하고 있고 상속인에게 증여한 것은 기간의 제한 없이 전체 증여재산을 포함하고 있는 점이다. 이에 대해 독일이나 일본처럼 상속개시 전 10년 내에 증여한 것만 포함하여야 한다는 의견이 있다. 상속세 계산 시에도 상속개시 전 10년 내에 증여한 것만 간주상속재산으로 포함시키고 있으니 그와의 통일을 기하는 측면에서도 필요하다고 한다. 또는 적어도 피상속인이 유류분권리자가 없을 때에 한 증여 예를 들어, 재혼하기 전 전혼 자녀에게 한 증여 등은 포함하지 말아야 한다는 의견도 있다. 재혼배우자가 피상속인을 알기도 전에 피상속인이 전혼 자녀에게 한 증여까지도 유류분을 주장하여 반환받아가는 것은 상식적으로도 대단히 불합리하기 때문이다. 어느 의견이 되었든 생전증여 재산의 포함 범위를 제한하여야 한다는 점에 대해서는 의견이 모아지고 있다.

둘째, 유류분 부족분의 반환 방법을 원물반환으로 정한 것에는 문제가 있다는 점이다. 물론, 유류분권리자와 유류분반환의무자 간에 가액반환의 합의가 있거나 원물반환을 하기에 곤란한 사정이 있다면 가액반환이 가능하기도 하지만, 원칙은 원물반환이다. 원물반환을 하게 되면 부동산은 유류분 부족분만큼의 지분을 반환하여 주어야 하므로 유류분 소송을 한 당사자들 간에 공유관계가 성립한다. 소송을 진행하면서 서로 간에 감정이 악화되었을 당사자들 간에 공유관계를 인정하면 향후 처분 등에 있어 권리 행사가 제한되어 법률관계가 더욱 복잡해질 우려가 크다. 소위 알박기와 같은 행태가 발생할 수 있다. 나아가 주식의 경우는 후계자로 지정된 자가 유류분 반환으로 인해 과반수 주식을 소유하지 못해 경영권 방어에 실패하게 되는 일이 생길 수도 있다. 그러한 경우 창업주의 유지에 따라 가업을 승계하는 것 자체가 물거품이 될 수도 있다. 이런 점들을 고려할 때 유류분 부족분의 반환방법을 좀 더 유연하게 정하여 운영할 필요가 있다.

셋째, 유류분의 사전포기가 불가하다는 점이다. 현행법상 유류분의 포기는 상속개시 후에만 가능하고 상속개시 전에는 불가하다. 이 때문에 이별 또는 사별 후 어렵사리 재혼을 마음먹은 경우에도 혼인신고를 하면 공연히 상속인이 되어 전혼 자식들과 사이에 분쟁이 씨앗이 될까 우려하여 사실혼 관계로만 남아있는 경우가 있다. 만일 유류분의 사전포기가 허용된다면 이 경우에 도움이 될 수 있을 것이다. 다만 그 포기의사가 진정한 것인지, 강압이나 기망에 의한 것은 아닌지 등에 대해 법원의 판단이 전제되어야 함은 물론이다.

이와 같이 최근 시대의 변화를 반영한 헌법재판소의 결정이 있었으나, 그 외에도 유류분 제도에 대해서는 여전히 생각해 봐야 할 부분이 많이 남아있다. 이번 헌법재판소의 결정이 있기까지 그 결정의 취지와 궤를 같이 하는 내용의 대법원 판결들이 여러 차례 있어왔다. 예를 들어 패륜적 행동을 일삼은 자에게 신의칙에 기해 유류분을 인정하지 않거나, 기여상속인이 기여의 대가로 생전 증여를 받은 경우 유류분 산정의 기초재산에서 이를 제외하도록 하는 판결이 그러하다. 즉, 하루 아침에 법원의 태도에 변화가 있었던 것은 아니라는 것이다. 바로 이 점이 우리가 유류분 제도를 비롯한 기타 법제도에 대해 지속적으로 충분한 논의를 거듭하여야 하는 이유다.

③ 유류분과 유언대용신탁

이제껏 유류분에 대해 살펴보았다. 유언을 하더라도 유류분권리자가 문제를 제기하면 유류분의 부족분을 반환해 주어야 한다. 그렇다면 유언대용신탁을 해두었을 때는 어떨까. 이에 대하여 상반된 하급심 판결이 있어 소개한다.

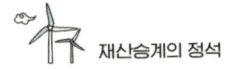
재산승계의 정석

[단독] "사망 1년 전에 미리 유언대용신탁했다면 유류분에 구애받지 않고 상속 가능"

(전략) 사법부가 최근 유언대용신탁 상품에 맡긴 재산은 유류분 반환 대상이 아니라는 첫 판례를 내놓음으로써 1979년 첫 도입되니 유류분 제도가 40여년만에 사실상 무력화 됐다. 향후 국내 상속 관행에 적잖은 변화가 일 것으로 예상된다. (중략)
유언의 효력을 인정받는 유언대용신탁 상품이 유류분의 대상인지는 2012년 상품출시 당시부터 논란이 됐다. 유언대용신탁 재산은 신탁상품 특성상 적극재산과 증여재산 어느 경우에도 해당되지 않을 수 있기 때문이다. 그래서 법조계에서는 오래 전부터 유언대용신탁이 유류분 대상에서 빠질 수 있다는 가능성에 주목해왔다.
이번 판결의 법리가 대법원에까지 가서 확정되면 상속 관행에 큰 변화가 불가피할 전망이다. 누구나 유언대용신탁에 가입한지 1년이 지나면 자신의 뜻대로 유산을 처분할 수 있기 때문이다. (후략)

출처: 남정민 기자, 한국경제, 2020.3.22.

[머니컨설팅] 상속분쟁 대비한다면 유언대용신탁 유용

(전략) 유언장으로 상속을 준비했을 경우 유류분 주장이 있다면 그 몫을 돌려주어야 한다. 반면 유언대용신탁으로 상속을 준비했을 때는 유류분 주장이 있어도 돌려주지 않아도 된다는 판결('성남지원 판결')과 돌려주어야 한다는 판결('마산지원 판결')이 대립하고 있다. 성남지원 판결은 '위탁자 사망 1년 이전에 유언대용신탁을 하였다면 유류분에서 제외된다'고 판단했고, 마산지원 판결은 '수익자가 상속인이라면 유언대용신탁을 언제 하였는지에 관계없이 모두 유류분에 포함된다'고 판단했다. 조만간 대법원의 입장 표명이 있을 것으로 보여 진행 경과를 주의 깊게 살펴봐야 한다. (후략)

출처: 윤서정 변호사, 동아일보, 2023.7.11.

결론부터 이야기하면, 유언대용신탁을 한 경우 유류분 주장이 있어도 돌려주지 않아도 된다는 판결(이하 '성남지원 판결')과 돌려주어야 한다는 판결(이하 '마산지원 판결')이 있고, 대법원 판결은 없는 상황이며 학계의 다수 견해는 마산지원 판결에 가깝다. 그러므로 유언대용신탁을 하면 유류분 분쟁에서 자유로울 수 있다고 생각하는 것은 위험하다. 간혹 유언대용신탁 상품을 취급하는 몇몇 금융기관에서 상품 가입을 위해 고객에게 성남지원 판결을 강조하여 오인하게 하는 경우들이 있다고 알고 있다. 그러나 아직 명확한 대법원 판결이 없으므로 유류분 분쟁을 피하는 것을 유일한 목적으로 하여 유언대용신탁을 하는 것은 적절하지 않다.

각 판결의 구체적인 논지를 살펴보면 다음과 같다. **성남지원 판결**의 경우, 신탁재산은 피상속인의 사후에 비로소 수익자의 소유로 귀속되었으므로, 피상속인이 신탁재산을 수익자에게 생전증여하였다고 보기는 어렵고, 피상속인의 사망 당시 신탁재산은 그 대내외적인 소유권이 수탁자에게 있었으므로 신탁재산을 피상속인의 적극적 상속재산에 포함된다고 보기도 어려우며, 다만 신탁재산의 수탁자로의 이전은 수탁자가 위탁자에게 신탁재산에 대한 대가를 지급한 바 없다는 점에서 성질상 무상이전에 해당하고 민법 제1114조, 1113조에 의해 유류분 산정의 기초로 산입되는 증여는 본래적 의미의 증여계약에 한정되는 것이 아니라 무상처분을 포함하는 의미로 폭넓게 해석되므로 민법 제1114조에 해당하는 경우나 상속인을 수탁자로 하는 경우에는 유류분 산정의 기초가 되는 증여재산에 포함될 수 있는데, 이 사건 신탁계약의 수탁자는 상속인이 아니므로 민법 제1114조에 의하여 증여재산에 산입될 수 있는지 보건대, 이 사건 신탁계약 및 그에 따른 소유권의 이전은 상속이 개시된 때보다 1년 전에 이루어졌으며, 수탁자인 신탁회사가 이 사건 신탁계약으로 인하여 유류분 부족액이 발생하리라는 점을 알았다고 볼 증거가 없으므로, 유류분 산정의 기초가 될 수 없다고 판단하였다(수원지법 성남지원 2020.1.10. 선고 2017가합408489 판결).

반면, **마산지원 판결**의 경우, 피상속인의 사망 당시 신탁재산은 수탁자인 신탁회사에 신탁되어 있었고, 피상속인의 사후에 비로소 수익자가 신탁재산을 취득하였으므로, 신탁재산은 유류분 산정의 기초가 되는 재산 중 적극적 상속재산에는 해당하지 않지만, 위 신탁재산이 상속재산은 아니라고 할지라도 수익자의 특별수익에는 해당한다고 보아 유류분 산정의 시초가 되는 재산에 포함됨이 상당하며, 피상속인은 생전에 신탁계약을 통해 수익자에게 '연속수익자'의 지위를 수여하였고, 수익자는 피상속인 또는 수탁자에 위 연속수익자 지위 또는 신탁재산에 대한 대가를 지급하지 않은 것 뿐 아니라 유언대용신탁의 수익권은 피상속인이 사망하기 전까지는 원수익자인 피상속인이 가지게 되고, 피상속인이 사망한 이후에 비로소 수익권을 향유할 수 있는 바, 위와 같은 법률관계를 실질적으로 살펴보면 사인증여와 유사하다고 판시하였다(창원지방법원 마산지원 2022.5.4. 선고 2020가합100994 판결).

이를 간략히 표로 정리하면 아래와 같다.

구분	성남지원 판결	마산지원 판결
유류분 산정의 기초재산	(상속재산 + **증여***- 채무) × 유류분율 **증여***: 수증자가 상속인이라면 모두 포함, 제3자라면 상속개시된 때보다 1년 이전의 것은 불포함	
수증자	<u>수탁자</u>	<u>수익자</u>
결론	상속개시된 때보다 1년 이전에 신탁계약 체결한 경우 불포함**	i) 수익자가 상속인이라면 모두 포함 ii) 수익자가 제3자라면 상속개시된 때보다 1년 이전에 신탁계약 체결한 경우 불포함**

** 단, 증여자와 수증자가 유류분권리자에 손해를 가할 것을 알고 증여를 한 때에는 1년 이전의 것도 포함

이처럼 두 판결은 유언대용신탁과 유류분의 관계에 대해 완전히 상반되는 견해를 보이고 있다. 생각해 보건대, 성남지원 판결은 유언대용신탁에 있어 특유한 생전수익권 및 사후수익권의 귀속 및 취득에 관한 충분한 판단 없이 신탁재산의 소유권 이전이라는 사실에만 주목하여 판단을 한 것이 아닌가 하는 아쉬움을 남긴다. 따라서, 마산지원의 판결이 신탁의 법리와 유류분 제도의 입법 취지를 좀 더 종합적으로 고려한 판결이라는 생각을 한다.

이러한 내용을 고객들에게 설명하면, 고객들 중 일부는 '**설사 향후 대법원이 마산지원의 판결대로 입장을 정리한다 할지라도, 수익자를 상속인이 아닌 제3자로 지정한다면 유류분으로부터 자유로울 수 있지 않느냐**'고 질문하는 경우가 있다. 유류분 산정의 기초재산에 제3자에 대한 증여는 증여자와 수증자 간 유류분권리자에 대하 가해의사가 없는 한 상속개시 전 1년 간에 행한 것만 포함시키니 말이다. 마산지원 판결은 수익자가 상속인이었던 사건이었으므로 이에 대해 판단하지 않았지만, 신탁과 계약당사자 간의 관계 및 수익권 발생 구조가 유사한 보험 사건에서 수익자가 제3자인 경우 유류분과의 관계가 어떻게 되는지에 대해 판단한 판결이 있고 이 판결이 위와 같은 고객의 질문에 답을 줄 수 있을 것으로 보이는 바 소개하고자 한다.

동거녀엔 보험금 등 22억, 아내에겐 3억 빚만 남기고 극단 선택한 의사

　의사 A씨는 2017년 1월 극단적인 선택을 했다. A씨는 동거녀에게 자신의 사망보험금 등 22억 6400만원을 남겼다. 아내에게는 빚 3억 4500만원만 남겼다.
　A씨는 1997년 아내와 혼인신고했다. 아내는 A씨의 유일한 법적 상속인이었다. 2011년 A씨는 동거녀와 내연을 시작했다. A씨는 2012년 이혼 소송을 냈다.
　법원은 A씨의 이혼 청구를 기각했다. 법원은 '혼인관계가 파탄에 이르게 된 데에는 잦은 외박으로 가정에 충실하지 않은 생활을 하다가 일방적으로 집을 나간 후 다른 여성인 피고와 친밀하게 지내고 있는 OO(A씨)에게 주된 책임이 있다'고 봤다. A씨의 항소 및 상고 또한 모두 기각됐다.
　소송이 기각된 날 A씨는 자신의 생명보험계약 보험 수익자를 동거녀로 변경했다. A씨 사망 후 보험사는 사망보험금 12억 8000만원을 동거녀에게 지급했다.
　동거녀는 A씨의 병원 지분금 9억 8400만원도 받아냈다. 생전에 A씨는 다른 의사 11명과 2개의 병원을 공동으로 운영했다. 사망 6개월 전 그는 '사망 시 지분금을 OO(동거녀)에게 지급한다'는 내용을 동업 계약 특약 조항에 추가했다. A씨 사망 후 동업의들은 지분금을 주지 않으려고 했다. 동거녀는 동업의들을 상대로 소송해 이겼.
　법정 상속인인 아내에게 돌아간 것은 예금 2억 3000만원과 채무 5억 7500만원이었다. 받을 돈보다 빚이 훨씬 많았다. 아내는 상속 받은 재산의 한도 내에서 물려받은 빚을 갚는 '상속한정승인'을 선택했다. 결국 아내에게는 A씨의 재산도, 빚도 남지 않게 됐다.

> 아내는 사망보험금 등을 돌려달라며 동거녀에게 소송을 제기했다. 배우자가 일정 부분의 재산을 상속받을 수 있는 '유류분' 중 자신이 받지 못한 금액을 돌려달라는 것이었다.
>
> 원칙적으로 법적 상속인이 아닌 제3자에 대한 증여에 대한 유류분 반환 청구는 상속 개시 전 1년 간 행한 부분만 가능하다. 다만, 민법 제1114조에 따라 당사자 쌍방이 증여 당시 유류분 권리자에게 손해를 가할 것을 알고 증여를 한 때에는 상속 개시 1년 전에 한 것에 대하여도 유류분 반환 청구가 허용된다.
>
> 대법원은 A씨가 보험 수익자를 동거녀로 변경했을 당시 A씨가 40대 중반이었다는 점에 주목했다. 의사로서 앞으로 더 많은 돈을 벌 가능성이 상당히 높은 A씨가 장래 손해를 염두에 두고 수익자를 변경했다고 보기 어렵다는 것이었다. 대법원은 이혼 소송 중인 A씨가 재산 분할에 대비한 것으로 볼 여지가 더 크다고 했다. (후략)
>
> 출처: 강신 기자, 서울신문, 2023.8.4.

위 판결에서 주의 깊게 살펴볼 점은 다음과 같다. 피상속인이 자신을 피보험자로 하되 공동상속인이 아닌 제3자를 보험수익자로 지정한 생명보험계약을 체결하거나 중간에 제3자로 보험수익자를 변경하고 보험회사에 보험료를 납입하다 사망하여 그 제3자가 생명보험금을 수령하는 경우, 피상속인은 보험수익자인 제3자에게 유류분 산정의 기초재산에 포함되는 증여를 한 것이며, 그 증여시기는 보험수익자로 지정 또는 변경한 때를 기준으로 한다는 점이다. 또한 증여 당시 법정상속분의 2분의 1을 유류분으로 갖는 배우자나 직계비속이 공동상속인으로서 유류분권리자가 되리라고 예상할 수 있는 경우에 제3자에 대한 증여가 유류분권리자에게 손해를 가할 것을 알고 행해진 것이라고 보기 위해서는, 당사자 쌍방이 증여 당시 증여재산의 가액이 증여하고 남은 재산의 가액을 초과한다는 점을 알았던 사정뿐만 아니라, 장래 상속개시일에 이르기까지 피상속인의 재산이 증가하지 않으리라는 점까지 예견하고 증여를 행한 사정이 인정되어야 하고, 이러한 당사자 쌍방의 가해의 인식은 증여 당시를 기준으로 판단하여야 하는데, 그 증명책임은 유류분반환청구권을 행사하는 상속인에게 있다는 점도 유념해야 한다.

참고로 위 판결은 유류분 산정의 기초재산에 포함되는 증여 가액에 대해서도 정리하였는데, 피상속인이 보험수익자 지정 또는 변경과 보험료 납입을 통해 의도한 목적, 제3자가 보험수익자로서 얻은 실질적 이익 등을 고려할 때, 특별한 사정이 없으면 이미 납입된 보험료 총액 중 피상속인이 납입한 보험료가 차지하는 비율을 산정하여 이를 보험금액에 곱하여 산출한 금액으로 할 수 있다고 판단하였다(대법원 2022.8.11. 선고 2020다247428 판결).

앞서 설명하였듯이 신탁과 보험은 그 구조가 유사하다. 신탁은 위탁자-수탁자(신탁회사)-수익자의 구조라면 보험은 보험계약자-보험자(보험회사)-보험수익자의 구조이다. 다만, 신탁은 위탁자의 사망으로 신탁재산을 수익자에게 지급하는 것이라면, 보험은 피보험자의 사망으로 보험금을 보험수익자에게 지급한다는 점에서 차이가 있다. 이처럼 계약당사자 간의 관계 및 수익권 발생 구조의 측면에서 신탁과 매우 유사하다고 할 수 있는 보험의 경우 상속인이 아닌 제3자를 보험수익자로 지정 또는 변경할 경우 그 지정 또는 변경된 때로부터 1년이 지난 후 피보험자가 사망하여 보험금이 지급되었다면 유류분권리자에 대한 가해의사가 없는 한 유류분 산정의 기초재산에서 제외되어야 한다고 판단하였는 바, 신탁의 경우에도 추후 법원이 같은 결론을 내지 않을까 생각한다.

만일 실제 법원이 위와 같이 판단한다면, 유언대용신탁을 통해 수익자를 제3자로 지정하여 유류분 분쟁을 피하고자 하는 시도들이 많이 생길 것이다. 그렇다면 정말 수익자가 제3자이기만 하면 될까. 부모가 자녀에게 재산을 물려주고 싶을 때, 자녀가 아니라 제3자인 손주를 수익자로 내세우면 유류분 분쟁을 피할 수 있을까 하는 문제이다.

며느리·사위·손자에 증여한 경우 유류분 받을 수 있나

(전략) 피상속인이 며느리 등에게 재산을 증여한 것이 아들(공동상속인)에게 한 것과 사실상 동일하다고 볼 수 있다면 이를 며느리가 아닌 아들에게 증여한 것으로 보아 유류분을 청구할 수 있다.

우리 대법원도 '원칙적으로 상속인의 배우자와 직계비속에게 증여한 재산은 아들에게 증여한 것으로 볼 수 없지만 증여의 경위, 증여한 재산의 성격 등을 보아 실질적으로 아들이 증여받은 것으로 볼 수 있다면 이를 아들(상속인)의 특별수익에 포함될 수 있다(대법원 2007.8.28. 자 2006스3, 4 결정)'고 판시하며 실질적으로 아들이 증여받은 것으로 볼 수 있다면 이에 대한 유류분반환청구가 가능하다고 하여, 실제 하급심에서도 이에 따른 판단을 하고 있다. (후략)

출처: 박경호 기자, 빅데이터뉴스, 2023.5.4.

비록 위 기사에서 소개된 판결은 특별수익자의 구체적 상속분 산정에 관한 것이기는 하지만 유류분 산정의 기초재산에 포함되는 증여를 판단함에 있어서도 적용되고 있으며, 실제로 하급심에서도 같은 논지로 위와 같은 사정이 있다면 상속인의 배우자나 그 자녀에 대한 증여를 상속인에 대한 증여로 보아 유류분 산정의 기초재산에 포함하고 있다. 어떤 경우에 상속인의 배우자나 자녀에 대한 증여를 상속인에 대한 증여로 볼 수 있는지에 대해 개별적인 사례에서 하급심마다 각각의 기준을 갖고 판단하고 있으나, 대체로 상속인의 배우자나 자녀는 상속인과 가족공동생활을 영위하면서 경제적으로 공동체를 이루고 있다는 점에서 피상속인이 굳이 상속인을 배제하고 특별히 그 배우자나 자녀에게 증여할 만한 사정이 있는지를 보아 그에 따라 결론을 달리하고 있다.

예를 들어, 손주가 성년으로서 독립된 경제적 주체로 혼인을 통해 자신이 이룩한 가족구성원과 생활을 영위하고 있다면 상속인을 배제하고 특별히 손주에게 증여할 만한 사정이 있다고 보지만 그렇지 아니한 경우라면 상속인에게 증여한 것으로 보는 경향이 있다. 그러므로 여러 자녀들 중 특정 자녀 A에게만 재산을 물려주고 싶은데 유류분 분쟁이 걱정되어, 이를 피하고자 유언대용신탁을 하면서 A의 두 살배기 자녀를 수익자로 내세운다면 비록 제3자인 손주를 수익자로 지정한 경우라 할지라도 A를 수익자로 지정한 경우와 같이 판단될 수 있다는 점을 알아두어야 할 것이다.

④ 유류분과 기여분

피상속인의 상속인들 중 피상속인과의 각별한 유대관계 또는 도의적인 책임감 등을 바탕으로 병환 중인 피상속인을 특별히 간호하고 그를 봉양하는 데 성심을 다한 상속인이 있다면, 그를 다른 상속인과 동등하게 취급하여 상속재산을 균등분할하게 하는 것은 오히려 불평등을 초래하는 것일 수 있다. 이를 고려하여 민법에서는 1990년 1월 13일 법률 제4199호로 기여분을 규정하였다. 공동상속인 중에 상당한 기간 동거·간호 그 밖의 방법으로 피상속인을 특별히 부양하거나 피상속인의 재산의 유지 또는 증가에 특별히 기여한 자가 있을 때 기여분을 정하고, 상속개시 당시의 피상속인의 상속재산에서 그 기여분을 제외한 것을 상속재산으로 보아 이를 기준으로 산정한 법정상속분에 다시 앞에서 정한 기여분을 가산한 것을 기여자의 구체적 상속분으로 본다.

기여행위는 크게 '**특별한 부양**'과 '**피상속인 재산의 유지 또는 증가에 특별히 기여**'한 행위로 나누어 볼 수 있다. 이 중 특별한 부양은 다른 공동상속인의 피상속인에 대한 부양 수준을 초과하면서 동시에 민법이 규정하고 있는 법률상의 일반적인 부양의무를 넘어서는 정도의 부양을 한 경우를 의미한다(헌법재판소 2011.11.24. 선고 2010헌바2 결정). 구체적으로 살펴보면, 피상속인의 자녀인 청구인이 피상속인의 사망 시까지 약 19년간 피상속인과 동거하면서 피상속인을 부양하는 한편 피상속인의 농사, 농지 개간, 과수원 업무를 도맡아 하였고, 청구인의 처는 그로 인하여 효부 상을 받기도 한 사례에서는 기여분을 인정한 반면(서울가정법원 2019.6.26.. 자 18느합1218, 1262 심판), 피상속인이 갑자기 쓰러진 후 뇌경색 진단을 받고 실어증 및 우측 반신마비 증세를 보일 당시부터 중증치매 확진을 받고 사망할 때까지

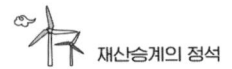

약 8년 이상 피상속인과 동거하였으나, 당시 피상속인의 간병인과 가사도우미가 피상속인의 간호와 가사를 상당 부분 담당하였고, 피상속인 명의 계좌에서 간병인 및 가사도우미 급여, 주택 관리비 등이 매달 지출된 사례에서는 기여분을 인정하지 아니하였다(서울가정법원 2018.1.30.자 2015느합 30101, 30195 심판). 또한 피상속인에게 오랜 기간에 걸쳐 정기적으로 용돈을 지급하고, 피상속인이 위암 진단을 받은 이후 다른 공동상속인과 번갈아 가며 병간호를 한 피상속인의 자녀가 구한 기여분 결정 청구에 관하여도 피상속인에게 지급한 용돈의 액수가 크지 않아 자식으로서 응당 해야만 하는 수준의 부양에 불과하며, 번갈아 가며 피상속인의 병간호를 담당한 다른 공동상속인도 기여분 결정 청구를 하지 않은 점 등을 고려할 때 기여분을 인정하지 아니한다고 판단한 경우도 있었다(서울고등법원 2019.2.13.자 2018브 263, 7 결정).

한편, 피상속인 재산의 유지 또는 증가에 특별히 기여한 행위는 피상속인이 경영하는 사업에 노무를 제공하거나 금전 기타 재산의 증여, 부동산 등의 사용대차, 무이자 금전대여 등의 방법으로 재산을 제공함으로써 피상속인 재산의 유지 또는 증가에 기여한 경우를 말한다. 다만, 피상속인과의 고용계약 등에 의하여 상속인이 피상속인 재산의 유지 또는 증가에 기여한 사정은 그에 상응하는 대가를 수령하였을 것이라고 봄이 일반적이므로 기여에 해당하지 않는다고 보아야 할 것이며 또한 고용계약이 존재하는 경우에는 임금 등 그 대가를 수령하지 않았을지라도 피상속인에 대한 채권자로서 자신의 권리를 행사할 수 있을 것이므로 기여에 해당하지 않는다고 볼 수 있다.

이처럼 각급 법원은 기여분 인정 여부에 대해 분명한 기준 없이 개별적으로 판단하여 달리 결론을 내리고 있다. 이 때문에 소송의 결론을 예측하기 곤란하고 판결 상호 간에 일관성이나 형평성을 기하기 어려운 경우도 많아 소송실무에서 어려움이 많다. 그러나 헌법재판소는 위와 같이 법원에 광범위한 재량이 부여된 것에 대해 위헌적 요소가 있다고 보지는 않는 것 같다.

물론, 기여분 결정 청구에 대한 판단은 아니지만, 기여분 결정 청구와 같이 법원에 광범위한 재량이 부여되어 가사비송사건으로 분류된 상속재산분할청구에 대하여, 그 결과가 가족공동체의 안정에 커다란 영향을 미친다는 특수성을 감안할 때, 구체적인 상속분의 확정과 분할의 방법에 관하여 가정법원이 당사자의 주장에 구애받지 않고 후견적 재량을 발휘하여 합목적적으로 판단하여야 할 필요성이 인정되므로 상속재산분할에 관한 사건을 법원의 후견적 재량이 인정되는 가사비송절차에 의하도록 한 것이며, 나아가 가사소송법 관계법령은 상속재산분할에 관한 사건을 가사비송사건으로 규정하면서도 절차와 심리방식에 있어 당사자의 공격방어권과 처분권을 담보하기 위한 여러 제도들을 마련하고 있으므로, 위 관련 조항이 입법재량의 한계를 일탈하여 상속재산분할에 관한 사건을 제기하고자 하는 자의 공정한 재판을 받을 권리를 침해한다고 볼 수 없다고 판시하였다(헌법재판소 2017.4.27. 선고 2015헌바24 결정).

한편, 기여분은 원칙적으로 공동상속인 전원의 협의로 정한다. 그러나 공동상속인들 사이에 협의가 되지 않거나 협의할 수 없는 때에는 기여분 결정 청구를 하여 가정법원의 심판을 받아 정한다. 만일 공동상속인들 사이에 기여분에 관한 협의가 성립되었음에도 기여분 결정 청구를 하면 심판의 이익이 없어 부적법하므로 각하된다. 또는 상속재산분할심판 청구나 피인지자의 상속분 가액지급 청구가 있는 경우에도 기여분 결정 청구가 가능하다. 그러므로 분할할 상속재산이 없거나 유류분 청구만이 있는 경우는 기여분 결정 청구를 할 수 없다. 판례는 기여분의 경우 상속재산분할의 전제문제로서의 성격을 갖는 것이므로 상속재산분할의 청구나 조정신청이 있는 때에 한하여 기여분 결정 청구를 할 수 있고, 다만 예외적으로 상속재산분할 후라도 피인지자나 재판의 확정에 의하여 공동상속인이 된 자의 상속분에 상당한 가액의 지급청구가 있는 경우에는 기여분의 결정청구를 할 수 있다고 해석되며, 상속재산분할의 심판청구가 없음에도 단지 유류분반환청구가 있다는 사유만으로는 기여분 결정 청구가 허용된다고 볼 것은 아니라고 판시하였다(대법원 1999.8.24.자 99스28 결정).

이때 주의해서 볼 점이, **유류분 소송에서는 기여분 항변을 할 수 없다는 점이다.** 대법원은 기여분은 유류분과는 서로 관계가 없다고 하면서 기여자가 있을지라도 공동상속인의 협의 또는 가정법원의 심판으로 기여분이 결정되지 않은 이상 유류분반환청구소송에서 기여분을 주장할 수 없음은 물론이거니와, 설령 공동상속인의 협의 또는 가정법원의 심판으로 기여분이 결정되었다고 하더라도 유류분을 산정함에 있어 기여분을 공제할 수 없고, 기여분으로 유류분에 부족이 생겼다고 하여 기여분에 대하여 반환을 청구할 수도 없다고 판시한 바 있다(대법원 2015.10.29. 선고 2013다60753 판결).

즉, 피상속인을 특별히 부양하거나 피상속인의 재산 유지 또는 증가에 특별히 기여한 사람이 피상속인으로부터 생전에 어떠한 재산을 증여받았는데 그 재산에 대해서 유류분반환청구 소송이 제기된 경우에 기여분을 주장함으로써 유류분반환청구를 거절할 수는 없다는 것이다. 다만, 배우자의 경우에는 특별히 보아, 배우자의 특별수익에 배우자의 기여나 노력에 대한 보상 내지 평가, 실질적 공동재산의 청산, 배우자의 여생에 대한 부양의무 이행 등의 의미가 담겨 있다면, 그러한 경우에는 유류분 산정에 기초가 되는 재산에서 제외할 수 있다고 보았다(대법원 2011.12.8. 선고 2010다66644 판결). 이는 하급심 판결 등에서 자주 인용되어 왔다. 배우자의 경우 일생 동안 피상속인의 반려가 되어 그와 함께 가정공동체를 형성하고 이를 토대로 서로 헌신하며 가족의 경제적 기반인 재산을 획득·유지하고 자녀들에게 양육과 시원을 계속해 온 점을 고려할 때 자녀 등 기타 상속인과 달리 보아야 한다는 점에 기초한 판단인 것으로 생각된다.

[가사] "父가 사망 2주전 母에 증여한 주택, 유류분 아니야"

아버지가 사망 2주 전 어머니에게 주택을 증여했다. 세 자녀가 이 주택에 대해 어머니를 상대로 유류분반환을 청구할 수 있을까?

창원지법 진주지원 이재욱 판사는 10월 25일 5남매 중 장녀와 장남을 제외한 자녀 셋이 어머니 A씨를 상대로 낸 유류분반환 청구소송(2020가단32073)에서 원고들의 청구를 기각했다. 판결 이유는 특별수익이 아니라는 것. (중략)

이 판사는 "피고는 B(원고들의 부, 사망 당시 78세)가 사망할 때까지 약 53년간 혼인생활을 유지해 온 점, B가 이 사건 부동산을 취득한 시점은 피고와 혼인한 후 약 20년이 경과한 때이므로, 이 사건 부동산은 B와 피고가 공동으로 형성한 재산이라고 보아야 하는 점, B는 본인이 사망하면 혼자 남게 될 피고의 생계 유지를 위하여 이 사건 부동산의 소유권 및 주택연금 관련 계약을 피고에게 이전해 준 것으로 보이고, 달리 피고의 소득이 있는 것으로는 보이지 아니하는 점 등을 고려하면, B가 피고에게 부동산을 증여한 것은 피고가 평생을 함께 하면서 재산의 형성·유지 과정에서 기울인 노력과 기여에 대한 보상, 부부공동재산의 청산 및 배우자에 대한 부양의무의 이행으로 평가하는 것이 합당하므로 특별수익에서 제외되어야 한다"며 "따라서 피고의 특별수익을 전제로 한 원고들의 청구는 더 나아가 살펴볼 필요 없이 받아들이지 아니한다"고 밝혔다. 재판부는 원고들이 B 또는 피고를 특별히 부양하였다거나 이 사건 부동산의 유지에 기여하였다고 볼 만한 사정은 찾을 수 없는 반면, B와 피고는 원고들을 비롯한 자녀들에게 상당한 경제적 지원을 하였던 것으로 보이며, 원고들은 모두 40대 중·후반의 나이에 이르러 있는 점 등도 참작했다고 밝혔다. (후략)

출처: 김덕성 기자, 리걸타임즈, 2022.12.18.

이와 관련하여 최근 배우자 뿐 아니라 자녀 등 다른 상속인도 배우자의 경우와 같은 법리를 적용할 수 있음을 최초로 밝힌 판결이 나와 반향을 불러 일으킨 바 있다. 해당 사안의 사실관계는 다음과 같다. 피상속인은 생전에 5명의 자녀 중 둘째 딸인 A에게 토지 2필지를 증여하였는데, 나머지 자녀들이 모두 피상속인을 떠나 전혀 교류가 없었던 반면 A는 피상속인이 72세부터 107세로 사망할 때까지 34년 동안 함께 동거하면서 생활비를 부담하였고, 피상속인이 뇌경색 등으로 305회에 걸쳐 입원 및 통원 치료를 받을 때마다 함께 하였으며, 1억 2,000만 원 가량의 치료비를 홀로 부담했다. 한편

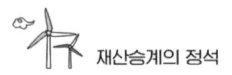

A는 50여년 전 피상속인의 남편인 B의 부채로 피상속인과 B의 갈등이 깊어지자 그 부채를 대신 변제하기도 하였는데, 피상속인은 과거 A가 대신 갚은 B의 채무를 보전해 주지 못한 것이 평생 한이 되었다고 하면서 그 빚 대신 토지를 주겠다는 의사를 밝혀 왔다.

그럼에도 나머지 상속인들은 피상속인이 사망한 후 A를 상대로 생전에 증여받은 토지 2필지를 문제 삼으며 유류분반환청구소송을 제기하였다. 이에 대법원은 상속인의 생전증여를 특별수익에서 제외할지 여부를 판단할 때 고려할 요소를 구체적으로 제시하였는데, 당사자들의 의사를 우선적으로 고려하되, 당사자들의 의사가 명확하지 않은 경우에는 피상속인과 상속인 사이의 개인적 유대관계, 상속인의 특별한 부양 내지 기여의 구체적 내용과 정도, 생전증여 목적물의 종류 및 가액과 상속재산에서 차지하는 비율, 생전증여 당시의 피상속인과 상속인의 자산, 수입, 생활수준 등을 종합적으로 고려하여야 한다고 하면서, A의 피상속인에 대한 기여나 부양의 정도와 피상속인의 의사 등을 고려할 때 피상속인이 A에게 토지들을 증여한 것은 A의 특별한 기여나 부양에 대한 대가의 의미로 봄이 타당하므로 이를 A의 특별수익으로 보기 어렵다고 판단하였다(대법원 2022.3.17. 선고 2021다230083, 230090 판결).

이처럼 최근 대법원은 배우자 뿐 아니라 자녀 등 다른 상속인의 경우에도 기여상속인이 기여에 대한 대가로 피상속인으로부터 받은 증여가 유류분 산정의 기초재산에 산입되지 않을 수 있는 가능성을 열어 놓았다. 사실상 유류분 소송에서 기여분의 항변을 사실상 인정한 것이라고 평가된다. 그러나 헌법재판소는 위 판결만으로는 기여분에 관한 민법 규정을 유류분에 준용하는 효과를 거두고 있다고 평가하기 어렵다고 판단하였다. 이에 앞서 설명한 바와 같이 입법자로 하여금 2025.12.31.을 시한으로 유류분에 기여분 준용 규정을 두도록 개정을 명하였다. 그러므로 향후 개정 민법이 시행되면 법률에 근거하여 유류분 소송에서 기여분 항변이 가능하게 될 것이다.

1. 유언 VS. 유언대용신탁

구분	유언	유언대용신탁
실행방법	유언서 작성 엄격한 형식 요건 필요	신탁계약 체결 엄격한 형식 요건 불필요
상속설계의 유연성	유연한 상속설계 불가능	유연한 상속설계 가능
보관의 안정성	도난, 분실, 훼손 등 위험 존재	신탁회사가 안전하게 보관
상속재산의 범위	모든 상속재산에 대해 상속설계 가능	신탁이 불가능하거나 신탁에 상당한 주의를 요하는 재산 있음
집행의 신속성	금융기관 비협조, 유언서 효력다툼, 유언집행자 임무해태, 검인절차 등 집행지연 우려	신탁회사가 신속하게 집행
상속재산의 독립성	유언의 대상이 된 재산에 대해 강제집행, 체납처분 등 가능	신탁의 대상이 된 재산에 대해 강제집행, 체납처분 등 불가능

2. 유류분의 위헌논란 : 헌법재판소 2024.4.25. 결정

유류분 제도	헌법재판소 결정
유류분 제도 자체	합헌
피상속인의 형제자매에게 유류분을 인정한 점	단순위헌
유류분 상실사유를 규정하지 않은 점	헌법불합치
기여분에 관한 조항을 준용하는 규정을 두지 아니한 점	헌법불합치

CHAPTER 1. 상속과 신탁

3 상속의 승인과 포기

상속의 승인이란 '상속인이 상속의 효과를 거부하지 않을 것을 선언하는 것'을 말하며, 단순승인과 한정승인으로 구분할 수 있다. 상속의 포기란 '상속에 의하여 피상속인의 권리·의무가 자기에게 이전되는 상속의 효과를 상속개시시에 소급하여 소멸시키는 상속인의 의사표시'를 말한다. 상속의 승인과 포기는 상대방 없는 단독행위이며, 조건과 기한을 붙이지 못한다.* 한정승인과 포기는 가정법원에 신고를 해야 하나, 단순승인은 신고가 요구되지 않는다.

> *반면, 유언은 상속의 승인 및 포기와 같이 상대방 없는 단독행위이지만, 조건이나 기한을 붙일 수 있음.

1) 상속의 승인

(1) 단순승인

단순승인이란 '피상속인의 권리·의무를 제한없이 승계하는 상속형태 또는 이것을 승인하는 상속방법'을 말한다. 법문에 따르면 상속인은 상속개시 있음을 안 날로부터 3개월 내에 단순승인을 할 수 있다고 하나, 실제로는 위 기간 내에 한정승인 또는 포기를 하지 아니하면 단순승인을 한 것으로 간주하므로 실무상 별도의 신고를 요하지 않는다. 단순승인은 피상속인의 의무까지도 제한없이 승계하는 것이므로 단순승인을 한 경우, 상속인은 상속채무 전액에 대해 피상속인의 상속재산 뿐만 아니라 상속인의 고유재산으로도 책임을 져야 한다.

한편, 아래의 사유가 있는 경우 단순승인을 한 것으로 간주하며 이를 '법정단순승인'이라고 한다.

> **민법 제1026조(법정단순승인)** 다음 각 호의 사유가 있는 경우에는 상속인이 단순승인을 한 것으로 본다.
> 1. 상속인이 상속재산에 대한 처분행위를 한 때
> 2. 상속인이 제1019조제1항의 기간내에 한정승인 또는 포기를 하지 아니한 때
> 3. 상속인이 한정승인 또는 포기를 한 후에 상속재산을 은닉하거나 부정소비하거나 고의로 재산목록에 기입하지 아니한 때

법정단순승인 사유 중 제2호는 단순승인에 실무상 별도의 신고를 요하지 않는다고 설명한 명한 것과 관련이 있다. 제1호와 제3호는 적용 시기에서 차이가 있다. 제1호는 상속인이 한정승인이나 포기를 하기 '이전'에 상속재산을 처분한 때 적용하는 것이고, 제3호는 상속인이 한정승인이나 포기를 한 '이후'에 상속재산을 은닉, 부정소비, 재산목록 미기입한 때 적용하는 것이다.

[판결] "사망보험금은 상속재산 아닌 상속인의 고유재산"

(전략) B씨는 1998년 A씨에게 3000만원을 빌린 후 변제하지 않았다. A씨는 B씨를 상대로 대여금 지급소송을 제기해 2008년 승소했지만, B씨는 끝내 돈을 갚지 않고 2015년 세상을 떠났다.

B씨는 2012년 상속형 즉시연금보험에 가입한 상태였다. 이 상품은 가입자가 보험료 1억원을 일시납하고, 매월 일정한 생존연금을 지급하는 보험이다. 만기까지 생존하면 본인이, 그 전에 사망하면 보험수익자가 납입원금을 돌려받는다.

보험수익자로 등록된 자녀들은 2016년 B씨의 상속형 즉시연금보험 계약자 적립금에서 기존 보험약관대출금을 뺀 보험금 약 3800만원을 돌려받았다. 또 2017년 B씨가 '남긴 재산 한도 내'에서 채무를 갚는 조건으로 상속받는 '한정승인'을 했다. 이 경우 상속재산 목록을 법원에 제출해야 하지만, 해당 보험금은 목록에서 빠졌다.

이 사실을 알게 된 A씨는 B씨 자녀들을 상대로 대여금 소송을 냈다. 하지만 자녀들은 상속재산 범위를 초과해서는 변제 책임이 없다고 주장했다.

A씨는 B씨 자녀들이 상속재산인 보험금을 받고도 이를 상속재산 목록에 기재하지 않으므로 '법정단순승인' 사유에 해당한다고 맞섰다. 법정단순승인이란 사망한 사람의 재산과 채무를 모두 상속받는 형태다. 상속인이 상속재산을 처분·은닉·부정소비하거나 고의로 재산목록에서 빠뜨리면 한정승인을 했더라도 단순승인으로 간주한다. (중략)

> 이어 "피보험자 사망으로 인해 수익자로 지정된 자녀들이 받은 보험금을 상속재산으로 볼 수 없다"며 "그에 따라 상속인들이 상속재산을 처분해 단순승인 요건을 충족한 것으로도 볼 수 없다"고 판단했다. (후략)
>
> 출처: 임도영 기자, 법조신문, 2023.8.9.

위 기사에서 원고는 민법 제1026조 제3호에 근거하여 법정단순승인을 주장한 것이다. 그러나 법원은 상속형 즉시연금보험도 상법상 생명보험계약이라고 보아야 하므로 그 보험금청구권은 상속재산이 아니라고 할 것인바, 위 조항이 적용될 여지가 없다고 보았다. 한편, 상속인이 한정승인을 한 '이후'이므로 동법 동조 제1호가 적용될 여지는 없다. 그렇다면 한정승인 또는 포기를 한 '이전'과 '이후'를 나누는 기준이 되는 시점은 정확히 언제일까. 이 부분이 문제가 된 사건을 한 번 살펴보자.

> **[생활법률] 상속포기했는데 채무상환 독촉장이 날라온 이유는?**
>
> (전략) 대법원은 상속인이 가정법원에 상속포기의 신고를 했어도, 이를 수리하는 심판이 고지되기 전에 상속재산을 처분했다면 민법 제1026조 제1호에 따라 상속의 단순승인을 한 것이라고 판결했다(대법원 2016.12.29. 선고 2013다73520 판결 참조).
>
> 민법 제1026조 제1호는 "상속인이 상속재산에 대한 처분행위를 한 때에는 단순승인을 한 것으로 본다"고 규정하고 있다. 그런데 상속의 한정승인이나 포기의 효력이 생긴 이후에는 더 이상 단순승인으로 간주할 여지가 없으므로, 이 규정은 한정승인이나 포기의 효력이 생기기 전에 상속재산을 처분한 경우에만 적용된다고 보아야 한다(대법원 2004.3.12. 선고 2003다63586 판결 참조).
>
> 상속의 한정승인이나 포기의 효력은 상속인의 의사표시만으로 발생하지 않는다. 가정법원에 신고해 심판을 받아야 하며, 그 신고를 수리하는 심판을 당사자가 고지받음으로써 비로소 효력이 발생한다(대법원 2004.6.25. 선고 2004다20401 판결 참조).
>
> 따라서 나독자 씨가 가정법원에 상속포기의 신고를 했어도, 이를 수리하는 가정법원의 심판이 고지되기 이전에 상속재산을 처분했다면, 상속포기의 효력 발생 전에 처분행위를 한 것이므로 민법 제1026조 제1호에 따라 상속의 단순승인을 한 것이 되어 대부 업체에 대한 채무를 상환해야 한다는 것이 대법원의 판단이다.
>
> 출처: 황보라 기자, 문화뉴스, 2021.1.27.

위 기사를 통해 알 수 있듯이, 상속인이 한정승인이나 포기를 하기 '이전'인지 '이후'인지를 구분하는 기준은 한정승인이나 포기의 '신고 시'가 아니라 **가정법원의 심판 시**라고 할 수 있다. 그러므로 위 사안에서 나독자씨가 가정법원에 상속포기의 신고를 했어도 이에 대한 가정법원의 심판이 있기 전이라면, 상속재산을 처분한 것은 상속포기의 효력이 발생하기 전에 행한 것이 되므로 민법 제1026조 제1호에 따라 법정단순승인으로 인정된다.

한편, 위와 같은 법정단순승인에는 예외로 인정되는 경우가 있다. 선순위 상속인이 상속을 포기한 이후 상속재산을 은닉하거나 부정소비하였더라도 그 시점이 그의 상속 포기로 인하여 상속인이 될 차순위 상속인이 이미 상속을 승인한 이후라면, 선순위 상속인이 단순승인을 한 것으로 보지 아니한다. 그와 같은 경우에도 단순승인이 의제된다면 차순위 상속인이 관여할 수 없는 선순위 상속인의 행위로 인하여 차순위 상속인의 승인이 무효화되는 결과가 되어 부당하기 때문이다. 이때 차순위 상속인은 선순위 상속인을 상대로 은닉한 상속재산의 인도를 구하거나 소비한 상속재산의 배상, 부당이득반환 등을 청구할 수 있을 것이다. 다만, 선순위 상속인이 상속을 포기한 이후 차순위 상속인이 상속을 아직 승인하지 않고 있는 동안에 상속재산을 은닉하거나 부정소비하면 상속개시시에 소급하여 단순승인의 효과가 발생하므로, 차순위 상속인은 상속의 승인 또는 포기 권한을 상실하게 된다.

(2) 한정승인

한정승인이란 '상속인이 상속으로 인하여 얻을 재산의 한도에서 피상속인의 채무와 유증을 변제하는 것을 조건으로 상속을 승인하고자 하는 상속인의 의사표시 또는 그러한 상속형태'를 의미한다. 상속인은 한정승인을 하려면 상속개시 있음을 안 날로부터 3개월 내에 재산목록을 첨부하여 가정법원에 한정승인의 신고를 하여야 한다. 다만, 상속인이 상속의 승인이나 포기 전에 상속재산을 조사했음에도 불구하고 상속채무가 상속재산을 초과하는 사실을 중대한 과실 없이 상속개시 있음을 안 날로부터 3개월 내에 알지 못한 경우에는 단순승인으로 인정되었다 할지라도 그 사실을 안 날로부터 3개월 내에 한정승인을 할 수 있으며, 미성년자인 상속인이 상속채무가 상속재산을 초과하는 상속을 성년이 되기 전에 단순승인한 경우 등에는 성년이 된 후 그 상속의 상속채무 초과사실을 안 날부터 3개월 내에 한정승인을 할 수 있다. 이를 '특별한정승인'이라고 한다. 특별한정승인을 할 때에는 상속재산 중 이미 처분한 재산이 있는 때에는 그 목록과 가액을 함께 제출하여야 한다.

한정승인을 한 후에는 5일 내에 일반 상속채권자와 유증받은 사람에 대하여 한정승인의 사실과 일정한 기간 내에 그 채권 또는 수증을 신고할 것을 공고해야 하며, 그 기간은 2개월 이상이어야 한다. 채권신고의 공고는 법원의 등기사항의 공고와 동일한 방법으로 해야 한다.*

> *비송사건절차법 제65조의2(등기사항의 공고) 등기한 사항의 공고는 신문에 한 차례 이상 하여야 한다.
> 비송사건절차법 제65조의3(등기사항을 공고할 신문의 선정) ① 지방법원장은 매년 12월에 다음 해에 등기사항의 공고를 게재할 신문을 관할구역의 신문 중에서 선정하고, 일간신문에 이를 공고하여야 한다.
> 비송사건절차법 제65조의4(신문 공고를 갈음하는 게시) 지방법원장은 그 관할구역에 공고를 게재할 적당한 신문이 없다고 인정할 때에는 신문에 게재하는 공고를 갈음하여 등기소와 그 관할구역의 시·군·구의 게시판에 공고할 수 있다.

아울러 한정승인자는 한정승인을 한 날로부터 채권의 신고·공고기간의 만료 후 상속재산으로 저당권부 채권자, 질권부 채권자 등 우선권 있는 채권자에 대해 전액을 변제한 후, 그 기간 내에 신고한 일반 상속채권자와 한정승인자가 알고 있는 채권자에 대하여 각 채권액의 비율로 변제하여야 한다. 특별한정승인을 하는 경우에는 상속재산 중에서 남아있는 상속재산과 함께 이미 처분한 재산의 가액을 합하여 위의 변제를 하여야 한다. 그 후 유증이 있다면 유증을 함으로써 절차를 마무리한다.

2) 상속의 포기

상속의 포기는 상속의 개시로 인하여 상속인을 위하여 잠정적으로 발생하였던 상속의 효과를 상속의 개시시에 소급하여 확정적으로 소멸시키고 처음부터 상속인이 아니었던 효과를 발생시키는 상속인의 상대방 없는 의사표시로서 단독행위이다. 상속의 포기는 상속인으로서의 사석을 포기하는 것으로 상속재산 전부의 포기만이 인정된다. 따라서 일부 또는 조건부 포기는 허용되지 않는다. 즉, 많은 사람들이 적극재산만을 상속받고 싶어 하고 상속채무는 상속받고 싶어하지 않지만, 상속채무만을 포기하는 것은 허용되지 않는다. 상속인은 상속포기를 하려면 상속개시 있음을 안 날로부터 3개월 내에 가정법원에 상속포기의 신고를 하여야 한다.

한편, 상속인이 상속을 포기하면 그는 상속포기의 소급효에 따라 처음부터 상속인이 아니었던 것이 된다. 그러므로 단독상속인이었던 자가 상속을 포기하면 다음 순위의 사람이 상속인이 된다. 그러므로 빚의 굴레에서 완전히 벗어나기 위해서는 1순위부터 4순위까지의 모든 상속인들이 다 상속포기를 해야만 한다. 그러나 이러한 법리를 아는 경우가 드물어, 피상속인의 자녀들이 모두 상속을 포기했다면 당연히 손주들 역시 상속을 포기한 것으로 처리될 것이라고 잘못 생각하여 손주들은 상속포기 절차를 밟지 않아, 결국 손주들이 피상속인의 채권자로부터 빚 독촉을 받게 되는 사례가 종종 발생한다. 또한 상대적으로 유대관계가 약한 4순위 상속인들로서는 선순위 상속인들이 자발적으로 이들에게 상속포기 사실을 알려주지 않는 이상 선순위 상속인들의 상속포기 사실을 알지 못하여 어느 날 갑자기 평소 연락도 없이 지냈던 4촌 형제자매, 고모, 삼촌 등의 채권자로부터 빚 독촉을 받게 되는 경우도 있다. 물론, 이 경우에도 후순위 상속인들은 그러한 독촉을 받은 때에 이르러서야 비로소 상속개시 있음을 알았다고 할 것이므로 이 때를 기준으로 3개월 내에 가정법원에 상속포기의 신고를 하면 될 것이다. 판례 역시 아래와 같이 이를 인정하고 있다.

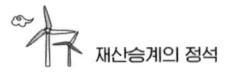

> **대법원 2005.7.22. 선고 2003다43681 판결**
>
> 선순위 상속인으로서 피상속인의 처와 자녀들이 모두 적법하게 상속을 포기한 경우에는 피상속인의 손(孫) 등 그 다음의 상속순위에 있는 사람이 상속인이 되는 것이나, 이러한 법리는 상속의 순위에 관한 민법 제1000조 제1항 제1호(1순위 상속인으로 규정된 '피상속인의 직계비속'에는 피상속인의 자녀뿐 아니라 피상속인의 손자녀까지 포함된다.)와 상속포기의 효과에 관한 민법 제1042조 내지 제1044조의 규정들을 모두 종합적으로 해석함으로써 비로소 도출되는 것이지 이에 관한 명시적 규정이 존재하는 것은 아니어서 일반인의 입장에서 피상속인의 처와 자녀가 상속을 포기한 경우 피상속인의 손자녀가 이로써 자신들이 상속인이 되었다는 사실까지 안다는 것은 오히려 이례에 속한다고 할 것이고, 따라서 이와 같은 과정에 의해 피상속인의 손자녀가 상속인이 된 경우에는 상속인이 상속개시의 원인사실을 아는 것만으로 자신이 상속인이 된 사실을 알기 어려운 특별한 사정이 있다고 보는 것이 상당하다 하겠다.

만일 공동상속인 중 어느 일부 상속인이 상속을 포기한 경우라면 그 상속분은 다른 상속인들의 상속분의 비율로 그 다른 상속인들에게 귀속된다. 이때 '**다른 상속인**'과 관련하여, 종래의 판례(대법원 2015.5.14. 선고 2013다48852 판결)는 배우자에게 독자적인 지위를 인정하지 않았다. 예를 들어 피상속인의 배우자와 자녀들이 있는 경우에 이들은 공동상속인이므로 자녀들이 모두 상속을 포기하였다면 그 상속분은 배우자에게 귀속되어야 할 것 같지만, 종래의 판례는 배우자에 대해 직계존속 또는 직계비속이 없는 때에만 단독상속인이 될 수 있으므로 자녀들이 모두 상속을 포기하였어도 또 다른 직계비속인 손자녀들이 있고 이들이 상속포기 절차를 밟지 않았다면, '다른 상속인'으로서의 독자적인 지위를 인정하지 않아 배우자와 손자녀들이 공동으로 상속인이 된다고 하였다. 그 결과 손자녀들에게 피상속인의 빚이 대물림되는 폐해가 발생하였다.

이에 대한 비판이 일자, 최근 대법원에서는 종래의 판례와 다른 결론을 내리는 판결을 하였다. 아래에서 이를 소개한다.

빚 피해 상속포기해도 손주에 대물림… 바로잡은 대법원

대법원 전원합의체가 빚의 대물림의 고리를 끊는 판결을 내놨다. 김명수 대법원장은 23일 대법원 전원합의체 선고에서 "고인의 자녀 전부가 상속을 포기하면 손자녀나 직계존속이 있더라도 배우자만 단독 상속인이 된다고 봐야 한다"고 밝혔다. 2015년 대법원 3부(주심 권순일 대법관)의 판결 등 종래 판례를 변경한 것이다. 이 판결로 고인이 남기고 간 빚을 자녀들이 상속 포기해도 그 빚이 손자녀에게 대물림되는 일을 최소화할 수 있게 됐다.

2015년 A씨가 빚을 남기고 숨지자 자녀들은 상속 포기를, A씨의 배우자는 자신이 받을 수 있는 재산 한도 내에서만 빚을 갚는 한정 승인을 신고했다. 그러자 A씨에게 받을 구상금 채권을 가지고 있던 서울보증보험은 2020년 A씨의 배우자와 손주 4명에게 빚을 갚으라는 승계집행문을 법원을 통해 보냈다. 상속 포기 신고를 하지 않은 손주들은 A씨의 배우자와 함께 공동상속인이 된다는 판단에서였다. 손주 4명은 A씨가 숨질 당시 미성년이었다.

손주 4명은 "할머니가 단독 상속한 것으로 봐야 한다"며 이의를 제기했지만 부산지방법원은 2020년 5월 기각 결정을 내렸다. "배우자와 자녀 중 자녀 전부가 상속을 포기한 경우에는 배우자와 손자녀 또는 직계존속이 공동으로 상속인이 된다"고 밝힌 2015년 대법원 판결이 근거였다.

이는 배우자에게 독자적인 상속인 지위를 주지 않은 우리나라 상속 체계에 뿌리를 둔 문제다. 법률상 배우자는 고인의 직계비속이나 직계존속이 있는 경우 이들과 함께 공동상속인이 되고, 직계비속이나 직계존속이 없는 경우에는 단독상속인이 된다(민법 제1003조). 배우자의 상속비율을 고정해둔 프랑스·독일·일본 등과 달리 다른 상속인의 유무와 수에 따라 상대적으로 비율이 정해지는 것이다. 2015년 대법원 판결은 민법 조항을 글자 그대로 해석한 결과다.

하지만 전원합의체 다수의견은 2015년 판결이 법 조항을 지나치게 좁게 해석했다고 판단했다. 민법 제1043조에는 "어느 상속인이 상속을 포기한 때에는 그 상속분이 '다른 상속인'의 상속분의 비율로 그 상속인에게 귀속된다"고 규정돼 있는데 대법원은 그동안 '다른 상속인'에 배우자는 포함되지 않는다고 해석해 왔다. 이날 전합은 '다른 상속인'에 배우자가 포함된다고 해석해 A씨 사건과 같은 경우에 빚을 배우자가 단독 상속하고 손주들에게 대물림되지 않을 수 있는 길을 열었다. (후략)

출처: 오효정, 김정연 기자, 중앙일보, 2023.3.23.

위 기사에서처럼 피상속인에게 빚이 있는 경우 배우자가 한정승인을 하고 자녀들은 상속포기를 하는 경우가 많다. 자녀들에게 피해를 주지 않으면서 부모 선에서 빚을 정리하기 위함이다. 위 판결로써 이러한 경우에 빚이 손자녀들에게 대물림 되는 일은 차단되었다고 할 수 있다.

3) 상속포기와 유류분

상속을 포기하면 그 소급효로 인해 처음부터 상속인이 아니었던 것이 된다. 그렇다면 이러한 효과가 유류분과 관련해서는 어떠한 결과를 가져올지 궁금하다. 고객들과 상담하다 보면 부모님으로부터 증여받은 재산이 많은 자녀의 경우, 부모님 사후 다른 자녀들이 자신을 상대로 유류분반환청구소송을 제기하지 않을까 우려하여 이를 피하고자 상속포기를 고려하는 사례가 종종 있다. 유류분 산정의 기초가 되는 재산에 생전증여 분을 가산하는데, 상속인이 증여받은 경우라면 언제 증여받았든지 관계없이 전부 가산하고 상속인이 아닌 제3자가 증여받은 경우라면 상속개시 전 1년 간에 행한 것에 한하여 가산하는 것이니, 상속포기를 하여 제3자의 지위를 갖겠다는 것이다. 그렇게 하고 증여받은 후 1년만 지나면 유류분으로부터 자유로울 수 있게 되지 않냐고 묻는다.

일응 맞는 이야기이다. 상속포기에는 소급효가 있기 때문이다. 다만, 이때에도 주의해야 할 것은, 앞서 설명한 바와 같이 제3자의 지위에서 증여를 받더라도 증여 당시 유류분권리자의 유류분에 부족을 발생하게 하는 가해의사가 있었다면 증여시기에 관계없이 유류분반환 의무가 있다는 점과 제3자에게 증여한 것이라고 할지라도 그것이 상속인에게 증여한 것과 다름없는 사정이 있다면 상속인에게 증여한 것으로 보아 증여시기와 관계없이 유류분반환 의무가 있다는 점이다.

4) 상속재산 파산제도

상속인은 피상속인이 사망하면 금융감독원의 안심상속원스톱서비스를 통해 피상속인이 남긴 여러 재산과 채무를 한 번에 조회할 수 있다. 이는 사망일이 속한 달의 말일부터 1년 이내에 신청할 수 있다. 조회 결과 물려받을 재산과 채무를 비교하여 다음과 같이 결정하는 것이 좋다.

상속재산의 조사결과	상속의 승인·포기의 결정
재산 > 채무	상속의 단순승인
재산 ? 채무	상속의 한정승인
재산 < 채무	상속의 포기

피상속인의 사망으로 경황이 없는 가운데에서도, 상속인은 상속개시가 있음을 안 날로부터 3개월 내에 위의 결정을 하고 한정승인이나 포기를 결정할 경우 그 기간 내에 가정법원에 신고를 완료하여야 한다. 그러므로 피상속인의 재산과 채무를 정확히 비교하기 어려워 결정하기 곤란한 경우, 많은 사람들이 마음의 부담이 가장 덜한 한정승인을 선택한다. 그러나 한정승인은 한정승인 후 채권자 및 유증받은 자에 대하여 변제하는 절차를 밟아야 한다. 혹여 그 절차를 게을리하거나 민법에서 정한 배당변제의 규정에 위반하여 특정 채권자 또는 유증받은 자에게만 변제하여 그로 인해 손해를 입은 다른 채권자나 유증받은 자가 있는 경우에는 그 손해를 배상하여야 하는 위험도 감수하여야 한다. 그렇기 때문에 위와 같은 절차를 잘 알지 못한 채 한정승인을 한 경우에는 상속포기를 하는 것이 나을 뻔 했다고 후회하는 경우가 많다. 이러한 때에는 상속재산 파산제도를 이용하면 좋다.

변호사도 잘 모르는 '상속재산 파산제도'

(전략) 채무자 회생 및 파산에 관한 법률 제299조 등이 규정하고 있는 상속재산 파산제도를 이용하면 법원이 파산관재인을 선임해 모두 해결해 준다. 하지만 이 제도는 1962년 파산법 시절부터 도입됐지만, 홍보 부족 등으로 일반인은 물론 법률전문가들도 잘 알지 못해 이용률이 극히 저조하다. (중략)

상속재산 파산은 상속인과 상속채권자는 물론 유증을 받은 자와 유언집행자도 신청할 수 있지만, 한정승인을 한 상속인과 상속채권자에게 가장 큰 효용성을 발휘한다. 고인이 남긴 빚을 상속재산의 한도에서 법원이 대신 관리해 주는 제도이기 때문이다.

상속재산 파산제도를 이용하면 한정승인을 받은 상속인은 법원이 선임한 파산관재인이 빚 변제를 대신 해준다.

따라서 채권자들에 대한 공고와 최고 의무도 없고, 만에 하나 채무를 잘못 변제할 경우 져야 할 손해배상책임에서도 벗어날 수 있다. 가정법원에 한정승인 신고를 한 뒤 관할 회생법원에 상속재산 파산을 신청하면 된다.

한정승인을 하지 않고도 관할 회생법원에 상속재산 파산 신청을 하고 법원이 파산선고를 하면 자동으로 한정승인을 한 것으로 본다. 그러나 만약 파산 신청이 기각되고 상속 개시일로부터 3개월이 지나면 고인이 남긴 빚 모두를 상속하겠다는 단순 승인을 한 것으로 되기 때문에 가정법원에 한정승인을 신청한 다음 상속재산 파산을 신청하는 것이 안전하다. (후략)

출처: 이장호 기자, 법률신문, 2017.7.17.

1. 상속을 받아야 할까 VS. 받지 말아야 할까

상속인은 금융감독원의 안심상속원스톱서비스를 통해 피상속인이 남긴 재산과 채무를 조회하고 이를 비교하여 아래와 같이 결정하는 것이 좋다.

상속재산의 조사결과	상속의 승인·포기의 결정
재산 > 채무	상속의 단순승인
재산 ? 채무	상속의 한정승인
재산 < 채무	상속의 포기

2. 단순승인으로 간주되는 경우

- 상속인이 상속재산에 대한 처분행위를 한 때
- 상속인이 상속개시 있음을 안 날로부터 3개월 내에 한정승인 또는 포기를 하지 아니한 때
- 상속인이 한정승인 또는 포기를 한 후에 상속재산을 은닉하거나 부정소비하거나 고의로 재산목록에 기입하지 아니한 때

재산승계
CHAPTER
2

증여와 신탁

 **1 증여의 의의**

　증여란 당사자 일방이 무상으로 재산을 상대방에게 수여하는 의사를 표시하고 상대방이 이를 승낙함으로써 그 효력이 생긴다. 증여는 상대방 있는 단독행위가 아니라 계약이라는 점에 특히 유의해야 한다. 유언을 통해 재산을 남기는 유증의 경우 상대방 있는 단독행위이므로 유증받는 자의 승낙이 필요하지 않지만, 증여는 계약이므로 반드시 수증자의 승낙이 필요하다는 점에서 차이가 있다. 그러나 증여의 성립에 서면의 작성 등 특정한 방식이 요구되지 않으므로 증여자나 수증자의 청약 또는 승낙의 의사표시는 반드시 서면에 의한 것일 필요까지는 없다. 다만, 서면에 의한 경우와 그렇지 않은 경우는 증여계약의 해제와 관련하여 차이가 있다. 이는 재산을 물려주는 방법으로 상속과 증여 중 어느 것을 택해야 할지 고민하는 경우, 반드시 고려하여야 할 문제와 깊은 관련이 있다. 항을 바꾸어 설명하고자 한다.

2 증여의 해제

증여는 계약이므로 단독행위인 유언과 달리 증여자 일방의 의사만으로 자유로이 취소할 수 없다. 계약은 해제사유가 있어야만 해제할 수 있기 때문이다. 그러나 증여는 증여자와 수증자의 특수한 신분 관계, 친분 등에 기초하여 충분한 고려 없이 이루어지는 경우가 적지 않고, 증여자 일방만이 반대급부를 받지 않고 상대방인 수증자에게 재산을 수여할 의무를 부담하므로, 이와 같은 증여의 특수성을 감안할 때, 그 구속력을 다른 계약과 동일하게 인정할 경우 증여자에게 가혹한 결과를 초래하여 형평에 반할 수도 있다. 이에 따라 민법 제555조는 증여의 구속력에 제한을 가하여, **서면에 의하지 아니한 증여의 경우에는 약정 또는 법정 해제사유가 없더라도 증여 당사자의 일방적인 의사표시에 의하여 해제될 수 있도록 하였다.** 이는 증여자가 경솔하게 증여하는 것을 방지함과 동시에 증여자의 의사를 명확하게 하여 후일에 분쟁이 생기는 것을 피하려는데 그 목적이 있다(대법원 1988.9.27. 선고 86다카2634 판결).

반면, 서면에 의한 증여의 경우에는 법정 또는 약정 해제사유가 있어야만 해제 가능하다. 이때 '서면에 의한 증여'란 증여자가 자신의 재산을 수증자에게 준다는 증여의사가 문서를 통하여 확실히 알 수 있는 정도로 서면에 나타난 증여를 말한다. 비록 서면 자체는 '증여계약서'라는 명칭으로 작성되지 않았더라도 그 서면의 작성에 이르게 된 경위를 아울러 고려할 때 그 서면이 바로 증여의사를 표시한 서면이라고 인정할 수 있으면 된다(대법원 1996.3.8. 선고 95다54006 판결). 실제로는 증여를 하면서 매매를 가장하여 '매매계약서', '매도증서'라는 허위 명칭의 서면을 작성한 경우도 마찬가지이다(대법원 1988.9.27. 선고 86다카2634 판결).

그렇다면 우리 법은 서면에 의한 증여의 경우 그 해제사유를 무엇으로 정하고 있을까. △**수증자의 망은행위와** △**증여자의 재산상태변경**이 있다. 다

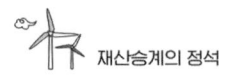

만, 이때 유의해야 할 것은, 서면에 의하지 아니한 증여의 경우에는 각 당사자 즉, 증여자와 수증자가 모두 해제권을 행사할 수 있지만, 서면에 의한 증여의 경우에는 증여자만이 해제권을 행사할 수 있다는 점이다.

수증자의 망은행위란, '증여자 또는 그 배우자나 직계혈족에 대한 범죄행위가 있는 때'와 '증여자에 대하여 부양의무 있는 경우에 이를 이행하지 아니하는 때'를 말한다. 먼저, '증여자 또는 그 배우자나 직계혈족에 대한 범죄행위'에서 '범죄행위'는 반드시 수증자가 실제로 유죄의 판결까지 받을 것이 요구되는 것은 아니고, 형사미성년자에 해당하거나 공소시효가 완성되어 형사처벌의 대상 자체가 될 수는 없더라도 증여자 등에 대하여 범죄행위를 저지른 사실이 인정되면 된다.

그리고 '증여자에 대하여 부양의무가 있는 경우 이를 이행하지 아니하는 때'에서 '부양의무'는 민법 제974조에 규정되어 있는 직계혈족 및 그 배우자 또는 생계를 같이하는 친족 간의 법정 부양의무를 가리키는 것으로서, 위와 같은 친족 간이 아닌 당사자 사이의 약정에 의한 부양의무는 이에 해당하지 않는다(대법원 1996.1.26. 선고 95다43358 판결).

법정 부양의무는 제1차 부양의무(생활유지의무)와 제2차 부양의무(생활부조의무)로 구분할 수 있다. 제1차 부양의무는 자기의 생활수준을 낮추어서라도 상대방의 생활을 자기와 같은 수준으로 보장해야 하는 내용의 부양의무를 말하고, 그 예로 부부간의 부양의무와 부모의 미성년 자녀에 대한 부양의무를 들 수 있다. 제2차 부양의무는 부양의무자가 자기의 사회적 지위에 상응하는 생활을 하면서 생활에 여유가 있음을 전제로 하여 부양을 받을 자가 자력 또는 근로에 의하여 생활을 유지할 수 없는 경우에 한하여 그의 생활을 지원하는 것을 내용으로 하는 부양의무를 말하고, 그 예로 부모의 성년 자녀에 대한 부양의무를 포함한 민법 제974조에서 규정하는 직계혈족 및 그 배우자간, 기타 생계를 같이 하는 친족간의 부양의무를 들 수 있다.

그리고 이와 같은 수증자의 망은행위로 인한 해제권은 증여자가 해제원인이 있음을 안 날로부터 6개월을 경과하거나, 증여자가 수증자에 대하여 용서의 의사를 표시한 때 소멸하며 이 경우 용서의 의사는 반드시 명시적일 필요는 없고 묵시적으로 이루어져도 무방하다. 한편, 증여자의 재산상태변경이란, 증여자의 재산상태가 증여계약이 체결 이후 현저히 변경되어 만일 증여계약을 그대로 이행할 경우 그로 말미암아 증여자의 생계에 중대한 영향을 미치는 경우를 말한다.

이처럼 서면에 의하지 아니한 증여는 언제라도 해제할 수 있고, 서면에 의한 증여는 약정으로 정한 해제사유가 없다면 수증자의 망은행위나 증여자의 재산상태변경과 같은 법정 해제사유가 있을 때에만 해제할 수 있다.

다만, 이때 주의해야 할 것이, 위 두 경우 모두 **이미 증여가 이행된 부분에 대해서는 해제할 수 없다**는 것이다. 즉, 수증자에게 부동산을 소유권이전등기 해 주었거나, 금전을 이체해 주었거나 하는 등으로 증여자가 이미 수증자에게 증여계약에 따른 내용을 이행하였다면 이에 대해서는 해제할 수 없다. 쉽게 말해, 자녀가 잘 모시겠다고 하여 이를 믿고 재산을 모두 증여한 후 그에 따라 자녀 앞으로 재산을 모두 이전하였는데, 그 이후부터 자녀가 나 몰라라 하고 찾아오지도 않는다고 할지라도 이미 재산을 다 넘겨 버린 부모로서는 증여계약을 해제하여 돌려받을 수 없다.

위와 같은 문제를 방지하기 위해서는 증여시 일명 효도계약서를 작성하여 수증자로 하여금 일정한 의무를 부담하도록 하여야 한다. 이러한 증여를 법률용어로는 '부담부증여'라고 하는데, 부담부증여에 있어서는 부담의무 있는 상대방이 자신의 의무를 이행하지 않는 경우 비록 증여계약이 이행되어 있다 하더라도 그 계약을 해제할 수 있기 때문이다. 즉, 수증자에게 구체적으로 효도의 의무를 지워 효도계약서를 작성하고 증여를 한다면, 수증자가 그 효도의무를 이행하지 않을 시 이미 증여가 이행된 부분에 대해서도 해제하여 증여재산을 돌려받을 수 있다.

[판결] 대법원 "효도각서 불이행… 받은 재산 돌려줘라"

'부모님을 잘 모시겠다'는 각서를 쓰고 부동산을 물려받은 아들이 약속을 저버리고 말년에 불효를 저질렀다면 재산을 다시 돌려줘야 한다는 대법원 판결이 나왔다.

2003년 12월 유모씨는 아들에게 서울 종로구 가회동 한옥촌의 시가 20억원 상당의 2층 단독주택을 물려주며 '효도 각서'를 받았다. 같은 집에 살며 부모를 잘 봉양하고 제대로 모시지 않으면 재산을 모두 되돌려 받겠다는 내용이었다. 유씨는 집 외에도 아들의 빚을 갚아주고 아들 회사를 위해 자신의 부동산을 내놓는 등 경제적 지원을 아끼지 않았다.

하지만 재산을 물려받은 아들의 태도는 돌변했다. 유씨 부부와 함께 살기는 했지만 함께 식사도 하지 않았다. 허리디스크를 앓는 모친의 간병도 따로 사는 누나와 가사도우미에게 맡겼다. 2013년 11월께 모친이 스스로 거동할 수 없게 되자 아들은 "요양원에 가시는 게 어떻겠느냐"고 권유했다.

불효의 절정은 7개월 뒤 찾아왔다. 아들에게 크게 실망한 유씨가 따로 나가 살겠다며 집을 팔아 남은 돈으로 자신들이 살 새 아파트를 마련하겠다며 등기를 다시 이전해 달라고 요구하자, 아들은 "천년만년 살 것도 아닌데 아파트가 왜 필요하냐, 맘대로 한번 해 보시지"라며 막말을 퍼부었다. 결국 유씨는 딸의 집으로 이사한 뒤 아들을 상대로 부동산 소유권을 돌려 달라는 소송을 냈다.

대법원 민사3부(주심 김신 대법관)는 유씨가 아들을 상대로 낸 소유권이전등기말소청구소송(2015다236141)에서 원고승소 판결한 원심을 최근 확정했다.

재판부는 "유씨가 부동산을 넘긴 행위는 단순 증여가 아니라 (효도라는) 의무 이행을 전제로 한 '부담부 증여'로 조건을 불이행하면 계약을 해제할 수 있다"고 밝혔다.

대법원 관계자는 "유씨의 아들이 쓴 각서에 '충실히 부양한다'는 문구가 들어있는데, 이는 부모자식간의 일반적인 수준의 부양을 넘어선 의무가 계약상 내용으로 정해졌다는 것"이라며 "재산을 증여받은 자녀가 그와 같은 충실한 부양의무를 다하지 못하면 부모가 증여계약을 해제하고 증여한 부동산을 다시 찾아올 수 있다는 취지의 판결"이라고 설명했다.

출처: 홍세미 기자, 법률신문, 2015.12.28.

위 판결에서 유모씨가 아들을 상대로 승소할 수 있었던 건 사전에 부양의무를 구체적으로 남겨둔 효도계약서를 작성해 두었기 때문이다. 실제 소송에서는 부양의무의 범위에 대해 다툼이 많이 생기므로 효도계약서를 작성할 때에는 부양의무를 최대한 구체적으로 작성하여야 한다. 동거의무, 생활비 지급의무, 주기적인 가족식사 의무, 병원 동행의무 등을 생각해 볼 수 있다. 그러나 아직 우리나라에서는 효도계약서를 작성하는 일이 드물며 설사 작성한다 할지라도 이처럼 구체적으로 기재하는 것을 꺼려한다. 아직까지도 가족 간, 특히 부모 자식 간에는 재산을 넘겨주고 받더라도 이를 문서로 남겨 분명히 해 두는 것에 익숙하지 않은 문화이고, 나아가 효도의 의무를 인간의 도리로써 당연한 것으로 여기면서도 이를 문서로 남겨 약속받는 것은 있을 수 없는 일이라고 생각하는 편이 훨씬 많기 때문이다. 이로 인해 자녀에게 모든 재산을 증여하여 가진 것이 없게 된 상황에서 자식이 패륜행위를 저지름에도, 재산을 되찾을 수 없어 노년에 외롭고도 빈곤하게 생활하는 폐해가 빈번히 발생하였고, 사회적 문제로도 이슈가 되자 이를 막고자 하는 법 개정의 요구가 거세졌다.

> **'불효자 방지법' 강화… 이미 준 재산도 돌려받는다**
>
> 　법무부가 재산을 증여받은 이후 부모에 대한 부양 의무를 나 몰라라 하는 이른바 '망은(忘恩) 자식'들로부터 증여 재산을 환수할 수 있게 하는 민법 개정안 검토 작업에 나섰다. 불효자들에게 불이익을 줘야 한다는 사회적 공감대가 형성되고 있지만 "효를 법으로 판단할 수 있느냐"며 실효성을 문제 삼는 반대 목소리도 나오고 있다.
> 　30일 법조계에 따르면 법무부는 지난 26일부터 '불효자방지법 시행에 따른 증여 제도 개선 효과 및 비교법적 개별적 사례연구' 관련 연구용역 사업자 선정 절차에 들어간 것으로 확인됐다. 법무부는 제안 요청서에 "망은 행위 시 증여자의 반환 청구권을 보장하는 민법 개정안을 마련하기 위함"이라고 밝혔다. 이번 연구용역은 부모의 사후에 이뤄지는 상속뿐만 아니라 생전 증여에 있어서도 안전장치가 필요하다는 인식이 확산하는 상황에서 추진됐다. (후략)
>
> 출처: 윤정선 기자, 문화일보, 2021.7.30.

'불효자 방지법' 또는 '불효자 먹튀 방지법' 등으로 불리는 이러한 민법 개정의 주된 골자는 수증자의 망은행위를 규정한 법정 해제사유에 '범죄행위'뿐 아니라 '학대 또는 그 밖에 현저하게 부당한 대우를 한 때'를 추가하여

망은행위의 범위를 현행보다 더 확대하고, 망은행위가 있다면 이미 증여를 이행한 부분에 대해서도 증여계약을 해제할 수 있도록 한다는 것이다. 이에 대해 '학대'의 기준이 무엇인지 또는 '그 밖의 부당한 대우'에 어떤 행위들이 포함되는 것인지 명확한 기준이 없고, 이미 증여가 이행된 재산에 대해 불효라는 추상적인 개념의 사정변경이 있다는 이유로 무한정 해제가 가능하도록 하는 것은 법률관계의 안전성에 악영향을 미칠 수 있다는 이유로 비판이 있다. 이와 같이 개정안의 구체화 정도에 대해 이견이 있기는 하나, 개정의 필요성에 대해서는 대체로 공감하는 듯 하다. 그러나 이러한 논의가 2015년부터 제기되어 왔음에도 약 9년이 지난 현재까지도 법 개정에 이르지 못했다는 점을 고려한다면 법령 개정만을 기다리고 있을 수는 없는 일이다.

나아가 설사 법령 개정이 완료되었다고 할지라도, 또는 효도계약서를 작성해 두었다고 할지라도 또 하나의 문제가 남는다. 이미 증여를 받은 자녀가 부모의 해제 의사에 따라 알아서 자의로 재산을 돌려주지 않는다면 결국에는 위의 사건에서처럼 자녀를 상대로 소송을 통해 해제권을 행사하여 재산을 되찾을 수 밖에 없다. 이 얼마나 끔찍한 일인가. 패륜행위를 한 불효자를 상대로 재산을 되찾아 오는데 성공했다고 할지라도, 길게는 수년이 걸릴 수도 있는 소송 과정에서 부모 자식 간에 그 관계를 회복할 수 있는 작은 불씨마저 다 사라져 버릴 것이다. 이 같은 비극을 방지하는 데에 신탁은 그 해결방안을 제시한다.

3 증여와 신탁

1) 증여신탁

> **돈빌고 자식들 등 돌릴라… 부모가 직접 관리 '증여신탁' 뜬다**
>
> (전략) 부동산 관련 세금 부담 때문에 작년부터 주택 증여가 급증한 가운데 고령층 자산가 사이에서 증여 시기와 방법을 고민하는 경우가 늘었다. 전 재산이나 다름없는 집을 증여로 넘기고 나서 자녀가 부모를 외면하거나, 자녀끼리 재산 다툼도 빈번하기 때문이다. 부동산 관련 온라인 커뮤니티에는 증여 후 소원해진 자녀의 태도를 두고 '현대판 고려장', '효도 사기'라고 꼬집는 글이 심심찮게 올라온다.
>
> 이런 세태를 반영해 최근 '증여신탁'이 주목받고 있다. 자녀에게 부동산을 증여하되 자산관리사·은행과 신탁(信託) 계약을 맺어 자산을 관리하게 하는 것이다. 신탁자산에 대한 운용을 부모가 할 수 있게 설정해 '재산 통제권'을 유지하면서 세금은 아끼는 것이다. 금융투자협회에 따르면 올해 8월 말 기준 부동산 관련 신탁 규모는 378조9677억원으로 2019년 8월(276조 9091억원)보다 37% 늘었다. (후략)
>
> 출처: 김아사 기자, 조선일보, 2021.11.16.

위 기사에서처럼 최근 부동산 가격이 상승하면서 종합부동산세, 재산세 등 보유세 부담이 커져 증여를 고려하는 사람들이 많아졌다. 나아가 향후 유고 시 발생하게 될 상속세를 절감하기 위해 미리 미리 증여를 해두고 싶은 사람들도 있다. 그러나 자녀에게 증여하고 나면 그 때부터 자녀들이 등 돌리고 부모 돌보기를 나 몰라라 하지는 않을까 우려된다. 또한 자녀가 과연 증여재산을 잘 관리할 수 있을까 고민이 되기도 하고 증여 후 자녀의 사업실패로 증여한 재산에 압류가 들어오진 않을까 걱정이 되기도 한다.

이러한 고민과 걱정이 있다면 '증여신탁'을 생각해 볼 수 있다. 증여자와 수증자 간 증여계약을 체결할 때 부담부증여로 하여 수증자로 하여금 증여받은 후 신탁회사와 신탁계약을 체결하도록 의무를 지우고 신탁계약을 체결하지 않을 시 증여계약을 해제할 수 있도록 한다. 그리고 이에 따라 수증자가 신탁회사와 신탁계약을 체결할 때 특약사항으로 '증여자를 신탁재산보호자로 지정한다'는 내용을 추가하여 수증자가 신탁재산 및 신탁수익권의 처분 및 담보부차입, 신탁계약의 변경 및 해지 등의 특정행위를 할 때 증여자의 동의를 받도록 하는 것이다. 이렇게 하면 수증자가 신탁재산을 처분하거나 신탁재산을 담보로 차입을 하고자 할 때 신탁재산의 소유권이 신탁회사에 있으므로 신탁회사에 그 지시를 하여야 하는데, 신탁회사는 신탁계약에 따라 증여자의 동의가 있었는지 여부를 확인하여야 하고 만일 그 동의가 없다면 수증자의 요청에 협조하지 않는다. 이를 통해 부모는 증여를 한 이후에도 증여재산에 대해 통제권을 갖을 수 있으며 이를 알고 있는 자녀로서는 자연히 부모에게 효를 다하게 되므로 앞서 설명한 부모자식 간의 비극을 예방할 수 있다.

구분	서면에 의하지 아니한 증여	서면에 의한 증여	서면에 의한 증여 + 부담부증여	서면에 의한 증여 + 부담부 증여 + 증여신탁
증여계약 이행 전	언제라도 해제가능	해제사유 발생시 해제가능	해제사유 또는 부담의무 불이행시 해제가능	해제사유 또는 부담의무 불이행시 해제가능
증여계약 이행 후	해제불가능	해제불가능	부담의무 불이행시 해제가능	부담의무 불이행시 해제가능
증여계약 이행 후 수증자의 증여재산 처분	수증자에게 전적인 처분권한 있음	수증자에게 전적인 처분권한 있음	수증자에게 전적인 처분권한 있음	수증자는 증여자의 동의를 얻어 신탁회사에 처분요청

2) 장애인신탁

재산을 증여받는 사람이 장애인이라면 신탁을 활용할 유인이 더 높다. 장애인신탁에 세금 혜택이 있기 때문이다.

> **은행 '신탁' 상품, 장애인 가족 해결사로 나선다**
>
> (전략) 은행들이 사회적 책임의 일환으로 장애인과 그 가족을 위한 특화 신탁 상품들을 내놓고 있다.
> 성인이 돼도 스스로 자산 관리를 하기 어려워 자칫 보호자 사후에는 경제적 어려움을 겪거나 범죄의 피해를 입을 수 있는 장애인들을 보호할 수 있는 상품들이다.
> 현행법상 장애인을 수익자로 하는 신탁상품은 장애인 사망 시점까지 가입할 경우 5억원까지 증여세가 면제된다. 원칙적으로 제3자의 재산 탈취를 방지하기 위해 중도 해지가 불가하나, 장애인 본인의 의료비 및 교육비 목적에 한해 월 150원까지 중도 인출은 허용된다.
> 11일 업계에 따르면 주요 시중은행들은 최근 장애인의 자산을 관리하는 신탁 상품 등을 출시했다. (후략)
>
> 출처: 박예슬 기자, CEO스코어데일리, 2022.6.11.

장애인신탁은 수증자인 장애인이 위탁자 겸 수익자가 되어 신탁회사와 신탁계약을 체결하는 자익신탁형 장애인신탁과 증여자가 위탁자로서 신탁회사와 신탁계약을 체결하고 수증자를 수익자로 지정하는 타익신탁형 장애인신탁으로 구분할 수 있다.

자익신탁형은 증여가 먼저 있고 신탁이 나중에 있는 반면, 타익신탁형은 신탁이 먼저 있고 증여가 나중에 있다고 생각하면 쉽다. 장애인신탁은 △장애인복지법에 따른 장애인 및 장애아동 복지지원법에 따른 장애아동 중 장애아동 복지지원법에 따른 발달재활서비스를 지원받고 있는 사람 △국가유공자 등 예우 및 지원에 관한 법률에 의한 상이자 및 이와 유사한 사람으로서 근로능력이 없는 사람 △위의 두 사람 외에 항시 치료를 요하는 중증환자가 가입 가능하고, 금전·유가증권·부동산을 신탁할 수 있다.

자익신탁형의 경우 △자본시장과 금융투자업에 관한 법률에 따른 신탁업자에게 신탁하여야 하고 △그 장애인이 신탁의 이익 전부를 받는 수익자이어야 하며 △신탁기간이 그 장애인이 사망할 때까지로 되어 있어야 한다(다만, 장애인이 사망하기 전에 신탁기간이 끝나는 경우에는 신탁기간을 장애인이 사망할 때까지 계속 연장하여야 함).

타익신탁형의 경우 △자본시장과 금융투자업에 관한 법률에 따른 신탁업자에게 신탁하여야 하고 △그 장애인이 신탁의 이익 전부를 받는 수익자이어야 하며(다만, 장애인이 사망한 후의 잔여재산에 대해서는 그러지 아니함) △장애인이 사망하기 전에 신탁이 해지 또는 만료되는 경우에는 잔여재산이 그 장애인에게 귀속되어야 하고 △장애인이 사망하기 전에 수익자를 변경할 수 없어야 하며 △장애인이 사망하기 전에 위탁자가 사망하는 경우에는 신탁의 위탁자 지위가 그 장애인에게 이전되어야 한다. 이러한 요건을 모두 충족하는 경우 5억 원을 한도로 증여세 과세가액에 산입하지 아니한다.

이때 주의해야 할 것이, △신탁이 해지 또는 만료되거나 △신탁기간 중 수익자를 변경하거나 △신탁의 이익 전부 또는 일부가 해당 장애인이 아닌 자에게 귀속되는 것으로 확인되거나 △신탁원본이 감소한 경우에는 해당 재산가액을 증여받은 것으로 보아 즉시 증여세를 부과한다. 다만, 신탁이 해지 또는 만료된 경우에도 해지일 또는 만료일부터 1개월 이내에 신탁에 다시 가입한 경우에는 증여세가 부과되지 않으며, 신탁원본이 감소한 경우에도 중증장애인에 한해 의료비, 간병비, 특수교육비 등 용도로는 원금 인출이 가능하고 생활비 용도로 최대 월 150만 원까지 원금 인출이 가능하다. 이처럼 장애인신탁은 사후관리 의무가 부과되고 이를 이행하지 않을 시에는 비과세되었던 증여세가 추징될 수 있으므로 이를 유의하여야 한다.

개념 정리하기

Q. 증여 후에도 증여재산을 통제하고 싶다면?

A. 부담부증여와 증여신탁을 고려하라!

구분	서면에 의하지 아니한 증여	서면에 의한 증여	서면에 의한 증여 + 부담부증여	서면에 의한 증여 + 부담부 증여 + 증여신탁
증여계약 이행 전	언제라도 해제가능	해제사유 발생시 해제가능	해제사유 또는 부담의무 불이행시 해제가능	해제사유 또는 부담의무 불이행시 해제가능
증여계약 이행 후	해제불가능	해제불가능	부담의무 불이행시 해제가능	부담의무 불이행시 해제가능
증여계약 이행 후 수증자의 증여재산 처분	수증자에게 전적인 처분권한 있음	수증자에게 전적인 처분권한 있음	수증자에게 전적인 처분권한 있음	수증자는 증여자의 동의를 얻어 신탁회사에 처분요청

재산승계
CHAPTER
3

후견과 신탁

1 후견의 의의

후견은 질병, 장애, 노령, 그 밖의 사유로 인한 정신적 제약이 있는 성년자나 친권의 보호를 받지 못하는 미성년자와 같이 스스로 합리적인 의사를 결정하는데 곤란을 겪는 사람을 보호하고 지원하고자 마련된 제도이다. 현재의 후견제도가 도입되기 전 민법의 금치산·한정치산제도는 피후견인의 행위능력을 포괄적·전면적으로 박탈하거나 제한하여 재산을 자유롭게 처분하지 못하게 하는 것에만 관심을 두었다. 특히 피후견인에게 질병, 장애, 노령, 그 밖의 사유가 없다고 할지라도 가산을 탕진할 우려가 있는 낭비자이기만 하다면 한정치산을 개시하는 등으로 피후견인이 속한 가정의 가산을 보호하거나 거래의 안전을 보호하는 데에만 주된 관심이 있었을 뿐, 피후견인의 인권과 복리를 보호하기 위하여 존재하지 아니하였다. 그리하여 이를 개선하고자 2011년 3월 7일 민법을 개정하여 2013년 7월 1일 현재의 후견제도가 시행되었다.

> **시행 10주년 맞은 성년후견제도… "피후견인 자기결정권 보장 위한 제도 개선 필요"**
>
> 시행 10주년을 맞은 성년후견제도의 활성화와 피후견인의 자기결정권 보장 강화를 위해 제도 개선에 착수해야 할 때라는 지적이 나왔다. (중략)
> 성년후견제도는 질병, 노력 등으로 정신적 제약을 가진 성년자에게 후견인을 선임하는 제도로, 기존의 금치산·한정치산자 제도를 폐지하고 2013년 7월 시행됐다. 법무부, 대한법무사협회, 한국후견협회, 법률신문사가 후원한 이번 토론회는 해외 성년후견제도 개선 사례를 소개하고 성년후견제도 이용 활성화와 제도 개선을 위한 방안을 모색하기 위해 마련됐다. (중략)
> '법원의 후견실무 현황과 개선방안'을 주제로 발표한 정혜은(46·35기) 서울가정법원 판사는 "후견감독 업무는 법원의 다른 업무와는 다른 관리·감독 업무로 전문성이 필요하지만 후견 사건 수에 비해 감독관 수가 턱없이 부족한 상황이며 예산 부족을 이유로 국선후견인의 적극적 활용도 어려운 상황"이라고 짚었다. 그러면서 "후견감독 업무의 전문성과 영속성 확보를 위나 인적, 물적 자원 확보가 필요하며 국선후견감독인 선임 확대를 위한 입법과 보수 현실화가 절실하다"고 강조했다. (후략)
>
> 출처: 홍윤지 기자, 법률신문, 2023.12.5.

이처럼 후견에 관한 개정 민법은 시행된 이래 10년을 맞이하였다. 그러나 아직 개선해야 할 점이 많다. 장애인 및 치매환자가 날로 증가하고 있는 등 우리 사회의 잠재적 수요가 분명히 확인됨에도 불구하고, 정작 후견제도의 이용률은 상대적으로 매우 저조하다. 이용의 질적 측면에서는 법정후견의 유형별로 유연하고 탄력적 운영이 기대됐지만, 구 제도와 연속성이 강한 성년후견의 이용률이 80% 이상으로 압도적으로 높고, 더욱이 가정법원의 개별적 결정에 따라 후견인에 대한 취소권이나 대리권이 제한되는 경우는 거의 없다. 반대로 유연하고 개입 정도가 낮은 한정후견이나 특정후견의 이용률은 상대적으로 저조하다. 특히 본인의 자기결정 존중 관점에서 큰 기대를 걸었던 후견계약 이용은 극단적으로 희소하다.

또한 후견사무는 후견인의 권한남용 방지를 위해 가정법원 및 후견감독인의 감독을 받는데 그 수가 현저히 부족하다. 2022년 기준 각 지역의 법원에는 서울 22명, 인천 2명, 수원 6명, 대구 1명, 부산 2명, 울산 1명, 광주 2명의 후견 전담 감독관이 있으며, 후견감독사건은 약 4,213건 정도이다. 어림잡아 계산해 보더라도 1명의 후견 전담 감독관이 처리하여야 하는 후견감독사건의 수는 약 117건에 이른다. 사건이 집중되는 수도권의 경우 실제 그 처리 건수는 훨씬 더 많을 것이다. 상황이 이와 같은 바 각 사건별로 전문적이고 면밀한 감독이 이루어지기 어려우며, 그로 인해 후견인의 비위행위가 늘어난다면 이는 또다시 후견제도의 이용률 저조 현상으로 이어질 것이다. 따라서 이에 대한 제도적 차원의 전폭적 지원이 요구된다.

2 후견의 유형

후견제도는 미성년자를 위한 후견과 성년자를 위한 후견으로 구분하여 볼 수 있다. 이를 아래에서 구체적으로 살펴보자.

1) 미성년자를 위한 후견

미성년자는 혼인을 함으로써 성년으로 의제되지 않는 한 원칙적으로 부모의 친권에 따라야 한다. 친권은 미성년 자녀의 보호와 교양을 위한 부모 모두의 권리인 동시에 의무이다. 그런데 미성년자에게 친권자가 없거나 친권자가 있더라도 친권의 전부 또는 일부를 행사할 수 없는 경우에는 미성년자의 보호에 공백이 있을 수 있다. 그러므로 이를 방지하고 성년이 될 때까지 미성년자를 건강하게 보호하고 양육하기 위하여 후견이 개시될 필요가 있다.

먼저, 친권자가 없는 경우란 친권자가 사망(실종선고) 또는 친권상실 선고를 받거나 미성년자가 입양된 경우 입양의 취소 또는 파양으로 인해 양부모의 친권이 종료되면 법적으로 친권자가 존재하지 않게 된다. 이때 단독 친권자로 지정된 자인 경우, 예를 들어 이혼으로 부모 중 한 사람이 친권을 갖기로 하였는데 그 단독 친권자가 사망한 경우에는 만일 생존하고 있는 부 또는 모가 있다면 바로 미성년후견이 개시되는 것이 아니라 생존하고 있는 부 또는 모로부터 친권자 지정청구가 없거나 그 청구가 기각될 때 미성년후견이 개시된다.

2) 성년자를 위한 후견

성년후견제도는 피후견인의 잔존능력의 활용과 자기결정권의 존중, 정상화의 원칙 등을 기본 원리로 하고, 필요성과 보충성의 원칙을 핵심으로 한다. 이는 우리나라가 2008년에 가입한 UN장애인권리협약(UN Convention on the Rights of Persons with Disabilities) 제12조가 정하는 "장애인의 법적 능력(legal capacity) 향유에 있어서의 차별 금지"와도 그 목적과 취지가 같다.

좀 더 구체적으로 살펴보자면, 성년후견은 질병, 장애, 노령, 그 밖의 사유로 인한 정신적 제약으로 사무를 처리할 능력이 부족하거나 없는 피후견인의 신상관리와 재산보호를 목적으로 하는 것으로써 크게 법정후견과 임의후견으로 나누어 볼 수 있다. 법정후견은 후견인을 법원의 절차를 통해 선임하며, 그 후견개시 사유, 후견인의 권한 등에 따라 다시 성년후견, 한정후견, 특정후견으로 구분할 수 있다. 반면, 임의후견은 피후견인이 정신적 제약으로 사무를 처리할 능력이 부족하게 될 상황에 대비하여 자신이 직접 후견인과의 계약을 통해 후견인을 미리 선임한다. 임의후견은 2013년 개정 민법이 시행되기 전에는 없던 개념으로서 피후견인의 의사를 존중하고 스스로 자신의 삶을 결정할 수 있는 권리를 인정하고자 하는 사회적 공감으로 탄생된 제도이다. 이를 유형별로 비교하여 정리해 보자.

[성년자를 위한 후견 유형]

	성년후견	한정후견	특정후견	임의후견
대상	정신적 제약으로 사무처리 능력이 지속적 결여된 성인	정신적 제약으로 사무처리 능력이 부족한 성인	정신적 제약으로 일시적 후견 또는 특정 사무에 대한 후견이 필요한 성인	정신적 제약으로 사무처리 능력이 부족한 상황 또는 이를 대비하여 계약을 체결한 성인
피후견인의 행위능력	피성년후견인의 행위능력은 원칙적으로 없음	피한정후견인의 행위능력은 원칙적으로 있음	피특정후견인의 행위능력은 제한되지 않으므로, 피특정후견인은 모든 사무에서 단독으로 유효한 법률행위를 할 수 있음	피임의후견인의 행위능력은 제한되지 않으므로, 피임의후견인은 모든 사무에서 단독으로 유효한 법률행위를 할 수 있음
후견인의 재산에 관한 권한 (동의권, 취소권, 대리권)	• 성년후견인은 포괄적인 법정대리권을 가짐. 다만 법원은 취소할 수 없는 법률행위의 범위를 정할 수 있음 • 일용품의 구입 등 일상생활에 필요하고 대가가 과도하지 아니한 법률행위는 취소할 수 없음	• 한정후견인은 법원이 피한정후견인이 한정후견인의 동의를 받아야 하는 것으로 정한 행위에 대하여 취소할 수 있음 • 한정후견인은 심판에 의하여 정하여진 범위 내에서만 대리권을 가짐 • 일용품의 구입 등 일상생활에 필요하고 대가가 과도하지 아니한 법률행위는 취소할 수 없음	특정후견인은 기간이나 범위를 정한 특정한 사무에 관하여만 대리권을 가짐	임의후견인은 후견계약에서 정한 범위 내에서 대리권을 가짐

	성년후견	한정후견	특정후견	임의후견
후견인의 신상결정 대행권한	• 법원은 성년후견인이 피성년후견인의 신상에 관해 결정할 수 있는 권한의 범위를 정할 수 있음 • 피성년후견인의 시설 격리, 신체를 침해하는 의료행위 등은 법원 허가를 받아야 함	성년후견의 경우와 같음	• 특정후견인은 신상에 대한 결정대행권한 없음(의견 대립) • 법원은 피특정후견인의 후원을 위하여 신상에 관한 처분을 명할 수 있음	임의후견인은 후견계약에서 정한 범위 내에서 신상결정대행권을 가질 수 있음

* 출처: 주석 친족(제5판), 한국사법행정학회(2019), 544(김성우)

성년자를 위한 후견 중 법정후견인(성년후견인, 한정후견인, 특정후견인)은 본인, 배우자, 4촌 이내의 친족, 후견인, 후견감독인, 검사, 지방자치단체의 장이 가정법원에 후견개시의 심판을 청구하면 가정법원이 이를 심리하여 선임한다. 후견개시를 위한 재판은 사건 본인에 대한 심문과 관계인의 진술청취의 절차를 거치며, 필요한 경우 정신감정, 가사조사를 실시할 수 있다. 가정법원은 피후견인의 의사를 존중하며, 그 밖에 피후견인의 건강, 생활관계, 재산상황, 성년후견인이 될 사람의 직업과 경험, 피후견인과의 이해관계의 유무 등의 사정을 고려하여 후견인을 선임한다. 후견인으로는 피후견인의 친족 또는 제3자인 전문가가 선임되는데, 피후견인의 재산을 둘러싸고 친족 등 이해관계인 사이에 분쟁이 있는 경우, 피후견인을 돌볼 가까운 친족이 없거나 사건 본인에 대한 학대가 의심되는 경우 등에는 변호사, 사회복지법인 등의 전문가 후견인을 선임한다.*

* 후견사무를 담당할 마땅한 친족이 없는 저소득층에 대해서는 사회보장급부의 일환으로 후견사무 비용을 국가가 부담하는 공공(시민)후견인을 선임할 수 있음.

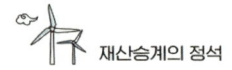
재산승계의 정석

　가정법원의 후견개시심판이 확정되면 법률과 심판에서 정해진 바에 따라 후견인의 권한과 의무가 발생한다. 후견인은 정해진 권한과 의무의 범위 내에서 피후견인의 신상을 보호하고 재산을 관리하는 사무를 수행한다. 법정후견인 중 성년후견인은 재산과 관련하여 포괄적인 법정대리권을 가진다. 그러다 보니 간혹 법정후견인은 피후견인에 관한 모든 권한을 행사할 수 있는 것으로 오해하기 쉽다. 그러나 그렇지 않다. 성년후견인이 선임된 경우라고 하여도, 가정법원은 취소할 수 없는 피성년후견인의 법률행위의 범위를 정할 수 있고 일용품의 구입 등 일상생활에 필요하고 그 대가가 과도하지 아니한 피성년후견인의 법률행위는 취소할 수 없으며 신상관리에 대해서는 원칙적으로 피성년후견인이 단독으로 결정할 수 있도록 하고 있다. 이는 피후견인의 인권과 자기결정권을 보호하고, 피후견인이 필요 이상으로 행위능력을 제한받지 않도록 하고자 하는 개정 민법의 취지에 따른 결과이다. 이와 관련한 최근의 대법원 판결을 소개한다.

식물인간 된 피해자 대신 후견인이 낸 탄원서… 대법 "효력 없다"

　교통사고로 식물인간이 된 피해자의 성년후견인이 가해자와 금전적으로 합의해 '처벌을 원치 않는다'는 의사 표시를 했어도, 가해자를 처벌할 수 있다는 판단을 대법원이 재확인했다. 교통사고 처리 특례법상 운전자가 실수로 사람을 다치게 한 혐의(치상)는 피해자가 원치 않으면 죄를 묻지 않는 반의사 불벌죄에 해당하는데, 일부 법률행위를 대리할 수 있는 후견인은 처벌을 원치 않는다는 의사를 대신 표현할 수는 없다고 본 것이다. (중략)

　재판의 핵심 쟁점은 반의사불벌죄의 경우 의사 표현이 불가능한 피해자를 대신해 성년후견인이 처벌 불원 의사를 결정할 수 있는지였다. 재판부는 "교통사고처리특례법이나 형법, 형사소송법은 반의사불벌죄의 경우 피해자의 처벌불원 의사에 관한 대리를 허용하는 규정을 두고 있지 않다"며 "따라서 반의사불벌죄의 처벌불원 의사는 원칙적으로 대리가 허용되지 않는다"고 봤다.

　이어 "반의사불벌죄는 피해자의 일방적 의사표시만으로 이미 개시된 국가의 형사사법 절차가 중단된다는 면에서 처벌불원 의사는 피해자의 진실한 의사에 기한 것이어야 한다"며 "피해자가 의사능력이 없는 상태라고 해서 성년후견인의 대리에 의

> 한 처벌불원 의사표시는 피해자의 진실한 의사에 부합하는 것이라고 단정할 수 없다"고 덧붙였다. (후략)
>
> 출처: 윤지원 기자, 중앙일보, 2023.7.17.

한편, 성년자를 위한 후견 중 임의후견인은 피후견인이 될 자가 정신적 제약으로 사무를 처리할 능력이 부족한 상황에 있거나 부족하게 될 상황에 대비하여 자신의 재산관리 및 신상보호에 관한 사무의 전부 또는 일부를 다른 자에게 위탁하고 그 위탁사무에 관하여 대리권을 수여하는 것을 내용으로 스스로 지정한 자와 후견계약을 체결함으로써 선임한다.

이때 후견계약은 공정증서로 체결하여야 하며, 후견등기부와 후견등기기록사항을 염두에 두고 필요한 사항을 계약서로 작성한 뒤, 후견계약의 등기를 신청해야 한다. 임의후견인의 재산관리 및 신상보호에 관한 권한을 상세히 명시하여야 하고, 수인의 임의후견인을 선임하여 공동으로 또는 사무를 분장하여 권한을 행사하도록 정한 경우에는 그 취지를 상세히 기재하여야 한다. 그리고 후견계약 및 그 등기가 완료된 후 본인이 사무를 처리할 능력이 부족한 상황에 이르게 되면 본인, 배우자, 4촌 이내의 친족, 임의후견인, 검사 또는 지방자치단체의 장은 가정법원에 임의후견감독인의 선임을 청구할 수 있고, 그에 따라 가정법원이 임의후견감독인을 선임하면 후견계약은 그 선임한 때부터 효력이 발생한다.

이러한 임의후견은 피후견인의 의사에 기초하고 그의 자기결정권을 존중하여 생긴 제도이므로 법정후견에 우선한다. 즉, 후견계약이 있는 경우 원칙적으로 법정후견은 개시되지 않는데, 이를 후견계약 우선의 원칙 또는 법정후견의 보충성 원칙이라고 한다. 단, 피후견인의 보호와 복지에 법정후견이 더 적합할 경우에는 임의후견인 또는 임의후견감독인의 청구에 의하여 가정법원은 성년후견, 한정후견 또는 특정후견과 같은 법정후견의 심판을 할 수 있다.

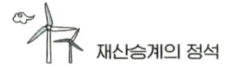
재산승계의 정석

3 후견과 신탁

후견은 가정법원과 후견감독인에 의해 감독된다. 양자의 감독사무는 목적, 기능, 방법에서 차이가 있다. 후견감독인은 임의기관일 뿐 아니라 보수 등 비용 문제로 모든 사건에 선임될 수 있는 것이 아니다. 나아가 후견감독인의 사무수행에 대해서도 적절한 견제와 감독이 필요하다. 따라서 피후견인에 대한 최종적인 감독기관인 가정법원의 역할이 중요하다. 가정법원의 후견감독은 일반적으로 ①감독사건 직권 개시, ②후견인 교육, ③재산목록 검토, ④정기 감독(후견사무보고서 검토), ⑤심층 감독(현장 조사 등), ⑥후견인 변경 또는 경고나 고발, ⑦후견감독 부수사건 처리, ⑧후견감독 종료의 순서로 이루어진다. 이와 같이 감독체계가 마련되었음에도, 우리는 종종 기사를 통해 후견인이 그 권한을 남용하여 피후견인의 재산을 빼돌리고 자신의 이익을 위해 사용한 사례들을 접한다. 실제로 고령의 고객들과 상담을 하다 보면, 이를 걱정하는 경우가 매우 많다.

> **'후견인' 탈 쓰고 재산 갈취… 제도 악용 막을 감독인원 태부족**
>
> (전략) 전국에서 가장 많은 후견사건이 몰리는 서울가정법원의 후견감독관은 15명에 불과했다. 후견감독관은 후견 업무 전반을 관리하는 역할을 한다. 후견이 종료될 때까지 사건이 쌓일 수밖에 없는 특성상 서울가정법원의 최근 3년 후견감독사건은 해마다 4000건이 넘었다. 2023년(9월 기준) 4367건, 2022년 4213건, 2121년 4195건으로 매년 증가하는 추세다. 지난해 감독관 1명이 약 291건의 사건을 감독한 셈이다.
>
> 후견 필요성과 지정된 후견인이 적절하게 역할을 수행할 수 있는지를 검토하는 후견개시조사관 역시 2명 뿐이었다. 2020년 서울가정법원 후견개시 사건 수는 2566건이었는데 조사관 1명이 1000건이 넘는 사건을 담당하는 셈이다. 또 인천가정법원처럼 후견감독 전담 인력이 배치되지 않은 가정법원의 경우, 가사소송에 대한 자료 수집을 맡는 가사조사관과 법원 직원이 업무를 떠안는 식이다. 법원 관계자는 "후견감독은 전문성이 필요한 업무이지만 감독관 수가 부족하고 법원마다 인력 차이도 난다"며 "(제도 악용 방지를 위한) 감독 필요성은 증대하고 있지만, 예산이 부족한 실정"이라고 설명했다.

> 이충희 한국성년후견지원본부 사무총장은 "A씨 사건의 경우도 외국으로 떠나고 한참 뒤 인지됐다"며 "감독이 적기에 적절하게 이뤄질 수 있었다면 사건이 커지는 것을 막을 수 있지 않았을까 싶다"고 말했다. 이어 "한국은 전문 후견인이 아닌 친족이 후견을 맡는 경우가 대다수라 감독관의 역할이 특히 중요하다"고 덧붙였다. 문정민 한국성년후견지원본부 상임이사도 "후견인이 보고서를 1년 넘게 제출하지 않은 시점에서야 뒤늦게 문제를 인지하는 경우가 있다"고 설명했다. 이어 "후견개시 역시 빨라야 4개월 뒤에 심문기일이 잡히는 등 가까운 일본과 비교해 봤을 때 사건 처리 속도가 확연히 늦다"고 강조했다. (후략)
>
> 출처: 윤준호 기자, 세계일보, 2023.12.26.

이처럼 후견제도는 감독기관의 수가 절대적으로 부족한 상황이고, 나아가 그 감독이 사후적이라는 측면에서 후견인의 비위행위를 근본적으로 근절하지 못한다. 그렇다면 이를 사전적으로 예방하고 각각의 후견에 맞춰 좀 더 면밀히 감독할 수 있는 방법은 없을까.

후견과 신탁을 결합한 방법을 생각해 볼 수 있다. 구체적인 절차는 법정후견과 임의후견이 약간 차이가 있다. 먼저 법정후견의 경우 피후견인과 후견인, 신탁회사가 신탁계약 체결을 위한 협의를 진행하고 그 과정에서 신탁 가능 재산 및 신탁재산의 관리·운용 방법을 정한다. 피후견인의 재산을 후견인이 모두 관리하도록 하는 것이 아니라, 피후견인의 재산을 신탁회사에 맡겨두고 생활비 명목으로 일정 금액을 정기적으로 피후견인의 계좌로 입금하도록 하고, 의료비, 교육비 등 비정기적 명목의 비용이 필요할 경우 후견인이 관련 증빙자료를 갖추어 신탁회사에 요청하면 신탁회사는 해당 비용을 직접 그 의료기관, 교육기관 등에 입금한다. 이렇게 정해두면 후견인의 비위행위는 사전적으로 차단된다. 물론, 위와 같은 신탁재산의 사용계획은 각 건 별로 충분한 협의를 통해 자유롭게 정할 수 있다. 이 과정을 거쳐 피후견인의 복리를 최우선으로 한 신탁계약서 초안이 작성되면 가정법원에 신탁계약 체결을 위한 권한초과행위 허가 신청을 하고, 가정법원이 이를 허가해주면 후견인과 신탁회사 사이에 신탁계약을 체결한다.

한편, 임의후견은 향후 사무처리능력이 부족하게 되면 피후견인이 될 본인과 임의후견인, 신탁회사 간에 신탁 가능 재산 및 신탁재산의 관리·운용 방법을 정하기 위해 사전 협의를 하고, 그에 따라 본인과 임의후견인 사이에는 후견계약을, 본인과 신탁회사 사이에는 신탁계약을 체결한다. 이때 후견계약은 공정증서로서 체결하여야 하며 이를 후견등기 한다. 신탁계약은 신탁계약 체결 시점부터 효력이 발생하나, 후견계약은 후견감독인이 선임될 때까지는 효력이 발생하지 않는다. 즉, 본인이 스스로 재산관리를 할 수 있으므로, 직접 신탁회사에 관리·운용을 지시하면 된다. 그러다가 본인이 사무처리능력이 부족하다는 의사의 소견 또는 진단이 있는 경우 미리 지정해 둔 임의후견인의 청구에 의해 가정법원이 후견감독인을 선임하면 그 때부터 후견계약은 효력이 발생하고 임의후견인은 후견사무를 시작한다. 그리고 후견인은 피후견인이 건강할 때 미리 지정해 둔 방법 내에서 후견사무를 수행한다.

이와 같이 피후견인의 재산이 신탁회사 앞으로 이전되어 있으므로, 후견인이 피후견인의 재산을 마음대로 유용할 수 없고, 미리 피후견인이 건강할 때 지정해 둔 방법 또는 법원의 허가를 받아 둔 방법대로만 신탁회사에 관리·운용을 지시함으로써 후견사무를 수행할 수 있다는 점에서 후견인의 비위행위를 사전적·원천적으로 차단할 수 있게 된다.

[법정후견신탁 예시(구조도)]

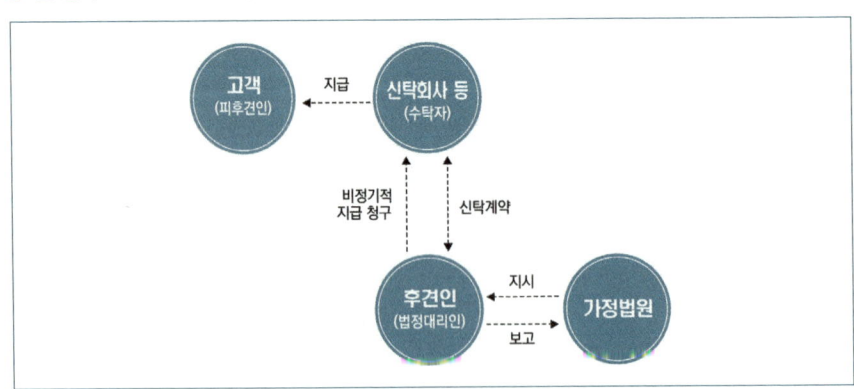

나아가 신탁회사는 금융기관으로서 자산관리에도 전문성을 보유하고 있는 바, 후견인에게는 기대하기 어려웠던 자산관리계획도 함께 설계하고 이행할 수 있다는 점에서도 큰 장점이 있다. 이렇게 한다면 후견인은 피후견인의 신상관리에 집중하고 재산관리는 전문성이 있는 신탁회사에 맡겨 피후견인의 복리 증진에 더 적합한 방향으로 설계가 가능할 것이다.

한편, 후견인이 절실히 필요한 상황이나 후견인을 선임하기 곤란한 경우에도 신탁을 활용할 수 있다.

> **현실 '우영우'는 변호사 자격증 못딴다… 성년후견인 제도 때문?**
>
> [앵커]
> 발달 장애인이 변호사로 활약한 드라마, 한 때 많은 국민들의 관심을 받았죠. 그런데 현실에선 자격증 발급 자체가 거부당하는 경우가 있다고 합니다. '성년후견인' 제도 때문인데요.
> 무슨 일인지, 여도현 기자가 취재했습니다.
> [기자]
> 발달장애를 가진 이모군은 지난해 11월, 3년간의 공부 끝에 요양보호사 자격 시험에 합격했습니다. 하지만 자격증 발급을 거부당했습니다. 4년 전 학교에서 따돌림을 당하는 아들을 위해 어머니가 성년후견인을 신청했기 때문입니다. (중략)
> 국내에서 성년후견인이 있는 사람은 공무원, 변호사, 사회복지사, 요양보호사 등 약 200여여개의 직업이나 자격을 갖지 못합니다. (중략)
> 이군을 가르쳤던 교수 역시 이군이 일을 하는데 아무 문제가 없다고 설명했습니다.
> [박창점 학과장/호산나대학 노인케어학과: 안마하면서 '어른 오늘 날씨가 어때요' '어르신 어디 불편한데 없으세요' 어르신에게 먼저 다가가서 이야기를 할 수 있는 아이로 성장한거죠. 일반요양보호사들이 하는 것처럼.]
> 결국 어머니는 자격증 발급을 위해 서울가정법원에 후견인 등록 취소를 신청했고 법원이 이를 받아들였습니다. (후략)
>
> 출처: 여도현 기자, jtbc, 2023.2.18.

대단히 불합리한 일이다. 개별적인 사안별로 구체적인 사정을 따지지 아니하고 단지 후견이 개시되었다는 이유만으로 특정 직업을 갖지 못하게 한다는 것은 기본권 침해의 소지가 매우 크다. 실제 2022년에는 국가공무원에

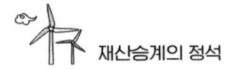

게 성년후견이 개시된 경우 그 권리를 제한하는 규정에 대해 헌법재판소에서 위헌 결정을 한 바도 있다. 해당 사건에서 검찰공무원 A씨는 근무 중 저산소성 뇌손상을 입은 뒤 2년 동안 질병 휴직을 했고, 그의 아내 B씨는 병원비와 생활비 마련을 위해 부동산 등을 처분하려고 A씨에 대한 성년후견개시 심판을 청구하여 성년후견인으로 선임되었다. 그리고 B씨는 A씨가 뇌손상을 입기 전 명예퇴직을 원했던 기억을 바탕으로 검찰에 A씨의 명예퇴직을 신청했으나, 검찰은 A씨의 성년후견개시 사실을 이유로 명예퇴직 부적격 판정을 하면서 성년후견 개시일로부터 당연퇴직 되었다고 통보하였다. 이후 A씨는 당연퇴직일 다음 날부터 건강보험료 미납액 납부를 청구받고, 기 지급되었던 공무원·교직원 단체보험 등에 대한 보험금 반환을 요구받았으며, 기 지급되었던 당연퇴직일 이후의 급여에 대한 반환을 요구받았다.

이에 B씨는 '공무원이 피성년후견인이 되는 경우 당연퇴직한다'는 국가공무원법 제69조 제1호에 대해 위헌법률심판제청신청을 하였고, 이에 제청법원인 서울행정법원은 신청 중 일부를 인용하여 동법 제69조 제1호 및 동법 제33조 제1호에 대해 위헌법률심판제청을 하였다. 이에 대해 헌법재판소는 '국가공무원의 당연퇴직사유를 임용결격사유와 동일하게 규정하려면 국가공무원이 재직 중 쌓은 지위를 박탈할 정도의 충분한 공익이 인정돼야 한다'며 "이 조항은 침해되는 사익에 비해 공익을 지나치게 우선한 입법이므로 법익의 균형성이 위배된다"고 지적했다. 또한 "국가공무원이 피성년후견인이 됐더라도 휴직을 통한 회복의 기회를 부여받을 수 있다"며 "이러한 절차적 보장이 별도 조직이나 시간 등 공적 자원이 필요한 것도 아니"라고 설명했다. 그러면서 "결국 입법목적을 달성하면서도 공무담임권 침해를 최소화할 수 있는 대안이 있으므로, 이 조항은 침해의 최소성에도 반한다"고 하였고, "해당 조항이 피성년후견인이 된 국가공무원의 복직 기회를 확정적으로 박탈함으로써 성년후견제도를 도리어 헌법적 가치를 해치는 수단으로 삼았다"고 판시하였다. **그러므로 위 기사에서와 같이 후견이 개시되었다는 이유**

로 특정 직업을 갖지 못하게 하는 법령 역시 향후 위헌으로 판단될 가능성이 있다.

그러나 헌법재판소의 결정이 있기 전까지는 현행 법령에 따를 수밖에 없기에, 장애를 가진 자녀를 둔 부모의 경우 자신의 사후 자녀의 미래가 걱정된다면 후견인 선임 대신 신탁을 고려해 볼 수 있다. 부모는 신탁회사와 유언대용신탁계약을 체결하여 자신의 사후에 자녀에게 재산을 물려주되 그 재산의 관리를 후견인을 통해 하는 것이 아니라 신탁회사가 재산을 보유하고 있으면서 자녀에게 정기적으로 생활비, 교육비 등의 명목으로 지급하게 하고 신탁관리인을 지정하여 위 지급 등에 필요한 절차를 하게 하는 것이다. 신탁관리인은 신탁법 제67조에서 정하고 있는 자로서 수익자의 이익을 위하여 자기의 명의로 수익자의 권리에 관한 재판상 또는 재판 외의 모든 행위를 할 권한이 있는 자이다. 이러한 방법을 통한다면 후견인의 지정 없이도, 재산관리 능력이 없는 자녀를 위해 신탁회사와 신탁관리인이 그 역할을 대신해 줄 수 있다.

<후견의 의의>
1. 미성년후견과 성년후견
   가. 미성년자를 위한 후견: 친권자가 없거나 친권자가 있더라도 친권을 행사할 수 없는 경우
   나. 성년자를 위한 후견: 질병, 장애, 노령, 그 밖의 사유로 인한 정신적 제약으로 사무를 처리할 능력이 부족하거나 없는 경우

2. 법정후견과 임의후견
   가. 법정후견: 성년후견, 한정후견, 특정후견
      ▷ 성년후견: (피후견인)사무처리능력의 지속적 결여, (후견인) 포괄적인 대리권
      ▷ 한정후견: (피후견인)사무처리능력의 부족, (후견인)법원이 정한 범위 내 대리권
      ▷ 특정후견: (피후견인)사무처리능력의 일시적 부족, (후견인) 법원이 정한 범위 내 대리권
   나. 임의후견: (피후견인)사무처리능력의 부족한 상황을 대비하여 미리 계약 체결, (후견인)후견계약에서 정한 범위 내 대리권

재산승계의 정석 | PART

2 세금과 신탁

기획재정부 2024년 세법개정안 주요 내용

* 해당 자료는 2024년 7월 25일 기획재정부에서 발표한 내용으로 향후 변경될 수 있으며 국회 등 입법 처리 과정에서 통과되지 않을 수도 있음.

1) 상속세 및 증여세 최고세율 및 과세표준 조정(상속세 및 증여세법 제26조)

구분	현행	개 정 안(案)	적용 예정일
상속증여세 최고세율 인하 및 세부담 완화	• 상속세 및 증여세 과세표준별 세율 	과세표준	세율
---	---
1억원 이하	10%
1억원 초과 5억원 이하	20%
5억원 초과 10억원 이하	30%
10억원 초과 30억원 이하	40%
30억원 초과	50%		• 상속세 및 증여세 과세표준별 세율 | 과세표준	세율
---	---
2억원 이하	10%
2억원 초과 5억원 이하	20%
5억원 초과 10억원 이하	30%
10억원 초과	40%		2025년 1월 1일 이후 상속개시 또는 증여분부터

※ 예시(과세표준 100억 원일 때): 현행 기준 산출세액 45억 4천만 원
　　　　　　　　　　　　　　　 개정안 기준 산출세액 38억 3천만 원

2) 상속세 자녀공제금액 확대(상속세 및 증여세법 제20조 제1항)

구분	현행	개 정 안(案)	적용 예정일
중산층, 다자녀 가정의 상속세 부담 완화	• 상속세 공제금액 ① 기초공제: 2억원 ② 기타 인적공제 　- 자녀공제: 1인당 5천만원 　- 미성년자공제, 연로자공제, 장애인공제 ③ 일괄공제: 5억원 * 적용 MAX [(① + ②) , ③]	• 상속세 공제금액 ① 기초공제: 2억원 ② 기타 인적공제 　- 자녀공제: 1인당 5억원 　- 미성년자공제, 연로자공제, 장애인공제 ③ 일괄공제: 5억원 * 적용 MAX [(① + ②) , ③]	2025년 1월 1일 이후 상속개시 건부터

※ 예시(피상속인은 국내 거주자, 배우자와 자녀 2명이 상속받음, 미성년자/연로자/장애인 없음)
　- 현행 최소 상속공제액: 10억 원(일괄공제 5억 원 + 배우자 상속공제액 최소 5억 원)
　- 개정안 최소 상속공제액: 17억 원(기초공제 2억 원 + 자녀공제 10억 원 + 배우자 상속공제액 최소 5억 원)

3) 최대주주 등 보유주식 할증평가 폐지(상속세 및 증여세법 제63조 제3항)

구분	현행	개 정 안(案)	적용 예정일
대기업 등 최대주주의 가업승계 지원	• 최대주주 등 보유주식 할증평가 (원칙) 최대주주 등 주식은 평가한 가액의 20% 가산 * 최대주주 등: 최대주주 또는 최대출자자 및 특수관계인 주식 (예외) 중소기업 및 중견기업(매출액 5,000억원 미만) 예외	폐지	2025년 1월 1일 이후 상속개시 또는 증여분 부터

※ 예시(대기업 최대주주 주식가치 5천억 원, 현행 및 개정안의 최고세율 적용)
  - 현행 상속세액(상속공제와 누진공제 등 미적용): **과세표준 6천억 원 x 50% = 3,000억 원**
  - 개정안 상속세액(상속공제와 누진공제 등 미적용): **과세표준 5천억 원 x 40% = 2,000억 원**

4) 양도소득세 이월과세 적용대상 자산 확대(소득세법 제97조의2)

구분	현행	개 정 안(案)	적용 예정일
배우자 등 특수관계인을 활용한 조세회피 방지	• 양도소득세 이월과세 적용 재산 * 이월과세: 배우자, 직계존비속으로부터 증여받은 재산을 양도하는 경우, 증여자의 취득가액으로 양도차익 계산 ① 양도일 전 10년 이내 증여받은 토지, 건물, 부동산취득권	• 양도소득세 이월과세 적용 재산 * 이월과세: 배우자, 직계존비속으로부터 증여받은 재산을 양도하는 경우, 증여자의 취득가액으로 양도차익 계산 ① 양도일 전 10년 이내 증여받은 토지, 건물, 부동산취득권 ② 양도일 전 1년 이내 증여받은 주식 등	2025년 1월 1일 이후 증여받는 분부터

재산승계

CHAPTER 1

상속세와 신탁

✱ 상속세 계산 구조 - 피상속인이 국내 거주자일 때

총 상속세 재산가액

※ 본래의 상속재산(사망 또는 유증·사인증여로 취득한 재산)
※ 간주상속재산(보험금·신탁재산·퇴직금 등)
※ 추정상속재산(피상속인이 사망 전 1년 이내 2억원 이상, 2년 이내 5억원 이상 처분한 재산가액 또는 부담한 채무금액으로서 사용처와 용도가 불분명한 금액)

−

비과세 및 과세가액 불산입액

※ 비과세(국가·지자체에 유증한 재산, 금양임야·문화재 등)
 과세가액 불산입 재산(공익법인 등 출연재산, 공익신탁 재산)

−

공과금·장례비용·채무

+

사전증여재산가액

※ 피상속인이 상속개시일 전 10년 이내에 상속인에게 증여한 재산가액 및 5년 이내에 상속인이 아닌 자에게 증여한 재산가액

↓

상속세 과세가액

−

상속공제

※ (기초공제 + 그 밖의 인적공제)와 일괄공제(5억원) 중 큰 금액
※ 가업(양농) 상속공제·배우자 상속공제·금융재산 상속공제·
 재해손실공제·동거주택 상속공제
 − 단, 위 합계 중 공제적용 종합한도 내 금액만 공제 가능

−

감정평가 수수료

※ 부동산 감정평가법인의 수수료 등

↓

상속세 과세표준

×

세율

과세표준	1억원 이하	5억원 이하	10억원 이하	30억원 이하	30억원 초과
세율	10%	20%	30%	40%	50%
누진 공제액	없음	1천만원	6천만원	1억 6천만원	4억 6천만원

↓

산출세액

※ (상속세 과세표준 × 세율) − 누진공제액

+

세대생략 할증과세액

※ 상속인이나 수유자가 피상속인의 자녀를 제외한 직계비속이면 그 해당세액에 30% 할증(단, 미성년자가 20억원을 초과하여 상속받는 경우 40% 할증)
 − 다만, 대습상속인 경우 제외

−

세액공제

※ 신고세액공제·증여세액공제·단기재상속세액공제·외국납부세액공제·문화재자료 징수유예세액

+

신고·납부 불성실 가산세 등

↓

분납·연부연납·물납

↓

납부할 상속세액

PART 2. 세금과 신탁

개요

상속세, 이제 남의 일이 아니다.
먼 훗날의 일이라고 게을리하면 언젠가는 후회할 것이다.

지난해 상속세 과세 2만 명 육박⋯3년 만에 2배↑ (대한경제, 2024.6.20. 기사)

상속세 과세대상이 2만 명에 육박하면서 3년 만에 2배 넘게 증가한 것으로 나타났다. 20일 국세청의 상속·증여세 통계에 따르면 지난해 상속세 과세대상 피상속인(사망자)은 1만 9,944명으로 전년(1만 5,760명)보다 4,000여 명 늘었다. 2020년 1만 181명을 기록한 이후 3년 만에 약 2배 가까이 늘어난 셈이다.

(단위: 명, 조원)

구분	2019년	2020년	2021년	2022년	2023년
피상속인	8,357	10,181	12,749	15,760	19,944
결정세액	2.8	4.2	4.9	19.3	12.3

국세청 제공

(중략) 상속재산가액 규모별로 보면 10억~20억원 구간대 신고인원이 7,849명(42.9%)으로 가장 많았다. 이들이 낸 세액은 6,000억원(9.2%), 1인당 평균 납부액은 7,448만원이었다. 상속재산가액 100억~500억원 구간은 세액이 2조 2000억원(34.1%)으로 가장 많았다. 이 구간의 신고인원은 428명으로 전체의 2.3%를 차지했다. 500억원이 넘는 상속재산가액을 신고한 상속인은 29명(0.16%)으로 이들이 낸 상속세는 9,000억원이었다. 1인당 평균 310억 2,000만원 수준이다.

재산 종류별 상속세 신고 현황을 보면 건물이 18조 5,000억원(47.6%), 토지가 8조 2,000억원(21.2%)으로 집계됐다. 상속재산 가액 중 건물 비중은 관련 통계가 발표되기 시작한 2017년 이후 가장 높았다. (후략)

재산승계의 정석

1 상속세 - '앞으로 고민해야 하는 세금'

> 이대로면 6년 뒤 '상속세 폭탄' 터진다…서울 아파트 80%가 '타깃' (매일경제, 2024-02-18)
>
> 〈중략〉 이대로면 6년 뒤 서울 아파트 가구 80%가 상속세 대상이 될 것으로 분석됐다. 주요국 최고 수준인 한국의 상속세율이 24년째 변동이 없는 가운데 국민들이 보유한 자산가격은 빠르게 올라가면서다. 〈이하 생략〉

상속세는 자연인이 사망했을 때 망자의 재산이 가족, 친족 등에게 무상이 전됨에 따라 발생하는 세금이다. 망자의 재산을 기준으로 세금을 계산한 뒤 상속재산을 받은 배우자, 자녀 등이 부담한다. 우리나라는 미국, 독일, 영국, 프랑스 등 선진국은 물론 개발도상국에 비해 상속세율이 월등히 높다(최저 10%~최고 50%). 여기까지는 상식일 수 있다.

그렇다면 상속세가 **현재** 서민들, 보통사람들에게 무서운 세금일까? '**아니다**' 2023년 기준 우리나라는 약 35만 명이 사망하였다. 그 중 6% 정도인 약 2만 명이 상속세를 납부하였다. 나머지 94%인 33만 명은 상속세를 부담하지 않았다. 그 이유인 즉, 망자에게 배우자가 있다면 망자의 재산 10억 원까지, 망자에게 배우자가 없다면 망자의 재산 5억 원까지는 일반적으로 상속세가 나오지 않는다. 이때 10억 원과 5억 원은 재산가액에서 부채를 뺀 순자산가액을 말한다.

그런데 상속세가 **미래** 서민들, 보통사람들에게 무서운 세금이 될까? '**그렇다**' 현재 우리나라의 주류는 1958년 개띠(현재 나이 66세)부터 1982년 개띠(현재 나이 42세)까지 이다. 왜냐하면 첫째, 1958년부터 1982년까지 한 해에 75만 명이 넘게 태어났기 때문이다(참고로 2023년에 태어난 사람은 약 23만 명이다). 둘째, 통상적으로 일생에 걸쳐 연소득이 가장 많은 시기가 40대 후반부터 50대 중반까지이고 이를 통해 축적한 재산이 가장 많은 시기는 60대이기 때문이다. 셋째, 이 세대의 상당수는 고등교육을 받았고 금융, 경제, 자산축적에 나름 일가견들이 있으며 똘똘한 1주택을 갖고 있다. 또는 다주택자일 수도 있고 이에 준하는 재산을 갖고 있는 사람들이 많다. 이 사람들이 향후 6년 뒤 차츰 차츰 사망하게 될 시기에는 현행 상속세법이 계속 유지될 경우 대부분의 사람들이 상속세를 걱정하게 될 것이다.

우리나라의 평범한 자식들은 부모에게 "아빠 엄마, 가지고 계신 재산이 어떻게 되요? 얼마 정도에요?"라고 물어보지 못한다. 불경스럽기도 하고 재산을 탐하는 것 같아 보일 수도 있기 때문이다. 뿐만 아니라 부모가 이런 질문을 자식들에게 받으면 열에 아홉은 속으로 "요녀석 봐라? 내 재산이 그리도 탐나더냐?"라고 생각할 것이다. 자식들 간에 재산분할을 원활히 하고 상속세 등을 미리 준비하고자 하는 차원에서 물어본다고 해도 별반 차이가 없을 것이다. 이런 관행과 문화가 개선되지 않는 한 상속재산과 관련하여 가족들끼리의 법적 다툼, 세금 납부 문제 등은 결코 해결되지 않을 것이다.

재산승계의 정석

◁ 2 상속세 문제 ①

> **與野 당적떠나 …당선인들 "상속세 완화"** (매일경제, 2024.05.15.)
>
> 〈중략〉매일경제는 지난 4·10 총선에서 승리한 여야 국회의원 당선인 100명을 대상으로 주요 정책 이슈와 입법 과제 등에 대해 의견을 묻는 설문조사를 실시했다. 응답자 100명 중 더불어민주당 소속은 60명, 국민의힘은 37명이었고 조국혁신당과 개혁신당 당선인도 참여했다.
> 〈중략〉15일 집계된 설문조사 결과에 따르면 응답자 중 절반에 가까운 48%가 '상속세 부담 완화'에 찬성한다고 답했다. 상속세 부담 완화를 추진 중인 국민의힘 당선인뿐 아니라 민주당 당선인 4명 중 1명도 상속세 완화가 필요하다고 답했다. 전체 민주당 답변자(60명) 중 23%가 상속세 완화에 부정적인 당론과 다른 의견을 낸 것이다. 현행 최고 60%에 이르는 상속세 부담을 완화해야 한다는 데 여야 당선인들이 일정 부분 공감하고 있다는 평가가 나온다.〈이하 생략〉

상속세는 피상속인인 망자의 상속재산가액에서 채무, 각종 공제액을 차감한 과세표준을 기준으로 세율 10%부터 50%까지 적용하는 5단계 누진과세 체계*이다. 재산가액이 높을수록 세금이 많아진다.

[상속세율과 누진공제액]

과세표준	1억원 이하	5억원 이하	10억원 이하	30억원 이하	30억원 초과
세율	10%	20%	30%	40%	50%
누진공제액	없음	1천만원	6천만원	1억 6천만원	4억 6천만원

우리나라 상속세는 상속인들에게 분할되기 전 망자의 재산총액을 기준으로 과세하는 유산세 방식이다. 일본의 상속세율도 우리나라만큼 높지만 일본은 망자의 재산이 각 상속인들에게 분할이 완료된 후 각 상속인별 재산가액을 기준으로 세금을 계산하는 유산취득세 방식이다.

유산세 방식과 유산취득세 방식의 장단점을 여기서는 비교하지 않겠다. 어떤 방식이 상속인들에게 유리한지 속단할 수 없기 때문이다. 어떤 방식이든 재산가액에서 차감하는 공제금액 한도 즉, 상속세 면제 한도를 어떻게 설정하느냐에 따라 유불리가 결정되기 때문이다. 예를 들어, 미국도 우리나라처럼 유산세 방식을 취하고 있지만 피상속인의 재산가액에서 최소 1,206만 달러(2022년 기준, 현재 원화 기준 약 160억 원)를 차감하여 상속세를 계산하기 때문에 기업가, 거액 자산가들만의 세금으로 인식되고 있다.

[OECD 국가별 상속세율(명목 최고세율)]

(단위 : %)

국가	상속세 명목 최고세율	배우자	자녀 (↓)	제3자
일본	55	0	55	55
우리나라	50	50	50	50
프랑스	60	0	45	60
독일	50	30	43	50
영국	40	0	40	40
미국	40	0	40	40
스페인	34	34	34	34
아일랜드	33	0	33	33
벨기에	80	30	30	80
칠레	35	25	25	35
네덜란드	40	20	20	40
핀란드	33	19	19	33
터키	30	15	15	30
덴마크	36	0	15	36
그리스	40	10	10	40
이탈리아	8	4	4	8
헝가리	18	0	0	18

* 자료 출처: OECD(2021년)
* 순서: 자녀 기준 명목 최고세율로 내림차순

어학사전에는 상속이라는 용어를 여러 가지로 정의하고 있는데 첫 번째가 바로 '뒤를 잇다' 이다. 윗세대에서 아랫세대로 재산이 이전되는 내리사랑이라고 할 수 있다. 그런데 우리나라의 상속세는 공제금액은 차이가 있으나

상속인이 동세대인 배우자이든, 아랫세대인 자녀이든, 전혀 관계없는 제3자이든 세율이 똑같다는 데에 있다.

예를 들어보자 피상속인인 남편을 평생 뒷바라지하고 간병한 배우자가 피상속인의 재산 100억 원을 상속받는다고 치자. 배우자 상속공제액 최대 30억 원을 차감해도 배우자는 최소 28억 원 정도의 상속세를 부담한다. 그 재산이 부동산이라면 상속취득세도 부담한다. 이후 배우자가 사망하면 자녀들이 또 상속세를 낸다.

반면, 황혼 이혼한 배우자는 법원 판결에 따라 다르겠지만 상대방 재산의 절반을 재산분할, 위자료 명목으로 가져가도 상속세, 증여세 등을 일체 부담하지 않는다. 5년 이상 혼인을 유지하고 이혼한 배우자는 상대방이 받았던 국민연금 중 분할연금으로 최대 절반 가량을 받을 수도 있다.

우리나라는 법적인 의무를 다한 사람에게 충분한 보상을 해주고 있지 않다. 민법 제974조는 직계혈족, 배우자, 생계를 같이하는 기타친족 사이에 부양의 의무를 명시하고 있다. 부모님을 평범하게 일상적으로 모시면 안 된다. 부모님을 아주 극진하게 특별히 모셔야 다른 법정상속인들보다 부모님의 상속재산을 조금 더 받을 수 있다(기여분).

교수, 학자, 세무당국이 발간한 세법 책에는 세금의 특징 중 하나가 '무보상성'이라고 한다. 무보상성이란 납세자가 세금을 납부해도 국가나 지방자치단체 등 과세권자는 납세자들에게 직접적으로 보상해주지 않는다는 것을 말한다. 그러나 그런 제도적 성격이 있다는 것을 세법을 공부한 사람 또는 세금과 관련된 일을 하는 사람들만 알지 보통의 국민들은 잘 모른다. 세금을 많이 낸 만큼 충분한 대우를 받고 싶어하는 것은 인지상정이 아닐까? 우리나라 상속세도 마찬가지의 문제가 있다. 충분한 보상은 커녕 이중과세의 문제점을 내포하고 있다.

예를 들어보자 피상속인인 망자가 납세의무를 충실히 이행한 사람이라고 치자. 피상속인은 개인사업을 하면서 소득세, 부가가치세, 종합부동산세, 재산세, 건강보험료 등을 충실히 납부했다고 가정하자. 심지어 5년 단위로 세무조사도 정기적으로 받았다고 생각해보자.

그렇다면 이 사람은 세금을 내고 남은 돈을 가지고 재산을 축적했을 것이다. 그런데 죽을 때 이 재산에 대해 최대 50%(대기업 최대주주의 주식에는 최대 60%)의 상속세를 뗀다. 그동안 성실히 납부한 세금에 대한 보상은 일체 받을 수 없다. 이런 구조이기 때문에 사업하는 사람들이 상속세가 높다고 하는 것이다. 탈세, 세금회피 등에 눈이 가는 것이다.

혹자는 이렇게 말한다. 잘 사는 사람들을 옹호하는 것 아니냐고 말이다. 그럴 때 딱 한 마디로 정리한다. **"세금이란 남이 내면 당연한 것, 내가 내면 억울한 것"**

◢3 상속세 문제 ②

1) 세법상 상속재산(상속세 과세가액)과 납부의무자

상속세 계산에 있어서 첫 단계이자 가장 중요한 것은 상속세로 부과될 망자의 재산이 총 얼마인지, 상속세 과세가액을 계산하는 일이다. 민법과 세법은 상속재산에 대한 의미가 다르다. 이것만 인지한 상태에서 상속세 과세가액은 세법상 총 상속세 재산가액부터 시작한다. 여기에 비과세, 과세가액 불산입액, 공과금, 장례비용, 채무를 차감한 뒤 사전증여재산을 더한다.

[상속세 과세가액 계산 프로세스]

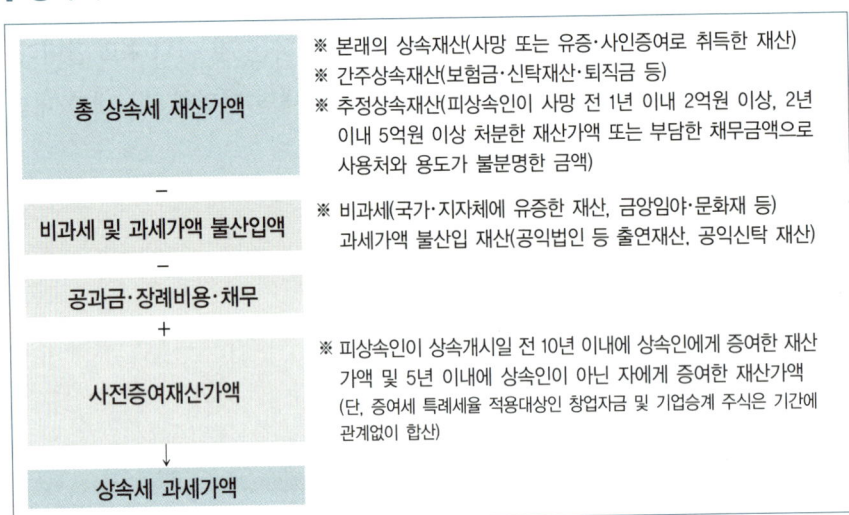

세부적으로 살펴보면 총 상속세 재산가액은 ① **본래의 상속재산(이하 본래상속재산)** 즉, 망자의 상속개시일 당시 망자가 소유한 재산인 ① **민법상 상속재산**과 ② 유언을 통해 증여한 재산인 **유증재산**, ③ 생전에 증여계약을 맺었지만 증여자의 사망으로 증여의 효력이 발생하는 **사인증여재산**, ④ 특별연고자에게 분여한 재산, ⑤ 망자가 위탁자인 유언대용신탁, 수익자연속신탁의 신탁재산을 포함한다.

> **상속세 및 증여세법 제2조(정의)** 이 법에서 사용하는 용어의 뜻은 다음과 같다.
> 1. "**상속**"이란 「**민법**」 **제5편에 따른 상속**을 말하며, 다음 각 목의 것을 포함한다.
>   가. **유증**(遺贈)
>   나. 「민법」 제562조에 따른 증여자의 사망으로 인하여 효력이 생길 증여(상속개시일 전 10년 이내에 피상속인이 상속인에게 진 증여채무 및 상속개시일 전 5년 이내에 피상속인이 상속인이 아닌 자에게 진 증여채무의 이행 중에 증여자가 사망한 경우의 그 증여를 포함한다. 이하 "**사인증여**"(死因贈與)라 한다)
>   다. 「민법」 제1057조의2에 따른 피상속인과 생계를 같이 하고 있던 자, 피상속인의 요양간호를 한 자 및 그 밖에 피상속인과 특별한 연고가 있던 자(이하 "**특별연고자**"라 한다)에 대한 **상속재산의 분여**(分與)
>   라. 「신탁법」 제59조에 따른 **유언대용신탁**(이하 "유언대용신탁"이라 한다)
>   마. 「신탁법」 제60조에 따른 **수익자연속신탁**(이하 "수익자연속신탁"이라 한다)

총 상속세 재산가액에 포함되는 **간주상속재산(의제상속재산)**이란 민법상 상속재산은 아니지만 상속재산으로 보는 재산을 말하는데 대표적으로 **보험금, 신탁**(피상속인이 신탁한 재산 또는 신탁의 이익을 받을 권리가 피상속인에게 있는 신탁), **퇴직금**을 말한다(상속세 및 증여세법 제8조~제10조).

총 상속세 재산가액에 포함되는 **추정상속재산**이란 피상속인이 **재산을 처분**(① 현금·예금·유가증권 처분 금액, ② 부동산, 부동산에 관한 권리의 처분 금액, ③ 기타 재산 처분 금액)한 금액과 **채무를 부담**(④ 차입금, 임대보증금, 담보대출금의 증가액 등)한 경우 발생할 수 있다. 재산 처분 금액과 채무 증가 금액이 상속개시일 전 1년 이내 2억 원 이상 또는 상속개시일 전 2년 이내 5억 원 이상으로써, 재산 처분 금액과 채무 증가 금액의 20%와 2억 원 중 적은 금액을 차감한 나머지 가액을 제대로 소명하지 못하는 경우 그 가액을 **추정상속재산**이라고 한다(상속세 및 증여세법 제15조).

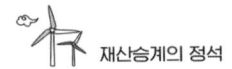

그리고 **사전증여재산**이란 ① 피상속인의 **상속개시일 전 10년 이내에 피상속인이 상속인에게 증여한 재산**과 ② **상속개시일 전 5년 이내에 피상속인이 상속인이 아닌 자에게 증여한 재산**을 말한다.

상속세 계산이 끝난 뒤 마지막 절차는 누가 얼만큼 상속세를 납부할 것인지이다. 우리나라의 상속세 납부의무자는 **상속인**과 **세법상 수유자**이다. 상속인은 민법상 선순위 상속인을 말한다. 세법상 수유자란 유증을 받은 자, 사인증여로 재산을 취득한 자, 특별연고자로서 상속재산을 분여받은 자, 유언대용신탁 또는 수익자연속신탁을 통해 수익권을 취득한 자를 말한다.

2) 세법상 상속인과 수유자 그리고 내연녀

왜 상속재산과 상속세 납부의무자에 대해서 장황하게 설명할까? 이유는 따로 있다. 신탁 및 세금전문가로 1,200명이 넘는 고객들과 상담을 진행한 바 있다. 고객들의 사정은 정말 가지각색이다. 예를 들어 상속인에게 증여한 재산뿐만 아니라 상속인이 아닌 사람에게 증여한 재산까지 있을 경우 복잡해진다. 이 중에서 이혼, 외도 등과 같은 상황과 이슈가 있을 때는 머리가 더 복잡해진다.

법적 배우자가 아닌 내연녀는 민법상 상속인이 아니다. 상속인 이외의 자다. 유증, 사인증여, 유언대용신탁 또는 수익자연속신탁을 통해 받았거나 받을 재산이 있는 경우가 아니면 내연녀는 세법상 수유자도 아니다.

만약, 피상속인이 상속개시일 이전 5년 이내에 내연녀에게 증여한 재산이 있다면, 이는 상속세 계산 시 사전증여재산으로서 상속재산에 포함된다. 그러나 내연녀가 피상속인으로부터 받은 재산이 증여재산만 있는 경우 내연녀는 상속인 또는 세법상 수유자가 아니므로 상속세 납부의무가 없다. 더 큰 문제는 살아생전 피상속인의 외도 등으로 인해 온갖 스트레스와 피해를 본 배우자나 상속인들이 상속세를 내게 되는 등 황당한 일이 벌어질 수도 있다.

내연녀에게 증여한 재산이 있다면 상속세에는 어떤 영향이 있을까?

내연녀는 상속인 이외의 자이다. 따라서 피상속인인 망자의 상속개시일(사망일) 이전 5년 이내에 내연녀에게 증여한 재산이 있다면 상속재산에 포함되어 상속세로 과세된다.

피상속인의 상속개시일 이전 5년 이내에 내연녀에게 증여한 재산에 대해 상속세를 정산하는 과정에서 추가로 상속세가 나오면 누가 내야 할까?

피상속인인 망자의 상속개시일 이전 5년 이내에 증여받은 재산만 있는 내연녀는 상속세 납부의무 및 연대납부의무도 없다. 따라서 법적 배우자 등 상속인들이 추가로 상속세를 내야 하는 것이다. 만약 내연녀가 상속세를 대신 내준다면 법적 배우자 또는 상속인들에게 증여세가 과세될 수 있다(서면4팀-3050, 2006.9.5.).

헌법재판소 2006.7.27. 2005헌가4, 헌법재판소 2002.10.31. 2002헌바43
(중략) 피상속인이 상속개시일 전 5년 이내에 상속인이 아닌 자에게 증여한 경우와 그 이전에 상속인이 아닌 자에게 증여한 경우 사이의 차별은 앞에서 살펴본 바와 같이 이 사건 법률조항의 입법목적 등에 비추어 합리적 근거에 따른 차별로서 이를 현저하게 비합리적이고 불공정한 조치이거나 차별적 과세라고 인정할 만한 사정도 없으므로, 이 사건 법률조항은 헌법상 평등권 내지 조세평등주의에 위반되지 않는다. (후략)

4 상속포기와 상속세

중소기업을 운영하고 있던 54세 A씨는 회사의 부도와 우울증으로 인해 1년 전 스스로 목숨을 거두었다. A씨에게는 배우자와 한 명의 자녀가 있었다. 배우자와 자녀는 A씨에게 빚이 많아 A씨가 사망하고 2개월 뒤 **법원에 상속포기를 신청**하였다. 그리고 상속세를 신고하지 않았다. 그런데 3개월 전 OO세무서에서는 배우자와 자녀에게 상속세 납부고지서를 보냈다. 어떻게 된 일일까?

1) 기본: 상속포기를 하더라도 상속세가 발생할 수 있는 사유(재산)

결론부터 말하자면 **민법상 상속포기는 민법상 상속재산에 대한 포기일 뿐**이다. 유증받은 재산, 사인증여재산, 유언대용신탁 또는 수익자연속신탁의 수익권, 사망보험금, 사전증여재산 등은 상속을 포기했다 하더라도 받을 수 있고, 이를 받은 바 있다면, 상속세를 납부해야 한다. 또한 피상속인 생전에 증여받은 사전증여재산이 있다면, 이에 대해서도 상속세를 납부해야 한다.

(1) A씨의 사망일을 기준으로 A씨로부터 배우자 또는 자녀가 10년 이내에 증여받은 **사전증여재산**이 있을 경우 상속세 납부의무가 발생할 수 있다[상속재산에 가산되는 상속인에게 증여한 재산 개념과 동일하게 보아 상속을 포기한 자가 받은 증여재산도 포함하는 것으로 해석함이 상당하다. : 대법원 2009.2.12. 선고 2004두10289 판결].

(2) A씨가 사망하기 전 처분한 재산(채무의 증가) 등의 사용처가 불분명하여 상속세 과세가액에 산입되는 **추정상속재산**이 있다면 상속세 납부의무가 발생할 수 있다[상속개시 전 처분재산 등의 사용처가 불분명하여 상속세 과세가액에 산입된 추정상속재산의 가액은 상속인 각자가 법정상속지분으로 상속받는 것으로 보아 납부할 세액을 계산하며, 상속인이 상속포기를 하였다 하더라도 사용처가 미입증된 금액은 상속받은 재산으로 보아 상속세를 과세할 수 있다. : 서면4팀-658, 2005.4.29.].

(3) 종신보험 등 보험계약에 있어서 보험료납부자 겸 피보험자인 A씨의 사망으로 배우자 또는 자녀가 **사망보험금**을 받을 경우 상속세 납부의무가 발생할 수 있다[상속을 포기한 자도 상속세 및 증여세법 시행령 제3조 제1항에서 규정한 각자가 받았거나 받을 재산의 비율에 따른 상속세 납부의무와 그 재산을 한도로 상속세를 연대하여 납부할 의무가 있으며, 이때 상속받은 재산에는 같은 법 제8조의 상속재산으로 보는 보험금을 포함하는 것임. : 서면-2019-상속증여-1034, 2019.5.28.].

(4) A씨가 배우자 또는 자녀에게 유언을 통해 **유증**한 경우, **사인증여**한 재산이 있는 경우를 비롯하여 A씨가 **유언대용신탁 또는 수익자연속신탁**을 설정하고 사후수익자(사후수익권)를 배우자 또는 자녀로 지정하였다면 상속세 납부의무가 발생할 수 있다. 만약, 상속세 납부의무를 지지 않으려면 **유증의 포기, 증여의 해제, 수익권 포기 절차**를 별도로 진행해야 한다.

2) 심화: 무작정 상속포기를 하면 상속세가 더 나올 수도 있다.

앞선 '1. 상속과 증여 파트'에서 민법상 상속순위를 살펴보았다. 예를 들어 할아버지는 일찍 사망하였고 할머니만 있다고 치자. 슬하에는 자녀 2명과 손자 1명, 손녀 1명이 있다. 만약 할머니가 유언 등을 하지 않고 사망할 때 민법상 선순위 상속인은 자녀 2명이 된다. 따라서 손자, 손녀는 원칙적으로 상속재산을 받을 수 없다.

단, 자녀 2명 모두 상속포기를 하면 할머니의 상속재산은 손자, 손녀에게 승계될 수 있다. 그러나 자녀의 상속포기로 손자, 손녀가 할머니의 재산을 상속받게 되면 상속세는 더욱 증가하게 된다.

상속세는 사망한 피상속인의 재산가액에서 상속공제금액을 차감하여 세금을 계산한다. 상속공제의 종류로는 피상속인이 국내 거주자인 경우 기초공제(2억 원), 기타인적공제, 일괄공제(기초공제와 기타인적공제를 합한 금액이 5억 원 미만일 때 5억 원), 배우자공제(최소 5억 원~최대 30억 원, 배우자의 법정상속분 한도), 순금융재산 상속공제(최대 2억 원), 동거주택 상속공제(최대 6억 원), 재해손실공제 등이 있다.

단, 상속공제는 민법상 상속순위에 따라 자연적으로 정해진 법정상속인(대습상속인 포함)이 상속재산을 받을 때 적용된다. 할머니가 사망하여 자녀 2명이 상속재산을 받거나, 할머니보다 먼저 자녀 2명이 모두 사망하여 대습상속인이자 법정상속인으로서 손자, 손녀가 재산을 받을 때만 각종 상속공제를 적용받을 수 있다. 그러나 유증, 상속포기 등 인위적인 방법으로 할머니의 상속재산 전부를 손자, 손녀가 승계받게 되면 상속세를 계산할 때 상속공제를 전혀 적용받을 수 없다.

할머니가 20억 원의 정기예금을 남기고 사망하여 자녀 2명이 받아간다고 치면 상속재산가액 20억 원에서 일괄공제 5억 원과 순금융재산 상속공제 2억 원을 차감한 13억 원에 대해 상속세 약 3억 6천만 원이 발생한다. 그러나 자녀 2명의 상속포기로 손자, 손녀가 재산을 받을 경우에는 일체의 상속공제를 적용받을 수 없으므로 20억 원에 대해 상속세 약 6억 4천만 원을 부담하게 된다.

앞으로 상속포기를 할 때는 법률전문가인 변호사뿐만 아니라 세무사 등 세금전문가들과 필히 상의하여 처리하기 바란다.

3) 기타: 한정승인과 세금

앞선 '1. 상속과 증여 파트'에서 한정승인에 대해 설명하였다. 요약해서 리뷰하면 한정승인이란 상속인 본인이 받게 되는 민법상 상속재산의 한도 내에서 피상속인의 채무를 변제하겠다는 것을 조건으로 하는 것이다. 피상속인의 사망을 안 날로부터 3개월 이내에 피상속인의 최후 주소지를 관할하는 가정법원(가정법원이 설치되어 있지 않다면 지방법원)에 한정승인을 신고해야 한다. 특히, 상속인이 여러 사람일 때 배우자 등 1인이 한정승인을 하고, 다른 상속인이 상속포기를 해야 선순위 상속인들의 상속포기로 인한 민법상 순위에 따른 법정상속인들의 연쇄적 부담을 막을 수 있다.

한정승인은 피상속인의 민법상 상속재산과 상속채무를 정확히 알지 못하거나, 특히 상속재산보다 상속재무가 많을 경우 법원에 신고하는 경우가 많다. 그런데 세법적으로 중요한 사항을 놓치는 경우가 있다.

한정승인 신고를 한 상속인은 상속채무를 변제하기 위해 상속받은 부동산 등을 팔아야 하는 경우가 생긴다. 이때 상속받은 부동산 등을 판 양도가액 전부를 상속채무변제에 사용해야 한다. 하지만 재산 양도에 따른 양도소득세 및 지방세, 필요 비용 등이 발생할 수도 있는데 이러한 세금과 비용은 상속인 본인의 고유재산으로 부담해야 한다.

예를 들어 상속채무가 20억 원, 상속채무변제를 위해 상속받은 부동산을 매각할 때 양도가액이 20억 원, 재산을 매각하면서 발생한 양도소득세 등 세금과 비용이 2억 원이라고 가정해 보자. 상속인은 양도가액 20억 원 전액을 상속채무변제에 사용해야 한다. 양도소득세 등 세금과 비용 2억 원은 상속인의 고유재산으로 납부해야 하는 것이다.

따라서 양도소득세가 발생하지 않게 하려면 피상속인의 상속개시일이 속한 달의 말일로부터 6개월 이내 즉 상속세 신고기한까지 상속받은 재산을 조기에 매각해야 한다. 그래야 양도소득세가 발생하지 않게 처리할 수 있다(상속세 신고기한 내에 재산을 양도하면 양도가액은 피상속인의 상속재산가액 및 상속인의 취득가액으로 평가된다. 따라서, 양도가액과 취득가액이 동일해져 양도차익이 발생하지 않는다).

앞으로 한정승인을 신고할 때는 법률전문가인 변호사뿐만 아니라 세무사 등 세금전문가들과 필히 상의하여 처리하기 바란다.

4) 상속포기와 유언대용신탁(수익자연속신탁)과의 관계

최근 유언대용신탁을 고민하거나 계약하는 사람들이 많아졌다. 그렇다면 과연 유언대용신탁을 체결한 위탁자가 사망하였을 때 신탁계약의 수익자(사후수익자)가 민법상 상속포기를 해도 신탁재산을 받아갈 수 있을까? 곱씹어 생각해 볼 문제다.

유언대용신탁은 기본적으로 우리나라 신탁법에 근거한다(신탁법 제59조). 위탁자 생전에는 본인을 위한 자산관리 및 신탁계약이 유지되지만, 위탁자가 사망하는 경우 신탁계약에 따라 사후수익자에게 신탁재산의 집행 및 소유권 이전 등이 이루어진다. 과거에는 신탁재산(원본수익, 이익수익)의 지급을 증여로 보아 증여세를 과세한 뒤 사전증여재산으로 상속재산에 합산하여 상속세를 계산했다. 그리고 이미 납부한 증여세를 차감하는 형태였다. 그러나 최근에 세법이 개정되었다. 요지는 유언대용신탁 및 수익자연속신탁에서 위탁자 사망시 사후수익자에게 지급하는 신탁재산(원본수익, 이익수익)에 대해서는 피상속인인 위탁자의 상속재산으로 보아 상속세가 바로 과세된다.

문제는 유언대용신탁에서 위탁자의 사망으로 사후수익자가 지급받는 신탁재산(원본수익, 이익수익)이 민법상 위탁자의 상속재산인지 수익자의 고유재산인지 아직 명확한 판례가 없는 상황이다. 다만, 유언대용신탁과 유사한 구조인 보험계약 판례 등을 통해 유추 적용해볼 뿐이다.

> 생명보험의 보험계약자가 스스로를 피보험자로 하면서, 수익자는 만기까지 자신이 생존할 경우에는 자기 자신이, 사망한 경우에는 '상속인'이라고만 지정하고 그 피보험자가 사망하여 보험사고가 발생한 경우, 보험금청구권은 상속인들의 고유재산으로 보아야 할 것이고, 이를 상속재산이라 할 수 없다(대법원 2000다31502, 2001.12.28.).
>
> 피보험자의 상속인이 받는 생명보험금은 보험계약에 따라 보험금수익자의 지위에서 받게 되는 것이므로 원칙적으로 상속재산이 아니라 상속인의 고유재산이라고 보아야 한다(대법원 2003다29463, 2004.7.9.).

판례는 피상속인은 보험계약자이자 피보험자이고, 상속인이 보험금수익자인 생명보험계약의 경우, 피상속인의 사망으로 상속인이 받는 보험금은 보험금수익자의 지위에서 받는 것이므로 피상속인의 상속재산이 아닌 보험수익자 즉 상속인의 고유재산이라고 보고 있다.

만약, 신탁계약이 보험계약과 같은 법리가 적용될 경우 사후수익자로 받은 신탁재산(원본수익, 이익수익)은 상속인의 고유재산으로 볼 수 있다. 따라서 상속인의 고유재산으로 볼 경우 상속인 입장에서는 신탁재산(원본수익, 이익수익)을 받더라도 상속포기 또는 한정승인이 가능할 것이다.

5 유류분과 상속세 그리고 신탁

1) 유류분의 개요

유류분은 앞선 '1. 상속과 증여 파트'에서 설명하였지만 **세법상 유의사항**과 함께 한번 더 기술하고자 한다.

재산 상속에 있어서 어떻게 보면 상속세보다 더욱 신경써야 할 것은 유류분일 수도 있다. 대법원 사법연감 자료에 따르면 망자의 재산을 전혀 받지 못했거나 조금 밖에 받지 못한 상속인이 망자의 재산을 더 많이 받아간 다른 상속인에게 자신의 법적 권리만큼 재산을 반환해달라고 법원에 청구하는 '유류분반환청구소송'의 접수 건수는 약 1,872건에 이른다고 한다(2022년 기준).

사유재산제도를 취하고 있는 우리나라에서는 피상속인인 망자가 살아생전에 본인의 재산을 자유롭게 처분하거나 유증할 수 있는 것이 원칙이다. 그러나 1977년 말에 개정되고 1979년부터 시행된 민법(제1112조~1118조)에서는 피상속인과 밀접한 관계가 있던 가족들의 생활 보장과 공평 등을 고려하여 망자의 법정상속인 중 유류분권리자에게 망자의 재산 중 일정 비율을 취득할 수 있도록 규정해 놓고 있다. 이를 유류분 또는 유류분권이라고 한다.

유류분을 단순하게 계산해보면 유류분 산정 기초재산에서 유류분 비율을 곱하여 계산한다. 유류분권리자는 유류분에 미치지 못한 부분, 즉 유류분 부족액*에 대해 상대방 또는 법원에 그 반환을 청구할 수 있다. 이를 '유류분반환청구'라고 한다. 유류분반환청구는 ① 반환하여야 할 증여 또는 유증한 사실을 안 때로부터 1년 이내, ② 피상속인의 상속이 개시된 때로부터 10년 이내에 해야하며 기간 경과 시 시효가 소멸한다.

[유류분 부족액 상세 계산 구조]

> 유류분 부족액 = [유류분 산정의 기초 재산액(A) × 당해 유류분권리자의 유류분의 비율(B) – 당해 유류분권리자의 특별수익액(C) – 당해 유류분권리자의 순상속분액(D)
> A = 적극적 상속재산 + 증여액 – 상속채무액
> B = 피상속인이 직계비속과 배우자는 그 법정상속분이 1/2 (직계존속; 법정상속분의 1/3)
> C = 당해 유류분권리자의 수증액 + 수유액
> D = 당해 유류분권리자가 상속에 의하여 얻는 재산액 – 상속채무 분담액

2) 유류분관련 최근 헌법재판소 결정(2024년 4월 25일)

앞서 '1. 상속과 증여 파트'에서도 설명하였지만 매우 중요한 사항으로 유류분관련 최근 헌법재판소의 결정을 다시 언급하고자 한다. 이 결정으로 인해 앞으로 많은 변화가 일어날 것으로 판단된다. 헌법재판소 결정 내용은 이하 4가지로 요약된다.

첫째, **유류분의 취지와 제도 자체는 합헌**(피상속인과 밀접한 관계가 있던 가족들의 생활 보장과 공평 등을 고려하여 망자의 법정상속인 중 유류분권리자에게 망자의 재산 중 일정 비율을 취득할 수 있도록 규정한 것)이다. 또한 **유류분 비율의 일률성도 합헌**(유류분 비율을 민법에서 일률적으로 정한 부분은 재판 비용 증가 등 사회적 혼란을 막고자 필요)이다.

둘째, 민법에 따르면 유류분권리자는 배우자, 자녀 등(직계비속), 부모 등(직계존속), **형제자매**였다. 그런데 '**형제자매의 유류분 규정은 위헌**(법정상속분의 3분의 1, 피상속인 망자의 상속재산 형성에 기여 등이 인정되지 않음)'으로 판단하였다. 예를 들어 부모를 일찍 여의고 배우자와 자식도 A씨였다. A씨는 B, C, D라는 형제자매가 있었으나 왕래와 교류가 없었다. 그래서 A씨는 본인 재산 모두를 유언 또는 유언대용신탁을 통해 사회복지단체(갑)에 기부하기로 하고 사망하였다. 헌법재판소 결정 이전의 경우 A씨의

형제자매인 B, C, D는 유류분권리자로서 사회복지단체(갑)을 상대로 유류분반환청구를 진행할 수 있었다. 그러나 이번 헌법재판소 결정으로 인해 B, C, D는 더이상 유류분권리자가 아니므로 사회복지단체(갑)를 상대로 유류분반환청구를 할 수 없다.

셋째, 상속에는 상속결격제도가 있다. 그런데 현행 민법에서는 유류분관련 유류분 결격(상실)제도는 두고 있지 않고 있다. 헌법재판소는 **유류분 결격(상실)제도를 두고 있지 않는 점에 대해 헌법불합치 결정**(패륜적 행위를 일삼은 상속인에 대한 유류분 인정은 국민의 법 감정에 위배됨)을 내렸다. 이에 따라 국회 등 관계 부처는 2025년 말까지 해당 민법 조항을 개정해야 한다.

넷째, 피상속인을 위해 특별히 부양하거나 장기간 간병하는 등 **특별히 봉양을 한 상속인**과 **피상속인의 재산 형성에 특별히 기여한 상속인**에게 우리 민법에서는 '기여분'이라고 해서 법정상속분 보다 많은 재산을 받아갈 수 있게 하고 있다. 그런데 **현행 민법에서는 유류분 권리를 계산할 때 기여분을 고려하지 않는다.** 헌법재판소는 **유류분 권리 계산에 있어서 기여분을 고려하지 않은 현행 민법에 대해 헌법불합치 결정**(피상속인을 오랜 기간 부양하거나 재산 형성에 기여한 상속인의 권리 보장이 충분치 않음)을 내렸다. 이에 따라 국회 등 관계 부처는 2025년 말까지 해당 민법 조항을 개정해야 한다.

[유류분관련 최근 헌법재판소 결정 내용 요약]

구분	헌재 결정	헌법재판소 결정문 중에서
유류분 제도의 취지 및 유류분권리자와 유류분 비율을 일률적으로 정한 조항	합헌	"유류분을 정하기 위한 재판 비용 증가 등 사회 혼란을 막고자 필요하다"
형제자매; 유류분권리자, 유류분 비율 조항	위헌	"피상속인의 상속재산 형성에 대한 기여 등이 인정되지 않는다"
유류분권리자의 결격(상실)사유를 규정하지 않는 부분	헌법불합치	"패륜적 행위를 일삼은 상속인에 대한 유류분 인정은 국민 법 감정에 반한다"
유류분 권리계산: 기여분에 대한 고려 등 규정에 없는 부분	헌법불합치	"피상속인을 오랜 기간 (특별히)부양하거나 피상속인의 재산 형성에 (특별히)기여한 상속인의 권리 보장이 충분치 않다"

* 현행 유류분 관련 민법 조항: 제1112조 ~ 제1118조

3) 사전증여재산관련 세법(상속재산)과 민법(유류분 산정 기초재산)의 차이

유류분 부족액 계산에 있어서 '유류분 산정 기초재산액'이 매우 중요하다. 유류분 산정 기초재산액은 ① 피상속인이 상속개시시점에 가지고 있던 재산의 가액(유증, 사인증여재산 포함)과 ② 특별수익*으로 인정되는 사전증여재산의 가액을 더하고 ③ 상속채무를 차감하여 계산한다.

> *특별수익: 피상속인으로부터 생전에 증여받은 사실이 있거나 유증을 받은 사실이 있다면 가족들의 형평성을 고려하여 그 재산이 상속인에게 가야할 상속재산의 일부를 미리 준 것으로 보는 것

특히, **특별수익으로 보는 사전증여재산**관련 상속세 계산시 **세법**과 유류분 산정 기초재산 계산시 **민법**은 '**포함 기간과 가액 평가에 차이**'가 있다. 세법상 상속재산에는 피상속인이 상속인에게 증여한 재산 중 상속개시일 전

10년 이내의 증여재산만 포함시키고, 세법상 상속재산에 사전증여재산이 포함되더라도 증여재산의 가액은 증여시점의 시가를 적용한다. 그러나 민법상 유류분 산정 기초재산에는 피상속인이 상속인에게 증여한 재산 중 1979년 해당 법 시행 이후 증여한 특별수익 모두를 포함시킨다. 특히, 민법상 유류분 산정 기초재산에 사전증여재산이 포함되는 경우 사전증여재산의 가액은 피상속인의 상속개시일의 시가로 재평가한다.

대법원 2021.7.15. 선고 2016다210498 판결 [공동상속인의 사전증여재산]
공동상속 중에 피상속인으로부터 재산의 생전 증여로 민법 제1008조의 특별수익을 받은 사람이 있으면 민법 제1114조가 적용되지 않으므로, 그 증여가 **상속개시 1년 이전의 것인지 여부 또는 당사자 쌍방이 유류분권리자에 손해를 가할 것을 알고서 하였는지 여부와 관계없이 증여를 받은 재산이 유류분 산정을 위한 기초재산에 산입**된다.

대법원 2015.11.12. 선고 2010다104768 판결 [유류분 반환]
유류분반환의 범위는 상속개시 **당시 피상속인의 순재산과 문제된 증여재산을 합한 재산**을 평가하여 그 재산액에 유류분청구권자의 유류분비율을 곱하여 얻은 유류분액을 기준으로 산정하는데, **증여받은 재산의 시가는 상속개시 당시를 기준으로 하여 산정**하여야 한다.

[세법의 상속재산 vs 민법의 유류분 산정 기초재산]

구분	세법(상속재산)	민법(유류분 산정 기초재산)
상속(유류분 산정) 재산가액 계산식	피상속인의 본래 재산 + 간주상속재산 　(보험금, 퇴직금, 신탁) + 사전증여재산 　(10년 이내, 5년 이내) + 추정상속재산 − 채무 등	피상속인 명의의 재산 + 사전증여재산(특별수익) 　('79년부터 증여분, 1년 이내) − 채무
사전증여재산 (특별수익) 포함 기간	① 상속인에게 증여: 사망일 前 10년 이내 ② 이외 증여: 사망일 前 5년 이내	① 상속인에게 증여: 기한 없이 모두 포함(1979년부터 증여분) ② 이외 증여: 사망일 前 1년 이내 　(단, 증여자 및 수증자가 유류분 권리자의 권리침해를 알지 못했을 것)
사전증여재산의 가액 및 평가일	'증여시점'의 시가 (시가가 없다면 상속세 및 증여세법의 보충적 평가액 적용)	'사망시점'의 시가 • 사전증여된 '현금' 평가 예시: 증여 당시부터 상속개시일까지 물가변동률을 반영하여 계산

* 사전증여재산 : 민법상 특별수익으로 가정

따라서, 배우자, 자녀 등 가족들에게 생전에 증여할 때는 세금뿐만 아니라 유류분을 함께 고려해야 하고, 적절한 비율로 배분해야 할 것이다.

4) 유류분반환청구소송의 확정판결 이후 세금 이슈

유류분반환청구소송관련 확정판결 시 재산을 반환하는 사람(이하, 유류분반환의무자) 입장에서 이미 납부한 상속세 및 증여세 문제, 재산을 반환받는 사람(이하, 유류분권리자) 입장에서의 소득세 이슈를 살펴보고자 한다.

유증 또는 증여를 통해 피상속인의 재산을 이미 받은 유류분반환의무자는 피상속인의 상속개시일이 속하는 달의 말일부터 6개월 이내에 상속세를 신고 및 납부했을 것이다. 이후 법원의 유류분반환청구소송의 확정판결이 나오는 경우 유류분반환의무자는 유류분권리자에게 재산을 반환하게 되는데 이때 유류분반환의무자가 법원의 확정판결 전 납부한 상속세는 어떻게 되는 것일까?

첫 번째, 유류분반환의무자는 유류분권리자에게 재산을 반환할 때 미리 납부한 상속세를 차감(정산)하여 지급하고 싶을 것이다. 그러나 **서울고등법원은 유류분을 반환할 때 상속세를 정산할 수 없다**고 판단했다[유류분권리자가 반환의무자를 상대로 유류분반환청구권을 행사하는 경우 그의 유류분을 침해하는 증여 또는 유증은 소급적으로 효력을 상실, 유류분반환청구 사건에 관한 민사판결이 확정되어 이를 토대로 피상속인의 상속재산이 다시 구성되는 과정에서 상속세 과세표준 자체가 변경될 가능성이 있는 점, 반환의무자에게 상속세 및 증여세법 제79조 제1항 제1호* 및 같은 법 시행령 제81조 제2항*에 따라 유류분반환청구소송의 확정판결이 있는 날부터 6월 이내에 상속세 경정을 청구할 수 있는 점, 나아가 납세자가 경정청구를 할 수 있는 경우라 하더라도 그 경정청구에 의하여 곧바로 당초의 신고나 부과처분으로 인한 납세의무에 변동을 가져오는 것은 아니고, 과세관청이 이를 받아들여 과세표준 또는 납부세액에 관하여 경정처분을 하여야만 그로 인한 납세의무 확정의 효력이 생기게 되므로 (중략) 유류분반환청구가 인용됨에 따라 과세관청에 납부하여야 하는 상속세가 피고 주장과 같은 금액이라고 단정할 수 없는 점 등에 비추어 보면, **피고가 주장하는 사정만으로는 이 사건 유류분반환청구와 관련하여 상속세에 관한 구체적인 구상금 청구권이 성립하였다고 볼 수 없다**(서울고등법원 2023.5.18. 판결 2023나2002112)].

> **상속세 및 증여세법 제79조(경정 등의 청구 특례)**
> ① 제67조에 따라 상속세 과세표준 및 세액을 신고한 자 또는 제76조에 따라 상속세 과세표준 및 세액의 결정 또는 경정을 받은 자에게 다음 각 호의 어느 하나에 해당하는 사유가 발생한 경우에는 그 **사유가 발생한 날부터 6개월 이내**에 대통령령으로 정하는 바에 따라 결정이나 경정을 청구할 수 있다.
> 1. 상속재산에 대한 **상속회복청구소송 등 대통령령으로 정하는 사유**로 상속개시일 현재 상속인 간에 상속재산가액이 변동된 경우 (후략)

> **상속세 및 증여세법 시행령 제81조(경정청구등의 인정사유 등)**
> ① (생략)
> ② 법 제79조 제1항 제1호에서 "상속회복청구소송 등 대통령령으로 정하는 사유"란 피상속인 또는 상속인과 그 외의 제3자와의 분쟁으로 인한 **상속회복청구소송 또는 유류분반환청구소송의 확정판결이 있는 경우**를 말한다.

두 번째, 유류분반환의무자가 **기한 요건을 지켜 상속세에 대한 경정청구를 할 경우 상속세를 돌려받을 가능성이 있다**[피상속인으로부터 유증을 받아 재산을 취득한 자가 민법상 유류분 규정에 따라 법원의 판결에 의하여 당해 상속재산 중 일부를 법정상속인에게 반환하는 경우 상속세 및 증여세법 제79조 및 동법 시행령 제81조에 의하여 **확정판결이 있는 날로부터 6월 이내에 상속세 경정을 청구**할 수 있으며, 세무서장은 법정상속인(유류분권리자)이 당해 상속재산을 반환받은 사실이 확인되는 경우 그에 따라 상속세를 경정함(재삼 46014-2300, '98.11.26.)].

그런데 왜 가능성이 있다고만 이야기한 것일까? 상속세는 상속인 본인이 받은 상속재산의 한도 내에서 다른 상속인이 부담해야 할 상속세를 연대하여 대신 납부할 수 있다. 대신 납부했다고 해서 증여의 문제가 발생하는 것이 아니다. 이를 상속세 연대납부의무라고 한다.

만약 연대납부의무로 인해 **유류분권리자에게 부과된 상속세를 유류분반환의무자가 본인에게 부과된 상속세와 함께 납부**하였다면 이는 유류분권리자들을 대신하여 유류분반환의무자가 상속세를 연대납부한 것으로 볼 수 있다. 따라서, **유류분반환청구소송의 확정판결로 인해 유류분반환의무자가 유류분권리자에게 재산을 반환한다고 하더라도 상속세 총세액의 변화가 없다면 상속세 연대납부의무로 인해 유류분반환의무자가 경정청구를 해도 실익이 없을 수 있다.** 세무당국은 상속세 총세액에 변동이 없다면 상속세를 환급할 수 없다는 유권해석을 하고 있다[서면-2016-상속증여-5559(상속증여세과-506), 재산세과-1467, 2009.07.17.]. (유류분반환의무자 측면에서 억울한 측면이 있으나) 유류분 반환에 따라 **유류분반환의무자는 유류분권리자에게 구상권을 청구하여 세금을 돌려받아야 할 것**이다(국세기본법 제25조의2, 민법 제425조 제1항).

세 번째, 사전증여재산을 받은 수증자가 유류분반환청구소송 확정판결 시 증여받은 재산을 유류분권리자에게 반환하게 되면 세법상 어떻게 될까? **해당 증여는 소급하여 증여가 없었던 것으로 본다**[피상속인의 증여에 따라 재산을 증여받은 자가 「민법」 제1115조에 따라 증여받은 재산을 유류분권리자에게 반환한 경우 반환한 재산가액은 반환받은 상속인이 상속받은 것으로 보는 것임(서면-2019-상속증여-2591[상속증여세과-501]), 피상속인의 증여에 의하여 재산을 **증여받은 자가 「민법」 제1115조의 규정에 의하여 증여받은 재산을 유류분권리자에게 반환하는 경우 그 반환한 재산가액은 당초부터 증여가 없었던 것으로 보는 것**(서면인터넷방문상담4팀-1686, 2006.06.12.)].

반면, **유류분권리자에게도 소득세 문제가 발생할 수 있다.** 만약 피상속인의 증여에 의하여 재산을 수증받은 자(유류분반환의무자)가 유류분반환청구소송의 확정판결로 인해 증여받은 재산을 금전으로 환가하여 유류분권리자에게 반환하면 유류분권리자는 양도소득세를 부담해야 한다[재산세과-1009, 2009.05.21.].

좀 더 구체적으로 살펴보면 유류분반환의무자는 증여받은 재산(예: 부동산)인 원물(예: 부동산)로 유류분권리자에게 반환해야하고, 원물반환이 불가능할 때 가액(예: 현금)으로 반환할 수 있다. 다만, 쌍방이 가액으로 반환하기로 협의한 경우 가액반환이 가능한데 이때 협의에 의하여 가액반환이 이루어진 경우 그 법적인 의미는 원상회복이 아니라 유류분권리자가 반환받을 재산을 유류분반환의무자에게 양도하고 그 대가로서 반환받은 것으로 본다. 따라서 이는 소득세법에 의거하여 양도소득세가 과세된다. 이 경우 양도소득세를 계산함에 있어 취득시기는 상속개시일이 되고, 양도시기는 유류분 재산의 현금지급일(가액반환일)이 되는 것이며, 양도소득세 납세의무자는 유류분권리자가 되는 것이다[재일46014-1361, 1994.05.20.].

5) 유류분을 감안한 유언대용신탁의 설계

> 나는 80세 남성으로 1988년에 첫 번째 부인(이하, 전처)과 이혼하였다. 전처 사이에는 두 명의 딸이 있다. 1994년 두 번째 부인(이하, 배우자)과 재혼하였고 배우자 사이에는 아들이 한 명 있다. 재혼한 이후에도 배우자와 두 딸들은 최근까지 관계가 나쁘지 않았다.
>
> 나는 1년 전에 가족들과 상의하지 않고 내가 갖고 있던 서울시 소재 상가(시가 30억원, 부속토지 포함, 이하 증여재산)를 배우자에게 증여하였다. 이 사실을 3개월 전에 알게 된 두 딸들은 불만을 갖게 되었고 나의 **나머지 재산 60억원(정기예금 20억원, 서울시 소재 아파트 시가 30억원, 부산시 소재 토지 시가 10억원)**을 지금 당장 증여해 달라고 요구하고 있다. 내가 살아있을 때까지는 두 딸들의 요구를 거절하거나 묵과할 수 있으나 내가 죽고 나면 가족 간의 불화가 생겨 법정소송이 이어질 수도 있을 것 같아 걱정된다. 가족들끼리 법적 다툼만큼은 최대한 피하고 싶다.

먼저 이번에 배우자에게 증여한 상가 외에는 사전증여재산(특별수익)이 없다고 가정하겠다.

유언대용신탁 설계 구조는 이렇게 된다. ① 질문자는 신탁회사 등 수탁자와 신탁을 설정하고 위탁자 겸 수익자가 된다. ② 신탁재산은 정기예금(20억 원), 서울시 소재 아파트(30억 원), 부산시 소재 토지(10억 원)이다. ③ 각 법정상속인(유류분권리자)의 유류분을 감안하여 위탁자인 질문자 사망 시 사후수익자를 두 딸과 아들로 지정한다. ④ 위탁자 사망 시 두 딸들에게는 각각 정기예금과 부산시 소재 토지를 가져갈 수 있도록 하고, 아들에게는 서울시 소재 아파트를 받을 수 있게 한다. ⑤ 이렇게 하면 유류분권리자의 권리침

해, 즉 유류분 부족액이 발생하지 않도록 설계할 수 있다. 단, 여기까지는 유언공증 등 유언장을 통해서도 가능하다.

[유류분을 감안한 유언대용신탁 설계 예시]

유류분 산정 기초재산가액	법정 상속인 (법정상속비율)	법정 상속분	유류분 권리 (법정상속분의 2분의 1)	유언대용신탁 설계 예시 (신탁재산 및 사후수익권 비율)	비고
90억원 (증여재산 30억원, 정기예금 20억원, 부산시 소재 토지 10억원, 서울시 소재 아파트 30억원)	배우자 (재산의 3분의 1)	30억원	15억원	- (증여재산 수령)	① 현재 기준 유류분 부족액 미발생 ② 단, 재산가액 변동에 따른 신탁재산 또는 사후수익권 비율 조정 필요
	맏딸 (재산의 9분의 2)	20억원	10억원	15억원 수준 * 정기예금의 50% : 10억원 * 부산시 소재 토지 50% : 5억원	
	작은딸 (재산의 9분의 2)	20억원	10억원	15억원 수준 * 정기예금의 50% : 10억원 * 부산시 소재 토지 50% : 5억원	
	막내아들 (재산의 9분의 2)	20억원	10억원	30억원 수준 * 서울시 소재 아파트 100% : 30억원	

* 신탁회사: 유류분을 고려한 신탁 설계 시 법무법인 등의 자문 및 법률 검토를 받고 진행함

그런데, 앞서 살펴 본 바와 같이 **유류분 산정 기초재산의 가액 평가는 '위탁자 또는 유언자의 사망시점에 가액'으로 평가**한다. 즉, 신탁 설정 또는 유언장 작성 이후 위탁자 또는 유언자가 사망할 때까지 재산가액은 수시로 변동한다. 따라서 정기적으로 유류분에 맞게 수익권 비율, 유증 비율을 검토하고 재조정해야 한다.

유언대용신탁은 위탁자와 신탁회사 등 수탁자 간의 합의를 통한 계약 변경 또는 신탁원부 변경만으로 언제든지 사후수익자의 수익권 비율을 유연하게 바꿀 수 있다. 신탁재산을 변경하거나 추가하는 데도 큰 어려움이 없다. 이 점이 유언공증 등 유언장 대비 유언대용신탁의 장점이며, 유류분을 고려한 유언대용신탁의 설계이다.

6) 에필로그: 이 세상에서 가장 무서운 말 '법대로 하자'

저자가 생각하는 가장 무서운 말 중 하나는 '법대로 하자!'이다. 문구만 보면 이성적이고 합리적인 판단인 것 같지만 이 말 속엔 배우자, 부모, 형제, 가족을 막론하고 앞으로 더이상 절대 보지 않겠다는 손절의 의미가 담겨 있다.

유류분반환청구소송이 일어나면 누군가는 법적으로 승리할 것이다. 그러나 가족관계는 파탄에 이를 것이다. 소송이 진행되는 동안 원고든 피고이든 힘들고 지치게 된다. 승소하더라도 예상했던 반환액보다 적게 반환받는 경우가 흔하고, 변호사 비용, 추가적인 상속세 부담 등을 고려하면 실익이 없는 경우도 종종 있다.

따라서, 유류분반환청구소송을 진행하려고 할 때는 변호사뿐만 아니라 여러 전문가들과 논의하고 종합적으로 검토한 뒤, 마음 단단히 먹고, 최종적으로 '법대로 하는 것'이 순리일 것이다.

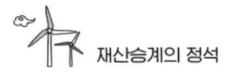

6 상속재산분할과 상속세

유언에 의해 분할방법이 지정된 경우를 제외하고 상속인들(공동상속인)은 피상속인의 상속재산에 대해 언제든지 협의에 의하여 그 재산을 분할할 수 있다. 이를 협의분할이라고 한다. 협의분할은 '공동상속인 전원이 참여하여 협의해야 하고, 공동상속인 전원이 동의'해야 한다. 따라서 공동상속인 중 일부의 동의가 없거나, 대리권 행사 등 절차상의 흠결이 있으면 협의분할은 무효가 된다.

공동상속인들 사이에 원만하게 협의분할이 이뤄지면 좋겠지만 그렇지 않을 경우 상속인들은 가정법원에 그 심판을 구해야 한다. 이를 심판분할이라고 한다. 대법원 사법연감 자료에 따르면 여러 명의 가족들이 망자의 재산을 각자 나눠 갖는 데에 있어서 서로 협의하지 못해 가정법원에 심판을 구하는 '상속재산분할 심판청구 건수'는 2022년 기준 2,776건에 달한다고 한다.

상속세는 상속인들 사이에 **연대납부의무**가 있다는 점을 인식하고, 이하의 **사례를 통해 상속재산분할이 왜 중요한지, 상속재산분할의 과정 및 그 결과가 상속세에 어떤 영향을 미치는지 알아보자**.

A씨는 2015년 3월에 사망한 망자(이하 "피상속인")의 4남매 중 장남이다. A씨는 2015년 9월까지 피상속인의 상속재산에 대한 상속세를 신고 및 납부하였다. 이후 2016년 1월 세무당국은 상속세 신고가 누락된 일부 상속재산에 대한 미납부세액, 납부불성실가산세 등을 포함하여 총 상속세를 결정 및 고지하였다. A씨는 2016년 2월 체납가산금 등을 포함하여 상속세를 전부 납부하였다.

이와는 별개로 A씨는 동생(B, C, D)들과 피상속인의 상속재산에 대해 상속재산분할 및 기여분결정 청구소송을 진행하고 있었고 2018년 11월 대법원은 A씨에게 상속지분이 없는 것으로 판결하였다(A씨가 피상속인으로부터 사전에 증여받은 특별수익이 법정상속분을 초과). 해당 대법원 판결이 있자 2019년 5월 A씨는 본인이 납부한 상속세를 돌려달라고 세무당국(이하, 처분청)을 상대로 경정청구를 진행하였다. 그러나 처분청은 A씨가 납부한 상속세는 경정청구 대상이 아닌 것으로 보아 2019년 7월 A씨에게 경정청구 거부통지를 하였다. 그러자 A씨는 조세심판원에 심판청구를 하였다.

A씨의 주장은 이랬다. '상속세를 납부한다는 것은 상속받은 재산가액이 있을 때 납부하는 것이지 그것이 유류분반환청구 소송인지, 상속재산분할 청구 소송인지, 협의상속인지 등 그 방법은 중요하지 않고 상속인별 상속재산가액이 변경되었기에 환급되어야 한다. 또한 본인은 상속받은 재산이 없어 상속세 연대납부의무자에 해당하지 않는다. 상속세 및 증여세법에서 상속세 연대납부의무는 상속으로 얻은 재산의 범위 내에서 상속세 납세의무가 있는데, 본인은 피상속인의 사망으로 인하여 본인이 받은 상속재산가액은 전혀 없다. 상속세 연대납부의무는 상속인 또는 수유자 각자가 받았거나 받을 재산을 한도로 연대하여 납부할 의무를 지는 것이므로 본인은 상속인도 수유자도 아니므로 연대납부의무자에 해당하지 않기에 처분청의 경정청구 거부는 부당하다.'

결국 조세심판원의 판단은 A씨의 심판청구를 기각했다. '(중략) 상속세 및 증여세법 제79조 제1항 제1호 및 같은 법 시행령 제81조 제2항은 (중략) **상속회복청구소송 또는 유류분반환청구소송의 확정판결이 있는 경우에는 그 사유가 발생한 날부터 6개월 이내에 결정이나 경정을 청구할 수 있다**고 규정하고 있는바, **청구인 A씨의 상속세 신고에 대해 처분청은 법정상속비율에 따라 상속세를 연대하여 고지하였고, 청구인 A씨는 동생들과 연대하여 상속세를 납부**하였으며, 해당 소송으로 인해 상속재산 총액이 변경되었

거나 상속세 과세표준 및 세액이 변동된 사실이 없는 점, **청구인 A씨와 동생들의 상속재산분할 청구 및 기여분 결정 청구 소송 결과, 청구인 A씨와 동생들은 각각 피상속인의 재산에 대하여 상속개시일 현재 상속인의 지위가 변경되거나 법정상속지분이 변경된 것이 아닌 점** 등에 비추어 청구인 A씨의 주장은 상속세 및 증여세법에서 정하는 경정청구 사유인 상속회복청구소송 또는 유류분반환청구 소송에 해당하지 아니하므로 처분청이 청구인 A씨의 상속세 경정청구를 거부한 처분은 달리 잘못이 없는 것으로 판단된다(조심 2020전1304 2020.12.14.).'

위 심판사례는 공동상속인들 사이에 상속재산분할 과정의 중요성을 일깨워 주는 대표적인 케이스이다.

7 손주를 위한 유학비 및 생활비 그리고 상속세

1) 노노상속이란

우리나라는 초고령사회의 문턱에 있다. 인구 고령화가 사회 여러 분야에 영향을 미치고 있는데 상속도 예외가 아니다. 이른바 노노상속(老老相續)이라는 것인데 80~90대의 노부모가 사망하게 되면 부모로부터 재산을 물려받는 자녀도 60~70대의 시니어라는 뜻이다.

우리나라보다 초고령사회에 먼저 진입한 일본에선 20여년 전부터 노노상속이 사회 문제로 떠올랐고 현재진행형이다. 2018년 기준, 일본에서 한 해에 사망한 사람 중 80세 이상의 비중은 71.1%였다. 이때 피상속인의 자녀는 60대 전후가 대부분이었다. 즉 자녀도 은퇴하였거나 은퇴 이후의 삶을 준비하는 시기다. 젊었을 때처럼 소비하거나 공격적으로 투자하기보다는 보수적으로 재산을 관리한다. 이처럼 경제 활동을 왕성하게 하는 세대에게 돈과 재산이 상속되지 않다 보니, 경제나 사회가 활력이 생겨나지 않는다.

2) 손주들에게 증여할 때 유의해야 할 사항

이런 상황 때문인지는 몰라도 최근 우리나라의 자산가들은 자녀 말고 손주들에게 재산을 증여하거나 상속하려는 경향이 강해지고 있다. 손주들에게 재산을 이전하라는 광고나 마케팅도 늘어나고 있다. 허나 세법상 유의해야 할 점들이 있다. 구체적인 사례를 통해 살펴보자.

> 나는 눈에 넣어도 아프지 않는 손자, 손녀가 있다(나는 아들이 한 명 있는데 소득이 많지 않다). 손자녀들을 금년 하반기에 미국에 유학을 보내려고 한다. 문제는 학비와 생활비, 교통비, 항공료 등 많은 돈이 필요하다. 외국환은행에 문의한 바 연간 유학 경비는 10만 달러 범위 내에서 환전 및 송금이 가능하다고 한다. 그래서 약 5년 동안 연(年) 10만 달러씩을 송금해주려고 하는데 세금이 나올까?

상속세 및 증여세법 제46조 제5호에 따라 **사회통념상 인정되는 이재구호 금품, 치료비, 피부양자의 생활비, 교육비, 그 밖에 이와 유사한 것으로서 대통령령으로 정하는 것은 증여세를 과세하지 않는다.**

그러나 **부양의무가 없는 조부모가 손자녀의 유학비 또는 생활비를 부담하는 경우 유학비 및 생활비를 받은 손자녀는 타인의 증여에 의하여 재산을 취득한 자이자 증여세를 납부할 의무가 있다.** 즉, 상속세 및 증여세법 제46조 제5호에서 규정하고 있는 **비과세되는 증여재산에 해당되지 않는 것**이다 (재산세과-292, 2011.06.17., 재산세과-952, 2010.12.15.).

만약, 아들 등 자녀가 조부모보다 먼저 사망하여 손자녀들의 부양의무를 조부모가 이행해야 하는 경우 유학비와 생활비는 비과세가 될까? 그것은 따져봐야 하는 부분이다. 일반적으로 조부모가 손자녀를 부양할 의무가 있다면 사회통념상 인정되는 피부양자의 유학비 또는 생활비는 증여세가 비과세된다. 다만 '**사회통념상 인정되는**' 이라는 단서가 있으므로 지나치게 많은 **거액의 유학비 등은 증여세 과세대상이 될 수도 있다.**

이는 조부모의 상속세에도 영향을 미친다. 세무당국은 상속세 조사 등을 통해 피상속인의 계좌에서 해외로 송금된 내역들을 면밀히 살펴보고 있다. 예를 들어 과세당국은 피상속인인 조부모의 10년~15년치의 금융거래내역을 조사하여 손자녀의 해외 유학비 및 체류비 명목으로 송금이 이뤄진 사실을 발견한 뒤 부양의무 관계를 확인한다. 과세당국은 사실관계를 통해 조부모에게 부양의무가 없다고 판단하면 손자녀들에게는 증여세를 고지하고, 해당 재산을 피상속인의 상속재산에 합산(손자녀가 상속인이 아닌 경우 상속개시일 전 5년 이내 분)하여 상속세를 부과한다. 최근 이런 사례가 꽤 많아졌다.

8 퇴직금과 상속세

아직 수령하지 않았어도 장래에 지급받을 권리가 있는 퇴직금은 채권으로서 재산적 가치가 있다. 아직 퇴직금을 지급하지는 않았어도 장래에 부담해야 할 의무가 있는 퇴직금은 부채로 볼 수 있다.

이번 섹션에서는 퇴직금을 수령해야 하는 측면과 퇴직금을 지급해야 하는 입장을 각각 나눠 상속세 이슈를 짚어보고자 한다.

1) 법인의 대표이사 또는 임원으로서 법인으로부터 지급받을 퇴직금이 있는 경우

법인의 대표이사 또는 임원(이하, 대표이사 등)으로서 법인을 경영하는 도중 사망하는 일이 발생할 수 있다. 이때 ① 법인의 정관, ② 정관에서 위임한 임원퇴직금지급규정, ③ 법인의 주주총회 결의에서 결정된 내용을 기준으로 계산된 퇴직금은 대표이사 등의 상속재산으로 본다(간주상속재산).

그런데 가족들이 주주로 되어 있는 가족법인일 경우 세법상 이슈가 왕왕 발생한다. 예를 들어 사망한 대표이사의 퇴직금이 법인의 입장에서 부담스러운 금액이거나, 사망한 대표이사의 가족들이 법인의 경영권을 물려받을 때 퇴직금을 지급받지 않는 사례가 있다. 어떻게 보면 상속인들이 법인을 위해 좋은 일을 했다고도 볼 수 있다.

그럼에도 불구하고 세법에서는 퇴직금을 지급받지 않더라도 사망한 대표이사의 피상속인의 상속재산으로 보고 상속세를 계산한다. 뿐만 아니라 퇴직금을 받을 권리가 있는 상속인들이 해당 퇴직금(퇴직소득세 차감 후 금액)을 법인에 증여한 것으로 보아 법인은 법인세를 부담하게 된다.

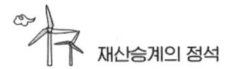

2) 개인사업자로서 근로자들에게 지급할 퇴직금이 있는 상태에서 사망한 경우

근로자들을 두고 사업을 하는 개인사업자의 경우 근로자퇴직급여보장법, 근로기준법을 준수해야 한다. 특히, 개인사업자가 사업을 하는 도중에 사망하는 경우 근로자들의 퇴직금을 지급하지 못하는 경우가 종종 있다.

세법상으로 보면 개인사업자의 사망일 기준 근로자들에게 지급해야 할 퇴직금상당액은 피상속인의 채무에 해당하여 상속재산가액에서 차감된다. 단, 상속재산가액에서 차감할 수 있는 퇴직금상당액이란 근로계약, 고용계약, 퇴직금지급규정에 의해 계산될 수 있는 금액이거나 근로기준법에 의해 계산된 금액 중 상속인이 실제 부담하는 금액을 말한다.

현실적으로 보면 개인사업자의 사망으로 근로자들은 퇴직금을 지급받지 못하는 상황이 발생할 수 있다. 이럴 경우 근로자는 지방노동관서에 진정을 요구하거나 고소를 해달라고 요청할 수 있다. 더 나아가 사업장 소재지 관할 또는 근로자 주소지 관할 지방법원에 민사소송을 제기하여 확정판결을 받은 후 강제집행을 할 수도 있다.

3) 상기 문제를 해결할 수 있는 '퇴직연금'

퇴직연금보다 퇴직금이라는 용어가 보통사람들에게는 더 익숙하다. 퇴직금 제도는 1953년부터 도입된 제도이기 때문이다. 기존의 퇴직금은 근로자들에게 지급할 퇴직금 재원을 개인사업자 또는 기업이 직접 관리하였다. 자금 사정이 넉넉치 않으면 퇴직금 재원을 정상적으로 적립하지 않는 경우가 많았다. 특히, 개인사업자가 사망하거나 기업이 파산 또는 도산하는 경우 사업용 계좌가 동결되어 근로자들에게 퇴직금을 지급하지 못하는 상황이 1997년 IMF 사태 이후 급격히 늘어났다.

퇴직연금은 퇴직금 제도의 단점을 보완하고 근로자들의 은퇴 후의 삶을 보장하고자 근로자퇴직급여보장법에 근거하여 2005년 12월부터 시행된 제도이다. 퇴직연금은 근로자들의 퇴직금 재원을 기업 내부 계좌로 관리하는 것이 아니라 외부에 예치하고 관리한다. 따라서 개인사업자가 사망하거나, 기업이 파산하거나 도산하더라도 퇴직금을 근로자들에게 정상적으로 지급할 수 있다.

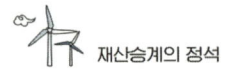
재산승계의 정석

9 피상속인이 미국 영주권자(시민권자)일 때 상속세

> 76세인 나는 48년 전 한국에서 대학 졸업 후 미국으로 건너와 사업을 시작했고 영주권을 취득한 뒤 현재 샌프란시스코에서 아내와 함께 살고 있다. 슬하에는 딸이 한명 있고 미국 시애틀에서 공인회계사로 일을 하고 있다. 한국에는 여동생(69세)이 살고 있고 부모님은 모두 돌아가시고 없다. 동생과는 매우 사이가 좋다. 내가 가진 대부분의 자산은 미국에 있지만 **한국에는 부모님이 돌아가시면서 나에게 남겨준 경기도 OO시의 단독주택(감정평가액 5억원), 충청남도 OO군의 임야(개별공시지가 2억원)가 있다.** 최근 건강이 안 좋아져서 재산을 유언 또는 신탁을 통해 정리해 두려고 한다. 특히 내가 사망할 경우 한국에 있는 재산은 여동생에게 넘겨주려고 한다. 그래서 내가 죽으면 신탁 등을 통해 여동생이 편하게 받아가게 하고 싶은데 이 때 **상속세는 어떻게 되는지 궁금**하다.

위 사례에서 질문자는 미국 영주권을 가지고 있고, 가족과 생계 모두 미국을 근거지로 하고 있기 때문에 국내 '비거주자*'로 판단될 수 있다. 따라서 질문자가 사망하게 되면 국내 비거주자로서 상속세 계산이 이뤄진다.

피상속인이 비거주자라면 보유한 국내 재산*에 대해서만 상속세 의무를 부담한다(피상속인이 소유한 미국 재산은 국내 상속세 대상이 아니다). 비거주자가 사망할 경우 피상속인의 사망일이 속한 말일로부터 9개월 이내에 상속세 신고를 해야하고, 상속재산가액에서 기초공제 2억 원과 국내 소재 상속재산관련 공과금과 채무, 감정평가수수료 정도의 제한적인 범위 내에서 상속공제를 적용받을 수 있다.

* 상속세 및 증여세법 제2조(정의) (중략)
   8. "거주자"란 국내에 주소를 두거나 183일 이상 거소(거소)를 둔 사람을 말하며, "비거주자"란 거주자가 아닌 사람을 말한다. 이 경우 주소와 거소의 정의 및 거주자와 비거주자의 판정 등에 필요한 사항은 대통령령으로 정한다.
* 상속세 및 증여세법 제3조(상속세 과세대상) (중략)
   상속개시일 현재 다음 각 호의 구분에 따른 상속재산에 대하여 이 법에 따라 상속세를 부과한다.
   1. 피상속인이 거주자인 경우: 모든 상속재산
   2. 피상속인이 비거주자인 경우: 국내에 있는 모든 상속재산

[국내 거주자와 비거주자의 상속세 계산시 적용사항 비교]

구분		거주자	비거주자
상속세 신고기한		상속개시일(사망일)이 속하는 달의 말일로부터 6개월 이내	상속개시일(사망일)이 속하는 달의 말일로부터 9개월 이내
과세대상 재산		국내 및 국외 모든 상속재산	국내에 소재한 상속재산
상속재산에 포함되는 증여재산		상속개시일 전 10년(5년) 이내 증여한 국내 및 국외 재산	상속개시일 전 10년(5년) 이내 증여한 국내 재산
공제 금액	공과금	상속개시일 현재 피상속인이 납부해야 할 공과금(미납금)	• 국내 소재 상속재산의 공과금 • 국내 사업장의 사업상 공과금
	장례비용	피상속인의 장례비용 한도 내 공제	공제 불가
	채무	모든 상속채무 공제	• 국내 소재 상속재산을 목적으로 설정한 담보물건(유치권, 질권, 저당권)의 채무 • 국내 사업장의 사업상 채무
과세표준 계산시 공제 관련	기초공제 (2억원)	공제 가능	공제 가능
	가업상속공제		공제 불가

재산승계의 정석

구분		거주자	비거주자
과세표준 계산시 공제 관련	영농상속공제	공제 가능	공제 불가
	기타인적공제		
	일괄공제 (5억원)		
	배우자공제		
	금융재산 상속공제		
	재해손실 상속공제		
	동거주택 상속공제		
	감정평가 수수료 공제		공제 가능

 그런데, 해당 사례에서는 질문자 사망시 배우자 등 상속인이 재산을 받는 것이 아니라 유언 또는 신탁을 통해 **법정상속인 아닌 여동생이 재산**을 받는 경우 **상속공제 한도* 금액이 0원**이 된다. 따라서 (감정평가를 받지 않는다는 가정 하에)7억 원 전체에 대해서 상속세 약 1억 5천만 원 정도의 상속세가 발생할 수 있다.

> **상속공제 한도 0원 = 상속세 과세가액 7억원(주택 5억원, 임야 2억원) - 선순위 상속인이 아닌 여동생에게 유증 등을 한 재산의 가액 7억원**
>
> * 상속세 및 증여세법 제24조(공제 적용의 한도) 제18조, 제18조의2, 제18조의3, 제19조부터 제23조까지 및 제23조의2에 따라 **공제할 금액**은 제13조에 따른 **상속세 과세가액**에서 다음 각 호의 어느 하나에 해당하는 가액을 뺀 금액을 한도로 한다.
> (중략)
> 1. 선순위인 상속인이 아닌 자에게 유증 등을 한 재산의 가액
> 2. 선순위인 상속인의 상속포기로 그 다음 순위의 상속인이 상속받은 재산의 가액
> (후략)

◢10 상속증여재산의 세법상 평가액

상속이나 증여받는 재산은 원칙적으로 상속개시일 또는 증여일의 '시가'로 평가한다. **평가기준일 전후 일정기간 이내에 확인되는 '매매가, 감정가, 수용가격, 경매가, 공매가 등이 있는 경우 이를 시가**'로 볼 수 있다. 만약, 시가를 산정하기 어려울 경우에는 재산의 종류, 규모, 거래상황 등을 감안하여 보충적 평가방법에 의해 평가할 수 있다.

구 분	세법상 상속증여재산 평가기준
원칙	재산은 평가기준일(상속개시일 또는 증여일) 현재의 **시가**에 의하여 평가
시가	**불특정다수인** 사이에 **자유로이** 거래가 이루어지는 경우에 통상 성립된다고 인정되는 가액
보충적 평가방법	시가를 산정하기 어려운 경우에는 해당 재산의 종류, 규모, 거래 상황 등을 고려하여 **보충적 평가방법으로 평가한 가액을 시가로 봄**

1) 시가와 평가기간

시가란 평가기준일(상속개시일 또는 증여일)에 **불특정 다수인들 사이에서 자유롭게 거래되고, 통상적으로 성립된다고 인정되는 가액**을 말한다. 시가에는 해당 재산의 실제 매매가액 이외에도 감정가액, 수용가액, 공매가액 또는 경매가액도 포함한다.

시가에는 재산의 평가기간* 중 매매·감정·수용·경매·공매가액이 있는 경우로서 확인되는 가액(① 당해 재산에 대한 매매사실이 있는 경우 그 거래가액, ② 주식을 제외한 재산에 대하여 2개 이상의 감정평가법인이 평가한 감정가격이 있는 경우 그 감정가격의 평균액 단, 기준시가 10억 원 이하의 부동산은 1개 이상의 감정가격을 시가로 인정, ③ 당해 재산에 대하여 수용·경매·공매사실이 있는 경우 그 보상가액·경매가액·공매가액, 다만, 특수관계인과의 공매 등은 불인정, ④ 유사매매사례가액: 평가기간에 해당 재산과 면적·위치·용도 및 종목이 동일하거나 유사한 재산에 대한 매매가액로 인정되는 가액) 만약, 시가로 볼 수 있는 가액이 2개 이상인 경우 평가기준일부터 가장 가까운 날의 가액을 시가로 한다.

재산의 평가기간은 우선 **상속재산의 경우 상속개시일 전후 6개월이고, 증여재산이면 평가기준일 전 6개월 ~ 평가기준일 후 3개월**이다. 다만, 평가기간에 해당하지 아니한 기간 중 평가기준일 전 2년 이내의 기간 또는 평가기준일 후 법정결정기한(상속세 신고기한 + 9개월, 증여세 신고기한 + 6개월)까지의 기간 중 매매, 감정, 수용, 공매, 경매 등이 있는 경우 그 가액은 납세자 또는 국세청의 신청으로 평가심의위원회의 심의를 거쳐 시가에 포함시킬 수 있다.

[일반 원칙: 상속재산과 증여재산의 평가기간]

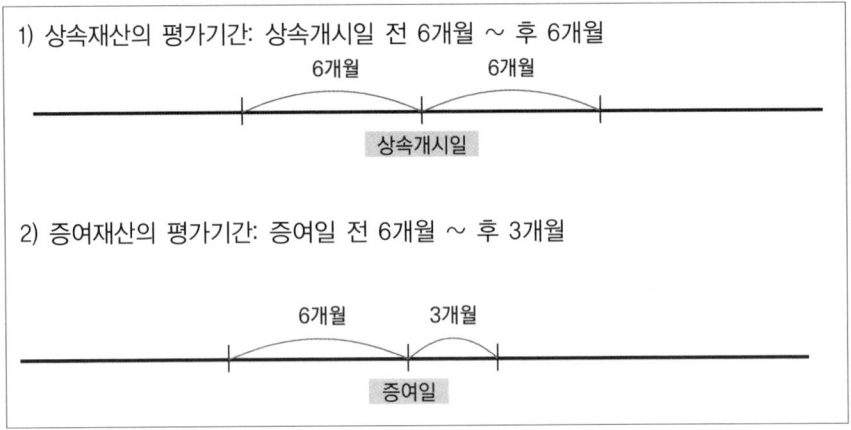

[예외 사항: 상속재산과 증여재산의 평가기간]

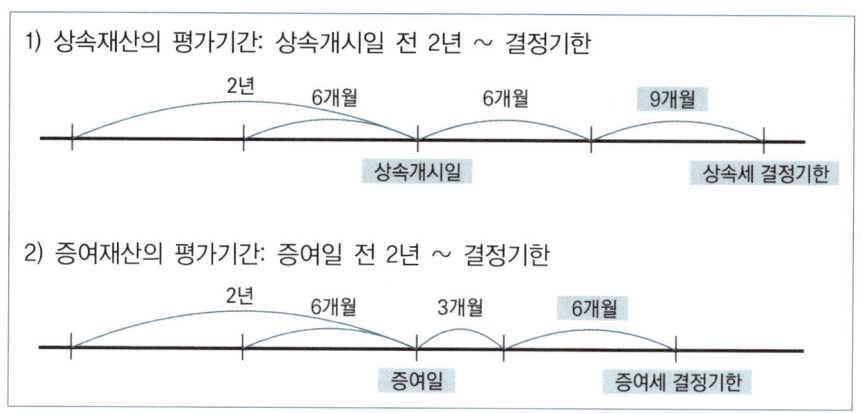

2) 보충적 평가방법

만약, 상장주식 또는 시가를 산정하기 어려운 경우에는 재산의 종류, 규모, 거래상황 등을 고려하여 보충적 평가방법에 의해 재산가액이 정해질 수 있다. 각 재산별 보충적 평가방법은 다음과 같다.

[주요 재산별 보충적 평가방법]

구분	보충적 평가방법
부동산	기준시가 (토지: 개별공시지가, 주택: 개별주택가격 또는 공동주택가격, 오피스텔 및 상업용건물: 국세청 고시가액, 건물 등: 국세청 고시가액)
부동산을 취득할 수 있는 권리(입주권, 분양권)	평가기준일까지 불입한 금액 + 평가기준일 현재 프리미엄
상장주식	평가기준일 전후 각 2개월 간의 종가 평균액
비상장주식	상속세 및 증여세법에 따른 비상장주식 평가방법
상장된 국공채 등	MAX[평가기준일 이전 2개월 간 평균액, 평가기준일 이전 최근일의 최종시세가액]
펀드 등	평가기준일 현재 한국증권거래소의 기준가격(평가기준일에 기준가격이 없는 경우 평가기준일 전 가장 가까운 날의 기준가격)

구분	보충적 평가방법
예금, 적금	평가기준일 현재까지 불입총액 + 기간 경과에 따른 미수이자 – 원천징수세액 상당액
서화·골동품	Max[①, ②] ① 2인 이상의 전문가가 감정한 가액의 평균액 ② 지방국세청 감정평가심의위원회에서 감정한 감정가액
가상자산	평가기준일 전후 1개월 간의 해당 가상자산사업자가 공시하는 일평균가액의 평균액
근저당권 설정된 재산	MAX[상속세 및 증여세법 상 평가액, 평가기준일 현재 재산이 담보하는 채권액]
임대차 계약이 체결된 재산	MAX[상속세 및 증여세법 상 평가액, {임대보증금 + (연간임대료/12%)}]

[부동산 기준시가 확인방법]

구분	기준시가 조회방법
토지	인터넷 www.realtyprice.kr > 개별공시지가
공동주택(아파트)	인터넷 www.realtyprice.kr > 공동주택 공시가격
단독주택	인터넷 www.realtyprice.kr > 개별단독주택 공시가격
오피스텔 및 상업용건물	국세청 홈택스(www.hometax.go.kr) > 조회 /발급 > 기타조회 > 기준시가 조회 > 상업용건물/오피스텔
일반건물	국세청 홈택스(www.hometax.go.kr) > 조회 /발급 > 기타조회 > 기준시가 조회 > 건물기준시가(양도), 건물기준시가(상속,증여)

3) 일부 잘못된 생각 바로 잡기

수 많은 사람들과 상담하다보면 여러 이야기가 나온다. 일리있는 이야기도 있고 허무맹랑한 이야기도 있는데 가장 상대하기 어려운 건 지나치게 확신에 찬 사람들이다. 그 사람들의 주장 중 하나는 바로 이런 것이다.

"내가 해외에 있는 기업에 투자했는데 이 기업이 비상장회사란 말이지. 해외 비상장주식을 국내 과세관청이 어떻게 알겠어? 공시도 안되고 시가도 없고 확인할 길이 없자나. 상속세도 안 나올거야. 하하하"

우선, 피상속인이 국내 거주자라면 피상속인의 국내, 해외 모든 재산에 대해서 상속세 과세대상이 된다. 특히, 아래의 조세심판원 심판결정례 자료를 보여주면 지나치게 확신에 찼던 사람들이 갑자기 시무룩해진다.

조세심판원 심판결정례 [조심 2023서8002, 2024.05.01.]의 처분 이유 중에서]
(총괄) 처분청(세무서)은 피상속인에 대한 상속세 조사 결과, **피상속인이 2007.5.9. 캐나다에 설립한 D.(이하 "쟁점법인"이라 한다) 발행주식 4,693주(이하 "쟁점주식"이라 한다) 등의 상속재산을 확인**하고, 비상장주식인 쟁점주식을 상속세 및 증여세법(이하 "상증법"이라 한다)상 보충적 평가방법에 따라 평가한 후, 아래 <표1>과 같이 피상속인의 상속재산가액을 OOO원으로 확정하여 2022.9.23. 청구인에게 2018.1.30. 상속분 상속세 OOO원을 결정·고지하고, OOO원을 한도로 연대납부의무를 통지하였다. (이하 생략)

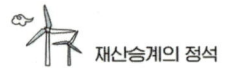
재산승계의 정석

11 미술품 관련 상속증여재산의 평가와 물납제도

국내 모그룹 회장이 약 2만 3천점의 미술품 등을 남겨놓고 사망하여 사회적 이슈가 된 적이 있다. 그로부터 약 2년 5개월만인 2023년 3월부터 미술품 등 문화재로 상속세 물납이 가능해졌다. **기존의 물납과 동일하게 상속세로 납부할 세액이 2천만 원이 넘고 금융재산가액을 초과해야** 하지만 재산의 평가과정과 절차는 사뭇 다르다.

먼저, 세법에서는 미술품 등 예술적 가치가 있는 유형재산의 경우 각 전문분야별(① 서화 및 전적, ② 도자기 및 철물, ③ 목공예 및 민속장신구, ④ 선사유물, ⑤ 석공예, ⑥ 그 밖의 골동품, ⑦ ①~⑥에 해당하지 않는 미술품) **2인 이상의 전문가가 감정한 가액의 평균액과 지방국세청 감정평가심의회(지방국세청장이 위촉한 3명 이상의 전문가로 구성)에서 감정한 가액** 중에 **큰 금액**으로 평가한다.

| 서화·골동품 | Max [①, ②]
① 2인 이상의 전문가가 감정한 가액의 평균액
② 지방국세청 감정평가심의위원회에서 감정한 감정가액 |

그러나 문화재급 미술품이라면 진위 여부를 우선 판단해야 한다. 이 과정에서 오랜 시간이 소요될 뿐만 아니라 위작으로 의심되는 경우라면 재판까지 가는 상황이 발생할 수도 있다. 게다가 과거 사례를 통해 보건데 각 미술품 전문가별, 각 감정업체별로 편차가 커서 평균액을 적용하는 것이 과연 적절한지 의문이다. 심지어 국내 미술품 감정평가업·감정평가시장이 크지 않은 상황에서 지방국세청 감정평가심의회에 위촉되는 3명 이상의 전문가들은 이미 납세자들의 미술품 감정을 의뢰받았던 사람이거나 자문을 준 전문가거나 관계자가 될 수도 있음을 배제할 수 없다. 결국 공정성의 문제이다.

미술품 등 문화재에 대한 물납 절차를 살펴보면 요건을 갖춘 상속인들은 관할 세무서에 물납을 신청하고, 물납신청을 받은 관할 세무서장은 문화체육관광부장관에게 이를 통보한다. 문화체육관광부장관이 물납이 필요하다고 인정하는 경우에 한하여 관할 세무서장에게 물납을 요청하고, 관할 세무서장은 국고 손실의 위험이 크지 않다고 판단되는 경우 이를 허가하는 프로세스이다.

여기서 이슈는 문화체육관광부장관의 물납 신청의 인정 기준과 국고 손실 위험의 판단 기준이다. 법령상 '역사적, 학술적, 예술적 가치가 있는 등 물납이 필요하다고 인정될 때'에만 물납이 가능하다는 점인데 쉽게 이야기하면 고가의 미술품, 오래된 골동품, 거래가 용이한 유명 작가의 작품에 한해서만 선택적으로 인정될 수 있다는 의미이기도 하다. 즉, 미술품 물납은 그룹 회장 등 거액자산가들이 남긴 고가품에만 적용될 수 있는 제도로 전락할 수도 있다(반대로 거액자산가들은 합법적인 테두리 내에서 이를 잘 활용할 수도 있다).

 재산승계의 정석

12 상속세를 아끼려면 배우자를 사랑하자

> 올해 초 남편의 사망으로 상속세 신고를 준비 중에 있는 A씨는 상속세 때문에 머리가 아프다. 상속재산은 거주 중인 아파트(시가 20억원)와 금융재산(10억원)을 합해 약 30억원 정도 되는데, 배우자가 전부 상속받으면 30억원까지 세금이 없다는 이야기를 들었다. 세 자녀의 동의를 얻어 재산 전체를 배우자에게 상속하면 진짜 상속세가 없을까?

1) 배우자가 단독으로 상속받으면 일괄공제(5억 원)를 적용받을 수 있을까?

배우자 등 공동상속인 간에 협의를 통해 배우자가 단독으로 모든 상속재산을 받는 경우에는 일괄공제 5억 원을 적용받을 수 있다. 그러나 민법 제1003조 규정에 따라 피상속인에게 자녀와 부모 모두 없는 상태에서 배우자가 단독상속인이 되는 경우에는 일괄공제를 적용받을 수 없다[재산상속46014-1631(1999.09.02.)].

2) 배우자가 상속받으면 30억까지 진짜 세금이 없을까?

피상속인의 상속개시일부터 **최대 15개월(상속세 신고기한: 6개월 + 배우자 상속공제 적용기한: 9개월)**까지 배우자 명의로 재산 등기, 재산 등록, 소유권 이전 처리를 해야 배우자 상속공제를 적용받을 수 있다. 단, 공동상속인 간의 상속재산분할협의 과정을 거쳐 '상속재산분할협의서'를 세무서에 제출하는 경우에만 배우자 상속공제를 적용받을 수 있다.

혼인 전부터 부부가 각자 소유하고 있던 재산이나 혼인 중에 부부 일방이 상속·증여·유증으로 취득한 재산을 특유재산이라고 한다. 특유재산을 제외하고 부부의 재산은 그 재산의 명의가 어느 일방에게 있다고 할지라도 공동재산의 성격을 띤다. 따라서 상속세 계산에 있어 배우자 상속공제액이 다른 일반적인 상속공제액보다 크다. 다만, 법정상속비율과 최대한도(30억 원)를 고려하여 계산된다.

(1) 배우자 상속공제 계산 방법

> Max「Min(배우자의 실제 상속분, 한도금액(*), 30억원), 5억원]
> (*)한도금액 = ① 상속재산의 가액 x ② 배우자의 법정상속비율 − ③ 가산한 증여재산 중 배우자가 받은 증여재산의 과세표준

민법에서는 공동상속인의 법정상속비율은 공동상속인의 인원 수로 균분하지만 배우자는 다른 공동상속인의 1.5배를 받을 수 있다. 이번 사례의 경우 배우자의 법정상속비율은 4.5분의 1.5이다(배우자 1.5 : 자녀 1 : 자녀 1: 자녀 1). **따라서 피상속인의 상속재산가액이 30억 원이라면 배우자 상속공제액은 10억 원이다**(30억 원 × 1.5 /4.5).

(2) 다른 상속인이 상속포기를 하면 배우자의 법정상속비율이 올라갈까?

상속세를 줄이기 위해서 배우자를 제외한 다른 상속인들이 모두 상속을 포기하면 배우자의 법정상속비율이 100%가 되어 30억 원까지 공제가 가능하다고 생각하는 사람들이 있다. 이는 잘못된 생각이다. **배우자의 세법상 법정상속비율은 다른 상속인이 상속을 포기하더라도 상속포기 이전의 법정상속비율을 의미**한다. 따라서 **배우자 상속공제액은 30억 원이 아니라 10억 원**이다.

(3) 배우자가 3억 원만 상속받을 때 배우자 상속공제액은?

배우자가 상속받은 금액이 5억 원 미만이라고 하더라도 최소 5억 원을 공제받을 수 있다. 단, 배우자 상속공제액 한도 10억 원보다 적게 공제되므로 상속세를 더 많이 내야한다. 따라서, 절세를 생각한다면 배우자 상속공제액 한도까지 배우자가 상속받는 것이 가장 유리할 수 있다.

[배우자 상속공제액 규모에 따른 세부담 차이]

〈배우자 상속공제액 최대 적용시〉	(단위: 원)	〈배우자 상속공제액 최소 적용시〉	(단위: 원)
상속재산가액	3,000,000,000	상속재산가액	3,000,000,000
상속공제	1,500,000,000	상속공제	1,500,000,000
① 일괄공제	500,000,000	① 일괄공제	500,000,000
② 배우자 상속공제	1,000,000,000	② 배우자 상속공제	500,000,000
과세표준	1,500,000,000	과세표준	2,000,000,000
산출세액(40%)	440,000,000	산출세액(40%)	640,000,000
신고세액공제(3%)	13,200,000	신고세액공제	19,200,000
납부할 세액	426,800,000	납부할 세액	620,800,000

※ 금융재산상속공제, 장례비 등은 고려하지 않았음

3) 공동상속인 간 연대납부의무와 배우자 상속공제 활용 절세법

상속세 납부는 상속인과 세법상 수유자가 상속재산 중 각자가 받았거나 받을 재산의 비율에 따라 결정된다. 또한 각자가 받았거나 받을 상속재산을 한도로 상속세 연대납부의무가 있다. 즉, **연대납부의무자로서 각자가 받았거나 받을 상속재산의 한도 내에서 다른 상속인이 납부해야 할 상속세를 대신 납부하더라도 추가적으로 증여세가 부과되지 않는다**[재산세과-454, 2011.09.27.].

따라서, 위 사례처럼 부동산과 금융재산이 있을 경우 배우자는 10억 원의 금융재산을 상속받고, 나머지 자녀들이 아파트를 나누어 상속받아, 배우자가 상속받은 10억 원으로 상속세를 납부한다면 자녀들은 상속세 부담없이 부친의 재산을 온전히 물려받을 수 있다.

13 신탁과 보험 그리고 보험금청구권신탁

1) 개요

유언대용신탁과 종신보험은 유사한 측면이 있다. 계약관계자의 사망에 따른 재산의 이전 문제를 다루고 있다는 점이다. 상속을 고민하는 사람들이 유언 이외에 추가적으로 고민하는 제도이기도 하다.

유언대용신탁은 위탁자 사망시 신탁재산의 원본 또는 이익 자체가 사후수익자에게 이전되는데 반해, 종신보험은 피보험자 사망시 납부한 보험료의 총액보다 더 많은 사망보험금이 보험금수익자에게 지급된다.

[유언대용신탁과 종신보험의 구조도]

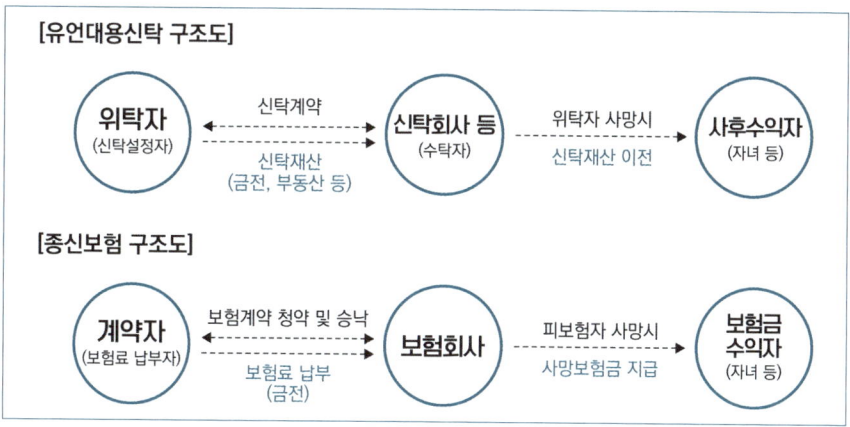

유언대용신탁은 자산승계신탁의 꽃이라고 표현할 수 있다. 유언대용신탁에서 위탁자는 일반적인 신탁과 달리 수익자, 사후수익자를 언제든지 지정 및 변경할 수 있다. 위탁자 본인 생전에는 수익자를 겸하면서 수익권을 행사하여 이익 등을 향유할 수 있다. 유언대용신탁은 금융투자와 재산관리에 전문화된 신탁회사 등 수탁자로부터 맞춤형 서비스를 받을 수 있다(신탁업자가 수탁자가 되는 경우 신탁보수 발생, 영업성을 띄지 않은 일반 개인 등이 수탁자가 되는 경우 원칙적으로 무보수). 우리나라의 그 어떠한 자산승

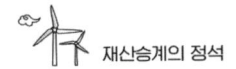

계제도 및 시스템보다도 계약서에 근거하여 보다 신속하고 더 효과적으로 신탁재산을 가족이나 제3자, 공익법인 등에 이전할 수 있다.

종신보험은 보험계약자가 보험회사에 납부한 보험료(금전)에서, 각종 사업비 등 수수료를 제외한 순보험료를 예정이율 또는 공시이율로 부리하거나(일반종신보험), 펀드 또는 ELS 등 파생결합증권으로 운용한다(변액종신보험). 이후 보험사고의 대상자인 피보험자가 사망하면 사망보험금을 보험금 수익자(배우자, 자녀 등)에게 지급하는 보험상품이다.

유언대용신탁과 종신보험은 상호보완적인 성격이 있다. 우선, 종신보험의 계약자는 보험료라는 금전만 보험회사에 맡길 수 있지만, 유언대용신탁의 신탁재산은 금전뿐만 아니라 유가증권, 부동산 등 다양하다. 반대로 위탁자가 신탁재산으로 부동산, 비상장주식 등을 맡겼다면 위탁자 사망 시 사후수익자는 부동산, 비상장주식 등 신탁재산을 받게 되나 상속세 등 세금과 각종 비용이 발생한다. 이때 준비된 자금이 부족한 경우 종신보험의 사망보험금으로 세금과 각종 비용을 충당하면 매우 효과적이다.

[유언대용신탁과 종신보험의 장단점 비교]

구분	유언대용신탁	종신보험
계약 목적	위탁자가 지정한 사후수익자에게 신탁재산 이전 및 승계	사망보험금을 통한 유가족의 생계 유지 및 상속세 재원 마련
연령 제한	정신적 건강상태만 양호하다면 제한 없음.	최대 75~85세 (회사별·상품별 차이 발생)
위탁자 또는 피보험자의 자격	정신적 건강상태, 후견인 존재 확인(행위능력자가 계약 시 효력 발생)	연령, 신체적 건강상태, 정신적 건강상태 등 언더라이팅 실시
계약 시 이전할 수 있는 재산(신탁재산)	금전, 유가증권, 금전채권, 부동산, 부동산에 관한 권리, 동산, 무체재산권	금전
위탁자 또는 피보험자 사망 시 지급 계산	실적배당원칙에 의거하여 사망시점의 신탁재산의 원본 또는 이익	사망보험금

구분	유언대용신탁	종신보험
금전의 운용	MMF, RP, 정기예금, 채권, 펀드, ETF, ELS 등 다양	예정이율 또는 공시이율로 부리, 펀드 등에 투자(변액보험)
기본보수 (계약체결보수)	신탁가액과 총보험료가 동일할 경우 종신보험보다 저렴	신탁가액과 총보험료가 동일할 경우 유언대용신탁 대비 비쌈
강제집행 등	일부 예외를 제외하고 신탁재산은 강제집행, 보전처분, 체납처분 대상에서 제외	사망보험금은 보험금수익자의 고유재산으로 강제집행 금지*

* 소액사망보험금: 채권자의 압류 등 강제집행이 금지된 압류방지채권
* 보험계약자와 보험금수익자가 다른 사람일 때, 보험계약자의 채권자가 보험금수익자의 보험금에 질권 설정 등 강제집행을 할 수 없음(보험금은 보험금수익자의 고유재산)

2) 보험금청구권신탁: 신탁과 보험의 콜라보

(1) 정의와 의미

보험금청구권신탁이란 보험계약에 있어서 피보험자의 보험사고로 발생하는 보험금에 대한 청구권이 신탁계약의 신탁재산이 되는 것을 말한다. 피보험자에게 발생할 수 있는 위험의 인수와 대비(Hedge)를 목적으로 하는 생명보험의 장점과, 위탁자가 맡긴 신탁재산을 수탁자가 신탁목적에 맞게 관리하고 효율적인 지급, 집행, 배분 처리가 가능한 신탁의 강점을 결합한 것이라고 볼 수 있다.

> ☐ 금융위원회 공고 제2024-75호
>
> 나. 상품성신탁의 공시 등 투자자보호 강화 및 **보험금청구권 신탁 도입**
>   (시행령안 제104조, 제109조, 규정안 제4-82조, 4-92조의3)

> **치매노인 보험금청구권도 신탁 맡길 수 있다…랩·신탁 고객 돈 길게 묶어두려면 사전 동의받아야** (서울신문 2024.03.19.)
>
> (중략) 금융위원회는 19일 보험금청구권신탁 도입을 위해 자본시장법 시행령 개정과 금융투자업규정 개정을 추진한다고 밝혔다. 고령화 시대가 되면서 여러 가지 유형의 재산을 종합적으로 관리하는 신탁의 역할이 중요해졌지만, 유독 보험금청구권만 법무부와의 유권해석의 차이로 신탁 가능한 재산에서 제외됐다. 이에 **금융위는 법무부와의 협의 끝에 보험금청구권도 신탁할 수 있도록 했다.**
>
> 보험금청구권신탁이 도입되면 예컨대 부모가 미성년 자녀를 두고 사망하는 경우 보험금을 안전하게 지키고 관리하는 데 도움이 될 수 있다. **사망보험금을 신탁업자에게 맡기고 보험금을 자녀가 성인이 될 때까지 교육비나 생활비 등으로 쓰도록 정해 놓으면 보험금이 유용될 가능성을 차단할 수 있다.**
>
> 아울러 **고령층의 경우 치매 등으로 의사결정이 어려워지기 전 보험을 포함해 생애주기별 자산관리가 이뤄질 수 있도록 맡길 수 있다.** 다만 금융위는 재해나 질병사망 등 특약사항은 신탁할 수 없도록 했으며, 수익자는 법적상속인이라고 할 수 있는 직계 존·비속과 배우자로 제한했다. 개정안은 **규제개혁위원회와 법제처 심사, 차관회의·국무회의 의결 등을 거쳐 3분기 중 시행될 예정**이다. (후략)

(2) 보험금청구권의 재산적 성격

보험금청구권은 보험계약에 근거하여 보험금 지급이 가능한 보험사고가 피보험자에게 실제 발생하는 경우 보험금수익자가 보험회사에 청구할 수 보험금(재산가액)이 구체화 되는 '정지조건부 채권'의 성격을 띤다. 정지조건부 채권이란 채권 관계의 발생이나 소멸이 조건의 성취 여부에 달려있는 채권으로서 아직까지 성립하고 있지는 않지만 장래에 성립할지도 모른다는 기대가 걸려있는 채권을 말한다.

그러나 2024년 3월 금융위원회가 공고한 「자본시장과 금융투자업에 관한 법률(이하 자본시장법) 시행령」 개정안에 따르면 **보험금청구권을 '금전채권'** 으로 해석하고 있다. 금전채권(金錢債權)이란 일정액의 금전의 인도 및 지급을 목적으로 하는 채권으로서 매매대금이나 대여금, 급료, 임대차보증금, 도급대금, 공탁금출급청구권, 전화설비비, 예금채권 등이 포함된다. 자본시장법 제103조 제1항은 신탁회사가 신탁할 수 있는 7가지의 종류의 재산을 열거(1.금전 2.증권 **3.금전채권** 4.동산 5.부동산 6.지상권 등 부동산에 관한 권리, 7.무체재산권, 지식재산권)하고 있고 **금전채권 중 하나가 보험금청구권이 될 예정**이다.

(3) 향후 보험금청구권신탁의 구조

자본시장법 시행령 개정안에 따른 보험금청구권신탁의 구조를 보험계약과 신탁계약으로 나눠 핵심적으로 설명토록 하겠다.

① 보험금청구권신탁이 가능한 보험계약

보험금청구권신탁을 할 수 있는 **보험계약은 이하 7가지의 요건을 모두 만족해야 한다.** ① **사망보험금**이 발생하는 **생명보험계약**이어야 할 것(손해보험사 상품 불가), ② **보험계약자와 피보험자는 동일인**일 것(보험계약에서 보험계약자가 아닌 피보험자가 사망할 경우에 사망보험금이 발생함, 자본시장법 시행령 개정안 제109조 제3항 제10호 가목의 앞단은 오해의 소지가 있음), ③ **주계약**에서 **피보험자의 사망보장**을 할 것(특약에서 발생하는 사망보험금은 신탁계약 불가), ④ 신탁계약 당시 **보험계약대출(약관대출) 금액이 없을 것**, ⑤ **보험계약자(겸 피보험자)**가 **신탁계약의 위탁자**일 것, ⑥ **보험금수익자**는 보험계약자(겸 피보험자)의 **배우자, 직계비속, 직계존속** 중에 지정되어 있을 것(보험계약자와 피보험자가 동일인인 계약에서 보험계약자는 사망보험금의 보험금수익자가 될 수 없음, 자본시장법 시행령 개정안 제109조 제3항 제10호 라목의 앞단은 오해의 소지가 있음), ⑦ **금융위원회가 정하는 보험계약의 요건**을 갖출 것이다.

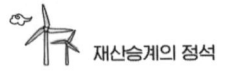

> **자본시장법 시행령 개정안 제109조(불건전 영업행위의 금지)**
> ①~② 현행과 같음
> ③ ---- 1. ~ 9. 현행과 같음
> (신설)
> 10. 법 제103조 제1항 제3호(금전채권)의 재산을 수탁함에 있어서 **다음 각 목의 요건을 모두 갖추지 아니한 보험계약의 보험금청구권을 수탁하는 행위**
>   가. 보험계약자의 사망을 보험사고로 **하는 생명보험계약**(상법 제730조에 따른 생명보험계약을 말하며 주계약에 부가된 **특별약관 계약은 제외**한다)으로서 보험금이 금융위원회가 정하여 고시하는 금액 이상일 것
>   나. 보험약관에 따른 **보험계약대출이 허용되지 않거나** 신탁계약 체결 당시 **보험계약 대출이 없을 것**
>   다. **보험계약자 및 피보험자가 신탁의 위탁자와 동일인일 것**
>   라. 보험수익자가 보험계약자 본인 또는 **보험계약자의 배우자, 직계비속, 직계존속 중에서 지정**되어 있을 것
>   마. 그 밖에 수익자 보호 및 건전한 거래질서 유지를 위하여 필요한 사항으로서 **금융위원회가 정하여 고시하는 보험계약의 요건**
> (신설) 10의 2. ----

② 보험금청구권신탁의 신탁계약 요건

보험금청구권신탁의 신탁계약은 이하 **5가지의 요건**을 모두 만족해야 한다. ① 위탁자와 수익자가 다른 **타익신탁**일 것, ② **신탁계약의 수익자**는 위탁자(보험계약의 보험계약자 겸 피보험자)의 **배우자, 직계비속, 직계존속**일 것, ③ 신탁계약의 내용이 「**상법**」 제733조에 따른 **보험계약자의 권리를 침해하지 않을 것**(보험계약자는 수익자를 변경할 수 있는 권리를 갖는다 등), ④ **보험계약대출이 발생할 경우 신탁계약은 무효**가 되고 신탁계약이 처음부터 없었던 것으로 볼 것, ⑤ **금융위원회의 고시 내용에 따를 것**이다.

> **자본시장법 시행령 개정안 제109조(불건전 영업행위의 금지)**
> ①~② 현행과 같음
> ③ ---- 1. ~ 9. 현행과 같음
> **(신설)**
> 10 ----
> 10의 2. 법 제103조 제1항 제3호(금전채권)의 재산을 수탁함에 있어서 보험금청구권을 신탁재산으로 하는 경우 신탁계약에서 **다음 각 목의 어느 하나에 해당하는 행위**
> 가. **보험계약자의 배우자, 직계비속, 직계존속 외의 자를 신탁계약의 수익자**로 지정하는 행위
> 나. 신탁계약의 내용이 「**상법**」 제733조에 따른 보험계약자의 권리를 침해하는 행위
> 다. **보험계약대출이 발생하는 경우 신탁계약이 무효**가 됨을 신탁계약에 명시하지 않는 행위
> 라. 그 밖에 수익자보호 및 건전한 거래질서 유지를 위하여 필요한 사항으로서 **금융위원회가 정하여 고시하는 행위**

[보험금청구권신탁의 각 단계 및 약식 구조도]

1단계	2단계
보험계약 + 신탁계약	신탁을 통한 사망보험금 관리 및 지급
순서 ①: 보험계약 - 생명보험 주계약에서 사망보장(손해보험/특약 불가) - 보험계약자 = 피보험자 - 보험계약대출이 없을 것 **순서 ②: 신탁계약** - 보험금청구권(금전채권)을 신탁업자(수탁자)에게 신탁 - 신탁계약의 위탁자 = 보험계약자 - 신탁수익자: 위탁자의 배우자, 자녀, 부모	**순서 ③: 보험금 수령(수탁자)** - 피보험자 사망시 수탁자인 신탁업자가 사망보험금 수령 **순서 ④: 재산관리 및 지급** - 수탁자인 신탁업자가 해당 사망보험금을 신탁목적에 맞게 관리 - 신탁수익자가 미성년인 경우: 성인이 될 때까지 교육비, 생활비 지급(분할지급) - 신탁수익자가 치매 또는 장애인일 때: 병원비, 간병비, 생활비 등을 지급(분할지급)

③ 보험금청구권신탁으로 활용할 수 있는 사례

홍길동 씨(60세)에게는 장애인 자녀(30세, 소득 활동을 할 수 없음, 지적 장애이 정도가 심한 장애인)가 한 명 있다. 향후 15년~20년까지는 본인이 장애인 자녀를 케어할 수 있지만 본인 사망 후에는 어떻게 해야할 것인지 걱정이 된다고 한다.

홍길동 씨는 5년 전 본인을 보험계약자(보험료를 납부하는 사람) 겸 피보험자(보험사고의 대상이 되는 사람)로 하여 종신보험을 가입하였다. 본인 사망 시 사망보험금은 1억 5천만 원이 나온다. 그리고 사망보험금을 받을 사람(보험금수익자)은 장애인 자녀로 지정해 놨다.

그럼에도 불구하고 홍길동 씨는 여러 가지 걱정을 했다. 첫째, 본인 사망 시 장애인 자녀가 해당 보험금을 타인의 도움없이 찾아 쓸 수 있을까? 둘째, 사망보험금을 일시에 지급받을 경우(목돈이 생길 경우) 장애인 자녀가 타인으로부터 사기 등을 당해 뺏기지는 않을까? 이를 해결할 방법이 없을까?

(향후 자본시장법 시행령 개정으로 보험금청구권신탁이 가능해질 수도 있다는 점을 전제)

홍길동 씨의 고민은 보험금청구권신탁으로 해결이 가능하다. 홍길동 씨는 종신보험의 사망보험금관련 보험금청구권(금전채권)을 신탁재산으로 하여 신탁회사 등 수탁자와 보험금청구권신탁을 설정한다. 신탁의 수익자를 장애인 자녀로 한다.

향후 홍길동 씨가 사망하면 보험금청구권을 신탁받은 신탁회사 등 수탁자가 보험회사로부터 사망보험금을 수령하고 관리한다. 이후 신탁계약상 정해진 내용대로 신탁수익자인 장애인 자녀에게 재산을 지급한다. 예를 들면 일시금 중 절반은 목돈으로 주고 나머지 금액은 10년 동안 나눠줄 수도 있다.

또는 일시금이 아닌 매월 정기적인 금액으로 분할지급이 가능하고 이자만 지급하다가 의료비, 간병비가 발생했을 때 목돈으로 지급할 수도 있다.

장애인을 예로 들었지만 미성년자 또는 치매환자, 국내 비거주자 등 타인의 도움이 필요한 상황이라면 동일하거나 유사한 구조로 보험금청구권신탁을 활용할 수 있다.

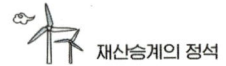
재산승계의 정석

◢14 애매모호한 기여분

'피상속인(사망자)이 재산을 형성하고 유지하는 데 **특별히 기여**를 했거나, 피상속인을 **특별히 부양**한 공동상속인에게 상속재산의 일부 또는 전부를 먼저 분배받을 수 있도록 하는 것'을 **기여분**이라고 한다.

> 기여분을 인정하기 위해서는 공동상속인 간의 공평을 위하여 상속분을 조정하여야 할 필요가 있을 만큼 피상속인을 특별히 부양하였다거나 피상속인의 상속재산 유지 또는 증가에 특별히 기여하였다는 사실이 인정되어야(대법원 2014.11.25. 자 2012스156,157 결정).

그래서 부모를 극진히 부양한 자녀는 부모 사망시 기여분을 주장하게 되고, 재산을 덜 받아간 자녀들은 유류분을 주장하게 되는 것 같다. 최근 이하의 사례가 많이 생겨나고 있다.

Case 1

김○○ 씨(여, 83세)는 ##대학교 명예교수로서 18년 전 일선에서 은퇴하였고, 서울 송파구 ○○아파트에 아들과 함께 살고 있다. 15년 전에는 남편이 먼저 세상을 떠났고 슬하에는 아들 A씨(53세), 딸 B씨(52세)를 두고 있다. 아들 부부는 중·고등학교 교사로 재직 중에 있으면서 30년째 김씨를 모시고 살고 있다. 특히, 김씨가 7년 전 대장암 판정을 받은 이후 수십 차례에 걸쳐 병원에 입원하여 수술 및 항암치료를 받았는데 수술비, 입원비 등 대부분의 비용을 아들 A씨 부부가 부담하였다. 김씨의 건강상태가 호전되는 듯 했으나 양쪽 무릎에 연골이 닳아 3년 전 인공관절수술을 받았고 현재는 집에서만 거주하고 있는데 아들 A씨 부부가 간호 등을 전담하였다.

반면, 딸 B씨는 30년 전 프랑스로 유학을 간 이후 25년 전 프랑스 현지인과 결혼하였으나 결혼할 때 김씨가 외국인과의 결혼을 반대하였고 부모가 아무런 지원을 해주지 않자 결혼 이후 연락을 끊었으며, 아버지가 사망했을 때에도 찾아오지 않았다.

김씨에게는 현재 거주하고 있는 ○○아파트(시가 28억원)가 전부이다. 김씨는 최근 건강이 매우 안좋아졌다. 그래서 김씨는 민법의 법정상속분과 유류분 제도는 다 알고 있지만 본인이 죽었을 때 아들에게 기여분이 있는 것 아니냐며 호소하였다. 그리고 향후 법적으로는 어떤 결과가 나올지 모르겠으나 본인 스스로는 아들의 기여분을 인정하고 싶다면서 본인이 죽으면 본인의 전 재산을 아들 A씨에게 이전하는 걸로 하여 유언대용신탁을 체결하고자 하였다.

Case 2

아버지는 10년 전에 돌아가셨다. 나는 어머니를 10년 동안 혼자 부양했다. 다른 형제들은 어머니를 잘 찾아오지 않았다. 10년 전 어머니를 모시려고 새로운 집이 필요할 때, 내가 은행 대출을 받아 집을 사면서 어머니와 공동명의를 했다. 해당 은행 대출은 내가 모두 갚았다. 그런데 최근 어머니가 세상을 떠났다. 어머니가 돌아가시자마자 다른 형제들은 어머니 명의의 집 지분을 똑같이 나누자고 아우성이다. 정말 억울하고 속상하다. 이런 경우에는 어떻게 해야 할까?

기여분은 피상속인 사망 이후 공동상속인들 간의 협의를 통해 결정할 수도 있지만, 위 사례에서는 불가능해 보인다. 즉, 기여분을 주장하는 사람은 '가정법원에 기여분 결정 심판청구'를 할 수 있다(단, 상속재산분할 심판청구 또는 조정신청을 한 후에 청구 가능).

따라서, 부모님을 모시고 산다든지 부모님이 아플 때 병원비 등을 지급한다든지 하는 일반적인 상황에서는 기여분이 인정되는 경우가 드물다. 이를 뛰어넘는 재산적 기여와 부양적 기여가 있어야 하는데 ① Case2에서 집을 사면서 어머니의 지분에 대해 질문자가 대출을 일으키고, 대출금과 이자를 갚았기 때문에 기여분이 인정될 수도 있겠지만, ② Case1과 Case2에서 어머니를 얼마나 헌신적으로 모셨는지에 대한 부양적 기여는 그 가치를 산정하기 매우 어렵다(진짜 애매모호하다).

즉, 위 사례에서 기여분이 인정될 수 있을지, 인정된다면 얼마만큼 인정받을 수 있을 것인지는 속단하기 매우 어려우며, 결국 가정법원 등 법원의 판단 및 결정이 중요하다(법원의 판단까지는 진짜 답답할 노릇이다).

15 상속세를 납부할 때 연부연납 활용

1) 연부연납의 개요

상속세 및 증여세는 ① 일시에 현금 납부가 기본이지만 ② 납부세액이 1천만 원을 초과할 경우에는 납부기한 후 2개월 이내에 '분할납부(분납)'를 할 수 있다. ③ 납부세액이 2천만 원을 초과하면 원칙적으로 상속세 또는 증여세 과세표준 신고기한(수정신고 및 기한 후 신고할 때와 납부고지서상 납부기한 포함)까지 연부연납신청서를 제출하고 납세담보를 제공한 건에 한해서는 세무서장의 허가에 따라 '연부연납'을 할 수 있다. 참고로 증여세의 연부연납 요건은 상속세와 동일하나 연부연납기간에서 차이가 발생하며, 증여세와 달리 상속세는 부동산 등으로 '물납'이 가능하다.

2) 연부연납제도의 취지

상속재산 또는 증여재산이 부동산이나 비상장주식 등 비유동성 재산으로 구성되어 있을 때는 상속증여세 납부를 위해 해당 재산을 현금화하는 데 상당한 기간이 발생할 수 있다. 게다가 사업용 재산을 급히 처분하려고 할 경우 사업의 운영과 기업 유지가 곤란해질 수 있으며, 염가로 재산을 처분하는 경우 손실이 발생할 수도 있다. 따라서 과세당국에서는 납세자들에게 세금 납부의 편의를 제공해주고자 매년 수 차례에 걸쳐 세금을 분할하여 납부할 수 있도록 '연부연납제도'를 허용하고 있다.

3) 연부연납제도의 신청 요건 및 신청·허가

상속세 또는 증여세를 실제 연부연납하기 위한 연부연납의 신청 요건은 이하 3가지 사항 Ⓐ 상속세 또는 증여세 납부세액이 2천만 원 초과, Ⓑ 상속세 또는 증여세 과세표준 신고기한(수정신고 및 기한 후 신고 시, 납세고지서·납부통지서의 납부기한)까지 연부연납신청서 제출, Ⓒ 연부연납 신청세액(연부연납 가산금 포함)에 상당하는 납세담보 제공을 모두 충족해야 한다(신청).

상기 신청 요건에 부합하여 신청된 건에 한하여 신청서를 받은 세무서장은 일정 기한까지 서면으로 연부연납 허가여부를 통지해야 한다. 만약 일정 기한까지 서면통지가 없다면 허가로 간주하고, 연부연납을 신청하면서 특정 납세담보물(특정 납세담보물: 금전, 국채 또는 지방채, 납세보증보험증권, 은행·신용보증기금 등 세무서장이 인정한 자의 납세보증서)을 제공한 경우에는 신청일 당일에 허가받은 것으로 본다(허가).

4) 연부연납의 취소

만약 연부연납 허가 이후 납세의무자가 세법상 요건을 어느 하나라도 위반하는 경우(① 연부연납세액을 지정된 기한 또는 예정일까지 납부하지 않은 경우, ② 담보의 변경 또는 담보 보전관련 세무서장 명령을 따르지 않은 경우, ③ 국세징수법에 의거 납기전 징수 사유에 해당하여 연부연납기한까지 세액 전액을 징수할 수 없다고 인정되는 경우, ④ 상속받은 가업을 세법상 폐업하거나 해당 상속인이 가업에 종사하지 않는 경우)에 세무서장은 연부연납 허가를 취소하거나 변경하고, 연부연납 관련 세액 전액 또는 일부를 추징, 압류할 수 있다(취소).

[연부연납 신청 및 허가 통지 기한]

연부연납 신청대상 세액 구분	신청기한	허가통지 기한
• 과세표준 신고 시 납부할 세액	신고기한 이내	상속세: 신고기한부터 9개월 증여세: 신고기한부터 6개월
• 기한 후(수정) 신고 시 납부할 세액	기한 후(수정) 신고시 (결정통지 전)	상속세: 신고한 날이 속하는 　　　　달의 말일부터 9개월 증여세: 신고한 날이 속하는 　　　　달의 말일부터 6개월
• 신고 후 미납부에 대한 고지세액 • 무신고자나 미달신고자의 　신고세액을 초과한 고지세액	납세고지서상 납부기한	납부기한 경과일부터 14일 이내
• 증여자 연대납부의무에 의하여 　납부하는 증여세	납부통지서상 납부기한	
• 연부연납 신청 시 특정 　납세담보물을 함께 제공한 경우	연부연납 신청일에 허가된 것으로 간주	

5) 연부연납기간

연부연납은 최대 연부연납기간과 거치기간이 있다. 우선 ① 일반적인 상속재산에 대한 상속세는 거치기간 없이 최대 10년 간 연부연납이 가능하고, ② 가업상속공제를 적용받은 상속재산은 가업상속재산 비율에 상관없이 최대 20년 간 연부연납을 하거나 또는 10년 간 거치 이후 10년 간 연부연납이 가능하다. ③ 일반적인 증여세는 거치기간 없이 최대 5년 간 연부연납이 가능하며, ④ 2024년부터 '가업승계 주식 증여세 과세특례' 관련 증여세는 거치기간 없이 최대 15년까지 연부연납이 가능하다.

[세목별 연부연납 기간]

세목		연부연납 기간
상속세	일반 상속재산	- 최대 10년 연부연납(거치기간 없음)
	가업상속공제률 적용 받은 상속재산	- 최대 20년 연부연납 - 최대 10년 거치, 10년 연부연납　*선택 가능
증여세	일반 증여재산	- 최대 5년 연부연납 (거치기간 없음)
	가업승계 주식 증여세 과세특례 재산	- 최대 15년 연부연납 (거치기간 없음)

6) 매년 납부해야 할 연부연납세액

연부연납 기간 중 매년 납부해야 할 세액은 아래와 같이 계산하되 매년 납부할 세액은 '1천만 원'을 초과해야 한다.

$$\left[\text{상속세 납부세액} \times \frac{\text{가업상속재산} - \text{가업상속공제액}}{\text{총상속재산가액} - \text{가업상속공제액}} \right] \times \frac{1}{(\text{연부연납기간} + 1)}$$

7) 연부연납 가산금

다만, 연부연납제도는 공짜가 아니다. 상속세 납부세액이라는 원금에 이자가 가산되는데 이를 '연부연납 가산금'이라고 하며, 매년 납부하는 세액에 연부연납 가산금이 추가된 금액을 납세의무자는 납부해야 한다.

[연부연납 가산금 계산]

① 첫 회분 납부할 가산금

연부연납을 허가한 총세액 × 신고기한 또는 납세고지서의 납부기한의 다음날부터 첫 회차 분납세액의 납부기한까지의 일수 × 연부연납 가산율

② 첫 회분 이후 납부할 가산금

[연부연납을 허가한 총세액 − 직전 회차까지 납부한 분납세액의 합계액] × 직전 회차의 분납세액 납부기한의 다음날부터 분납기한까지의 일수 × 연부연납 가산율

* 현재 연부연납 가산율: 2024년 3월 21일부터 연 3.5%

[연부연납 가산율(연부연납 가산금 이자율)]

'15.3.6.~ '16.3.6.	'16.3.7.~ '17.3.14.	'17.3.15.~ '18.3.18.	'18.3.19.~ '19.3.19.	'19.3.20.~ '20.3.12.	'20.3.13.~ '21.3.15.	'21.3.16.~ '22.3.19.	'23.3.20.~ '24.3.20.	'24.3.21.~
연 2.5%	연 1.8%	연 1.6%	연 1.8%	연 2.1%	연 1.8%	연 1.2%	연 2.9%	연 3.5%

〈별첨 1〉 부모님 사망시 자식 등 상속인들이 해야 할 일(사후 절차)

[순서 1. 사망신고]

1) 신고 기한: 사망일로부터 '1개월 이내'
2) 신고 장소: 사망인의 주소지 또는 본적지의 '읍/면/동 주민센터'
3) 첨부 서류: 사망인의 사망진단서 또는 검안서 + 신고인의 신분증
4) 신고 미이행시: 과태료 발생(5만 원)

[순서 2. 피상속인의 재산 확인]

1) 권장 기한: 한정승인 및 상속포기 기한 전까지(상속개시를 안 날로부터 3개월 이내)
2) 찾는 방법

  2-1) 피상속인의 상속재산 찾기: '안심상속 원스탑 서비스'
  - 안심상속 원스탑 서비스: 정부24(온라인) 또는 읍/면/동 주민센터에 방문 신청
  - 해당 서비스로 확인이 가능한 재산: 금융재산, 국세 및 지방세, 연금, 부동산, 자동차
  - 신청 순위: 제1순위 법정상속인(사망자의 배우자 또는 직계비속) → 제2순위 법정상속인(사망자의 배우자 또는 직계존속) → 제3순위, 대습상속인 등
  - 소요 기간: 신청 후 결과 조회까지 최소 7일 ~ 최대 20일 정도

  2-2) 피상속인의 유언서 찾기: 부모님의 서류 보관 장소, 금고, 공증사무소 확인 등

  2-3) 피상속인의 유언대용신탁 확인
  - 계약서류 확인, 주거래 금융기관(신탁회사) 방문, 부모님이 가지고 있던 부동산의 등기사항전부증명서 열람

[순서 3. 법원에 '한정승인 또는 상속포기' 신청]

1) 신청 기한: 상속개시를 안 날로부터 3개월 이내
2) 신청 방법: 상속재산과 피상속인(사망자)의 주소지 관할 가정법원에 신청

   ※ 공동상속인들과의 합의를 통한 한정승인 또는 상속포기: 효력 없음
   ※ 단순승인: 법원에 신청 불필요

[순서 4. 상속재산 분할]

1) 분할 기간: 상속개시일부터 상속세 신고 전까지
2) 분할 방법

   2-1) 유언에 의한 분할
   - 유언서의 '법원 검인 절차' 진행('공정증서 유언'은 법원의 검인 절차 불필요)
   → 유언서의 의거하여 재산 분할

   2-2) 유언대용신탁
   - 유언대용신탁계약의 사망통지인 또는 사후수익자는 신탁회사에 위탁자의 사망 사실 통보 → 사후수익자는 수익권에 기해 신탁회사에 신탁재산 청구 및 수령

   2-3) 공동상속인 전원이 모여 재산분할협의
   - 유언 또는 유언대용신탁이 없을 경우에 한하여 반드시 진행
   - 상속재산분할 협의서 작성 및 공증 권장(← 변호사 등 전문가에게 의뢰 필요) → 미합의시: 법원에 '상속재산분할 심판청구'(확정판결에 의거하여 상속재산분할)

[순서 5. 상속재산분할 완료 후 → 상속인 명의로 '등기, 등록, 명의개서, 계좌이전']

1) 권장 기간: 상속개시일 ~ 상속세 신고 전까지
2) 등기 등 진행시 근거 서류: 유언, 유언대용신탁 계약서, 상속재산분할 협의서, 판결문
   ※ 상속재산 취득에 따른 취득세 등 마련 필요
3) **배우자: '상속세 신고 기한부터 9개월 이내' 등기·등록** 必
   → 미이행시: 배우자 상속공제 적용 제한

[순서 6. 상속세 신고·납부]

1) 신고 기한: 피상속인의 사망일이 속하는 달의 말일로부터 6개월 이내
2) 관할 세무서: 피상속인의 주소지 관할 세무서에 신고·납부
3) 기타 사항: 피상속인의 종합소득세 신고를 겸해야 할 것

[순서 7. 기타 재산 청구 및 이전]

1) **국민연금** 청구: 유족연금, 반환일시금, 사망일시금 청구(**사망일로부터 5년 이내**)
2) 자동차 소유권 이전 또는 말소: 사망일로부터 3개월 이내(말소 미이행시: 최대 50만 원 범칙금 부과)
3) 보험금 지급 청구: 상법 제662조 근거 보험금청구권의 소멸시효 3년
4) 사업자 등록증 정정 등

[순서 8. 상속세 관련 후속 절차 인지 및 대비]

1) (원칙) 과세관청의 상속세 결정 및 통지: 상속세 신고기한으로부터 9개월 이내
2) (예외) 상속세 조사 가능: 관할 세무서 또는 지방국세청 세무조사 가능
   (사망일로부터 2년 이내)
3) (예외) 상속재산 30억 원 이상의 고액상속인: 과세관청의 사후관리 대상
   (사망일로부터 5년 이내)

〈별첨 2〉 주택연금, '노후대비와 상속세 절세를 동시에'

개요

선대로부터 재산을 전혀 물려받은 것이 없다고 가정해보자. 실제 우리나라 70대~80대 시니어의 상당수는 일제강점기, 한국전쟁으로 인해 부모로부터 물려받은 재산이 적거나 거의 없다. 한국 경제 성장의 주역으로, 산업화의 역군으로 청춘을 보냈다. 자식들 잘 먹이고, 공부시키고, 시집, 장가보내기 위해 평생을 바쳤다.

우리나라 70대~80대 시니어에게 은퇴준비는 어찌보면 사치였을 것이다. 그리고 본인들이 부모한테 한 것처럼 훗날 자식들이 나중에 잘 봉양해줄거라는 기대도 내심 있었을 것이다. 그러나 세태가 바뀌었다. 자식들도 자기 앞가림하기 바쁘다. 그래서 종종 이런 이야기가 들린다. "지금의 70대~80대는 부모를 마지막으로 봉양한 세대이자, 자녀들에게 부양받지 못하는 첫 세대라고" 말이다. 편차가 있을 수 있겠지만 공감하는 사람들이 제법 있을 것이다.

결국, 보통의 70대~80대 시니어들에게 남은 건 부부가 살고 있는 집 한두 채, 생활비 또는 병원비로 충당할 금융재산 일부, 국민연금 또는 기초연금일 것이다. 가액을 기준으로 보면 보유재산 중 주택의 비중이 압도적으로 클 것이다. 편차가 있을 수 있겠지만 이를 두고 틀렸다고 말할 수 사람은 많지 않을 것이다.

[주택연금의 이해]

국민연금, 퇴직연금, 개인연금과 함께 은퇴 후 보통사람들의 노후대비 목적으로 설계된 주택연금이 있다. 주택연금은 한국주택금융공사가 보증하는 형태로 부부 중 1명이 55세 이상일 경우 주택소유자가 주택을 담보로 하여 금융기관으로부터 매월 연금을 받는 제도이다.

주택연금에 연금이라는 명칭이 붙지만 실제로는 담보대출의 한 형태이다. 그래서 외국 또는 우리나라에서는 Revers Mortgage 또는 역모기지제도(또는 주택담보노후연금대출)로 불린다. 연금이기는 하지만 대출이기 때문에 수령하는 연금에 연금소득세, 이자소득세 등 일체의 세금이 발생하지 않는다. 다만, 주택에 근저당권이 설정(근저당권 방식: 등기사항전부증명서 을구에 근저당권 등기)되거나, 한국주택금융공사가 신탁재산인 주택의 수탁자가 되는 신탁등기가 이뤄진다(신탁방식: 등기사항전부증명서 갑구기준 소유권 이전 및 수탁자를 한국주택금융공사로 신탁등기).

[주택연금을 가입할 수 있는 요건]

우선 주택연금에 가입하기 위해서는 이하 다섯가지의 요건을 모두 만족해야 한다. 첫째, 부부 중 1명이 55세 이상이면서 대한민국 국민이어야 한다. 둘째, 부부합산 공시가격 기준 12억 원 이하의 주택소유자여야 한다(다주택자라도 부부합산 공시가격이 12억 원 이하면 가입 가능, 공시가격이 12억 원 초과인 2주택자는 3년 이내 1주택을 처분하는 경우 가입 가능). 시가가 아닌 공시가격이기 때문에 시가 18~20억 원 정도의 주택도 주택연금 가입이 가능할 수도 있다. 셋째, 주택연금을 받을 수 있는 대상 주택은 주택법 제2조 제1호에 따른 주택, 지방자치단체에 신고된 노인복지주택 및 주거목적 오피스텔이어야 한다. 넷째, 주택연금 가입주택에 가입자 또는 배우자가 실제로 거주하고 있어야 한다(주민등록등본 기준 주소지, 실제 거주 필요, 일부 예외 사항들이 있음). 다섯째, 주택연금 가입시 가입신청자 및 그 배우자가 의사능력 및 행위능력이 있어야 한다(치매 등의 사유로 의사능력 또는 행위능력이 없거나 부족한 경우 성년후견제도를 활용하여 가입 가능).

[주택연금의 일반적 장점]

주택연금의 일반적 장점은 첫째, 주택연금인 가입자는 물론 가입자의 배우자까지 연금을 평생 받을 수 있다(부부 중 한 분이 사망해도 연금액 감액 없이 100%를 배우자가 사망할 때까지 지급). 둘째, 정부의 예산 및 재원을 바탕으로 운영되므로 연금지급중단인 디폴트의 위험으로부터 벗어나 있다. 셋째, 가입자 및 배우자(이하, 연금수급자)의 사망으로 주택을 처분하면서 발생하는 주택처분가액(이하, 정산금)이 연금수급자가 받아 간 연금의 합계액(이하, 연금수령액)보다 적더라도 자녀 등 상속인들에게 차액을 청구하지 않는다. 반대로 정산금이 연금수령액보다 클 경우에는 그 차액은 상속인들에게 지급된다.

[주택연금의 세법상 장점]

주택연금의 세법상 장점은 3가지로 요약할 수 있다. 첫째, 주택가액 5억 원을 한도로 매년 납부할 재산세의 25%를 감면한다(근저당권 방식의 주택연금에 한하며, 다른 재산세 감면사항과 중복되는 경우 가장 큰 재산세 감면사항 하나만 적용). 둘째, 공적연금 등 연금소득이 있는 사람에게는 소득공제 혜택이 있다. 매월 수령하는 주택연금액은 원금과 이자로 구성되어 있다. 이때 해당 이자를 합산한 금액(연간 200만 원 한도)을 연금소득자의 종합소득금액에서 소득공제 한다. **셋째, 상속세를 절감할 수 있다. 주택연금가입자가 수령한 주택연금의 총액은 부채*로 간주로 된다. 따라서 주택연금가입자가 사망할 경우 상속세를 계산할 때 해당 부채는 상속재산가액에서 차감된다.**

* 주택연금 지급총액 = ① 월지급금 누계 + ② 수시인출금 + ③ 보증료(초기보증료 및 연보증료) + ④ (①,②,③)에 대한 대출이자
* 부채 증명: 한국주택금융공사(HF)에서 발급해 준 '보증잔액증명서 등'을 세무서에 제출해야 함

[주택연금 가입인원 등 현황]

2024년 5월말 기준 주택연금의 누적 가입인원은 127,853명이다(부부 중 연소자 기준, 2023년말에는 121,476명). 가입인원의 평균연령은 약 72세이고, 평균 주택가격은 약 3억 8,600만 원이며, 평균 월 지급금(월 연금액)은 약 121만 원이다.

<별첨 3> 농지연금, '평생 일군 농지, 상속세도 절감하면서 나를 위해 쓰자'

개요

도시에 사는 50대~60대 고객들을 상담하다 보면 이런 이야기를 곧 잘 듣는다. 시골에 돌아가신 부모님으로부터 물려받은 논과 밭이 있는데 잘 관리도 안 되고, 값도 많이 안 나가고, 잘 팔리지도 않아 골칫거리라고 말이다.

고령의 농업인은 향후 농지(논, 밭, 과수원)를 자식들에 물려주기보다는 본인의 노후보장을 위해 농지연금을 활용하는 것도 꽤 괜찮아 보인다. 농지연금 가입자들을 대상으로 한국농어촌공사에서 설문조사를 실시하였는데 가입자들의 92%가 농지연금제도에 대해 만족한다고 밝혔다. **만족하는 이유로 '자녀들에게 부담을 주지 않아서'가 37%로 가장 높았다.**

[농지연금의 이해]

농지연금이란 한국농어촌공사(농지은행·농지연금) 홈페이지 설명 자료에 따르면 고령농업인의 안정적인 노후생활을 위해 고안된 제도라고 한다. 농지연금은 60세 이상의 농업인이 소유한 농지(논, 밭, 과수원)를 담보로 하여 매월 연금의 형태로 생활자금을 받는 제도이다. 연금으로 명명하지만 대출의 한 형태이다. 그러나 일반적인 금융기관들의 농지담보대출보다 좀 더 유리한 조건의 제도이다.

[농지연금과 일반 금융기관의 농지담보대출 비교]

구분	농지연금	농지담보대출
대출방식	매월 분할 지급	계약 시 일시금 지급
대출기간	평생	확정
상환방법	사망 시 일시상환	원리금 분할상환 또는 일시상환
대출이자율	고정 2% 또는 변동 1.14% (농업정책자금 변동금리)	신용등급에 따라 4% ±α
담보인정비율	공시지가 100% 또는 감정평가 90%	감정평가 50~70%

* 출처: 한국농어촌공사 농지은행·농지연금 홈페이지

[농지연금의 일반적 장점]

농지연금의 장점으로 첫 번째는 농지소유자인 가입자는 물론 가입자의 배우자까지 연금을 평생 받을 수 있다(단, 배우자승계형에 한함). 두 번째는 정부예산(재원)을 바탕으로 운영하므로 연금지급중단(디폴트)의 위험으로부터 벗어나 있다. 세 번째는 가입자 및 배우자(이하, 연금수급자)의 사망으로 농지를 처분하면서 발생하는 농지처분가액(이하, 정산금)이 연금수급자가 받아 간 연금의 합계액(이하, 연금수령액)보다 적더라도 자녀 등 상속인들에게 차액을 청구하지 않는다. 반대로 정산금이 연금수령액보다 클 경우에는 그 차액은 상속인들에게 지급된다. 네 번째는 농지연금수급전용계좌를 통해 민사집행법에서 정한 최저생계비 이하로 연금을 받는다면 채권자들로부터 압류가 금지된다(압류방지채권).

[농지연금의 세법상 장점]

농지연금은 세법상, 비용상 장점도 여러 가지가 있다. 첫째, 농지연금은 농지(논, 밭, 과수원)를 담보로 대출을 받는 형태이기 때문에 해당 농지에 저당권이 설정되고 이를 등기해야 한다(등기사항전부증명서 을구, 근저당권 형태). 이때 등록면허세, 지방교육세, 등기신청수수료 등이 발생하는데

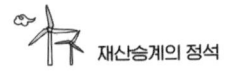

이는 한국농어촌공사가 부담한다. 둘째, 농지연금을 위해 담보로 제공된 농지에서 매년 발생하는 재산세를 100% 감면한다(단, 공시가격 6억 원 이하의 농지에 한함). **셋째, 상속세를 절감할 수 있다. 농지연금 가입자가 받은 연금수령액은 부채*로 간주된다. 따라서 농지연금 가입자가 사망할 경우 상속세를 계산할 때 해당 부채는 상속재산가액에서 차감된다.**

* 부채 증명: 한국농어촌공사로에서 발급해 준 '농지연금 채무액(상환) 확인서'를 세무서에 제출해야 함
* 농지연금 채무액(상환) 확인서 양식

(별지 제10호 서식)

농지연금 채무액(상환) 확인서

❏ 농지연금수급자 :

❏ 생 년 월 일 :

❏ 담보농지 및 상환내역

(금액 : 원)

농지소재지	지번	지목	상환면적 (㎡)	채무액 (A)	상환액 (B)	상환일	채무잔액 (A-B)
계							

* 상기 금액은 상환일 기준 금액

상기 담보농지는 「한국농어촌공사 및 농지관리기금법」 제24조의5 및 동법 시행령 제19조의10에 따라 근저당권을 설정하고 농지연금을 지급받은 농지로서 동 농지연금채무액을 위와 같이 상환하였음을 확인합니다.

20 . .

한국농어촌공사   지사장 인

[농지연금의 가입요건]

농지연금에 가입하기 위해서는 연령조건, 영농조건, 대상농지조건, 즉, 3가지 요건을 모두 만족해야 한다.

첫째, 연령조건을 살펴보자. 농지연금을 신청하려는 사람은 농지연금을 신청하는 연도의 말일 기준 60세 이상의 농지소유자여야 한다(2024년 신청 시: 1964년 12월 31일 이전 출생자).

둘째, 영농을 확인하는 절차, 서류, 요건 등은 추후에 설명하기로 하고 농지연금을 신청하려는 사람은 영농 경력 5년 이상이어야 한다(꼭 연속적이어야만 하는 것은 아니고 과거 경력을 합산할 수도 있음).

셋째, 대상농지조건이 매우 까다로운데 이하의 사항을 모두 만족해야 한다. ① 실제 영농에 이용되고 있는 농지로서 해당 농지의 지목이 전(밭), 답(논), 과수원이어야 한다. ② 2년 이상 소유한 농지이어야 하고 만약 선대(피상속인)로부터 상속받은 농지라면 피상속인의 소유기간을 포함한다. ③ 농지연금 대상 농지의 위치(소재지)는 농지연금 신청자의 주소와 동일한 시/군/구에 있거나 또는 그와 연접한 시/군/구에 있거나 또는 농지의 소재와 농지연금 신청자의 주소지가 직선거리 30km 이내에 있어야 한다.

다만, 저당권/제한물권/압류 등이 설정되어 있는 농지는 농지연금 가입이 제한되고(일부 예외 있음), 농업용 목적이 아닌 시설 또는 불법건축물이 설치된 농지는 가입이 불가하며, 신청자 본인 및 배우자(부부) 이외의 사람이 공동소유한 농지도 가입이 불가하다.

[농지연금의 공시가격 기준 월 연금(지급금) 예상액]

종신(정액)형	농지가격					
나이	1억원	2억원	3억원	4억원	5억원	6억원
60세	34만원	68만원	102만원	136만원	170만원	204만원
65세	38만원	75만원	113만원	151만원	189만원	226만원
70세	42만원	854만원	127만원	170만원	212만원	254만원

* 출처 : 한국농어촌공사 농지은행·농지연금 홈페이지

CHAPTER 2

재산승계

증여세와 신탁

※ 일반 증여재산 증여세 계산 구조(기본세율 적용) - 수증자가 국내 거주자일 때

증여재산가액
−
비과세 및 과세가액 불산입액
−
채무부담액
+
증여재산가액
↓
증여세 과세가액
−
증여재산공제 등
−
감정평가 수수료
↓
증여세 과세표준
×
세율
↓
산출세액
+
세대생략 할증과세액
−
세액공제 등
−
신고·납부 불성실 가산세 등
−
연부연납·분납
↓
납부할 증여세액

※ 국내외 모든 증여재산으로 증여일 현재의 시가로 평가(원칙)

※ 비과세(사회통념상 인정되는 피부양자의 생활비, 교육비 등)
※ 과세가액 불산입 재산(공익법인에 재산 출연, 장애인신탁 등)

※ 증여재산에 담보된 채무인수액(임대보증금, 금융기관 채무 등)

※ 당해 증여일 전 동일인으로부터 10년 이내에 증여받은 증여재산가액의 합계액이 1천만원 이상인 경우 그 과세가액
 − 증여자가 직계존속인 경우 그 배우자 포함

※ 수증자가 다음의 증여자로부터 증여받은 경우 적용

증여자	배우자	직계존속	직계비속	기타친족*
공제 한도액	6억원	5천만원 (수증자가 미성년자인 경우 2천만원)	5천만원	1천만원

*6촌 이내 혈족 및 4촌 이내 인척

※ 부동산 감정평가법인의 수수료 등

과세표준	1억원 이하	5억원 이하	10억원 이하	30억원 이하	30억원 초과
세율	10%	20%	30%	40%	50%
누진공제액	없음	1천만원	6천만원	1억 6천만원	4억 6천만원

※ (상속제 과세표준 × 세율) − 누진공제액

※ 세대생략증여 시 30% 할증(단, 미성년자가 20억원을 초과하여 수증한 경우 40%를 할증하나, 수증자의 부모가 사망하여 세대생략증여 시에는 제외)

※ 신고세액공제·납부세액공제·외국납부세액공제·문화재자료 징수유예세액

※ 물납 불가

 재산승계의 정석

🌱 개요

이런 경우도 증여세가 발생할 수 있다. 그래서 제대로 알아야 한다.

> **아버지 빚 대신 갚아준 박OO(전 프로골퍼), 증여세 '폭탄' 논란**
> (조선일보, 2024.06.24.)
>
> 박OO(46, 전 LPGA 프로골퍼, 여), 박OO 희망재단 이사장의 부친 박##씨가 서류상 확인된 것만 30억원 이상의 빚을 진 것으로 나타났다. 부모의 빚을 대신 갚아주는 것도 증여에 해당해 박 이사장이 증여세 '폭탄'을 맞을 수 있다는 분석이 나왔다.
>
> 22일 부동산등기부등본을 보면, 박씨 부녀가 50%씩 지분을 공동 보유한 토지에 2001년부터 가압류가 설정됐다. 2014년까지 해당 부동산에 걸린 압류 및 가압류 청구 금액은 30억 9,300여만원에 이른다.
>
> 박 이사장은 부친 박씨의 채무를 대신 해결해 온 것으로 보인다. 2012년 9월까지 등기부등본에 설정된 압류·가압류 등기는 모두 말소됐다. 하지만 또 다른 가압류가 들어왔고, 박 이사장은 2016년 7월 박씨의 채무와 이자 10억원을 추가로 갚아주는 대신 나머지 지분을 전부 인수했다.
>
> 박 이사장은 지난 18일 기자회견에서 "2016년 경매가 들어와 급한 대로 아버지 채무를 변제하고 지분을 샀다"며 "은퇴 이후 아버지의 채무 문제는 하나를 해결하면 마치 줄이라도 서 있었던 것처럼 다음 채무 문제가 생기는 것의 반복이었다"고 했다.
>
> 이후 박 이사장이 아버지의 빚을 대신 갚아줬다면 증여세를 내야 한다는 분석이 나왔다.(후략)

1 증여세 절세의 원칙

1) 상속세와 증여세의 차이

비현실적인 사례를 들어 설명하고자 한다. 그 이유는 극단적인 예시를 들어야 상속세와 증여세의 과세구조를 확실히 비교할 수 있고, 증여세를 절세할 수 있는 방법을 뚜렷하게 인식할 수 있기 때문이다.

> 홍길동 씨는 100억원을 가진 자산가이고, 슬하에 100명의 자녀가 있다. 100억원을 상속으로 물려줄 때와 생전에 100명의 자녀에게 1억원씩 물려줄 때(증여일 이후 홍길동 씨가 10년 이상 생존 할 경우를 가정) 세금 차이는 얼마나 발생할까? 단, 쉬운 이해를 위해 상속공제 및 증여재산공제는 없다고 가정한다.

우선 상속세를 살펴보자. 단, 각종 상속공제, 세액공제 등을 전혀 고려하지 않았음을 전제한다. 홍길동 씨가 자녀들에게 증여하지 않고 본인이 갖고 있다가 사망하는 경우 상속세는 약 45억 4천만 원 정도가 발생할 수 있다 (100억 원 상속 발생시 ⇒ 상속재산가액 100억 원 × 세율 50% - 누진공제 4.6억 원 ⇒ 상속세액 45.4억 원).

반대로 증여세를 살펴보자. 단, 증여재산공제를 고려하지 않고 이번에 재산을 증여하는 것 이외에 동일인에게 10년 간 증여한 사실이 없다고 전제해 보자. 각 자녀가 부담하는 증여세는 1천만 원이고 자녀 100명의 증여세 총 합계액은 10억 원이다(자녀 1명에게 1억 원 증여시 → 1억 원 × 세율 10% = 1천만 원 → 100명 증여 시 10억 원).

즉, 사전증여 없이 상속이 개시된다면 세율 50%의 상속세를 내야 하지만, 상속개시 10년 이전에 자녀들에게 1억 원씩 증여를 하면 세율 10%의 증여세를 각각의 자녀가 부담하면 된다. 상속세 대비 증여세가 약 35억 원의 세금이 절약된다.

단, 사전증여를 한다고 무조건 절세가 된다고는 할 수 없다. 이런 세 부담의 차이를 활용하여 상속세를 회피하는 것을 막기 위해 세법에서는 상속개시일 10년 내에 자녀나 배우자에게 증여한 사전증여재산을 상속재산에 합산하도록 규정하고 있기 때문이다. 따라서, 고령이거나 건강이 좋지 않은 상황에서 증여 후 바로 상속이 일어날 경우 절세효과가 크지 않다.

2) 증여를 통한 절세법 5가지

(1) 빠르면 빠를수록 좋다!

이번 재산을 증여하는 날 기준 10년 이내에 이미 증여한 재산이 있다면 이번에 증여하는 재산과 이미 증여한 재산을 합산하여 증여세를 계산하게 된다.

예를 들어, 증여세 과세표준 1억 원 이하인 경우 세율 10%의 구간을 활용하여 매년 1억 원씩 증여한다고 해서 매년 증여세 1천만 원을 내고 끝나는 것이 아니라, 작년에 1억 원하였고 올해 1억 원을 증여를 했다면 합산하여 총 2억 원에 대해 세율 20%를 적용하여 계산한 금액에 작년에 낸 증여세만큼을 공제해주는 구조로 세금이 계산된다. 따라서, 10년 단위로 증여계획을 세워야 절세가 가능하다. 구체적인 사례를 살펴보자.

> 홍길동 씨가 80세에 30억원을 한 번 증여하는 경우와 60세부터 10년 단위로 10억원씩 증여하는 경우 세부담 차이가 얼마나 발생할까?

구분	1회 증여	10년 단위로 3회 증여		
	80세에 30억	60세 10억	70세 10억	80세 10억
증여세	① 9.89억	② 2.18억	2.18억	2.18억
총 세부담		6.54억		
절세효과		약 3억 3,500만원 절세		

① {(30억 원 − 5,000만 원) × 40% − 1.6억 원} × 0.97 = 9.89억 원
② {(10억 원 − 5,000만 원) × 30% − 0.6억 원} × 0.97 = 2.18억 원

(2) 수증자는 많으면 많을수록 좋다!

증여세는 상속세와는 달리 증여재산을 받는 사람을 기준으로 세금을 부과한다(유산취득세 방식). 따라서 동일한 금액의 재산을 증여하더라도 증여받는 사람(수증자)의 인원을 늘리면 세금이 줄어들 수 있다. 또한, 국내 거주자임을 전제로 수증자별 증여재산공제 금액이 있다. 수증자가 법적 배우자인 경우 6억 원, 성년 자녀 등 직계비속은 5천만 원(미성년자 2천만 원), 부모 등 직계존속인 경우 5천만 원, 기타친족인 경우 1천만 원의 증여재산공제를 받을 수 있다. 증여재산공제를 통해 증여세 과세표준을 낮출 수 있다. 구체적인 사례를 살펴보자.

> 아들에게 12억원 모두를 증여할 경우와, 아들과 며느리, 손자에게 각각 4억원씩 줄 경우, 세 부담 차이는 얼마나 될까?

(단위: 원)

구분	단독증여 (아들)	분산증여			
		아들	며느리	미성년 손자	계
증여재산	1,200,000,000	400,000,000	400,000,000	400,000,000	
(−)증여재산공제	50,000,000	50,000,000	10,000,000	20,000,000	
(=)과세표준	1,150,000,000	350,000,000	390,000,000	380,000,000	
(×)세율	40%	20%	20%	20%	
(=)산출세액	300,000,000	60,000,000	68,000,000	66,000,000	
(+)세대생략할증	−	−	−	19,800,000	
(−)신고세액공제	9,000,000	1,800,000	2,040,000	2,574,000	
(=)납부세액	291,000,000	58,200,000	65,960,000	83,220,000	207,386,000
차액					83,614,000

(3) 향후 미래가치가 높은 재산을 증여하자!

증여를 마음먹었다면, 지금보다 미래에 가치가 높아질 수 있는 자산을 증여하는 것이 좋다. 현재 가치가 똑같은 자산이라도 앞으로 가치가 높아진 뒤 나중에 증여할 경우 지금보다 높아진 재산가액으로 계산되기 때문에 증여세를 많이 부담하여야 한다.

앞서 살펴본 것처럼 배우자, 자녀에게 증여한 후 10년 이내에 상속이 발생하면 상속재산가액에 사전증여재산 가액을 합산하여 상속세를 계산한다. 그럼에도 불구하고 이때 상속재산가액에 합산하는 증여재산가액은 증여자의 상속개시시점의 재산가액이 아니라 사전증여한 시점의 저평가된 재산가액이 되기 때문에 여전히 절세효과가 있다.

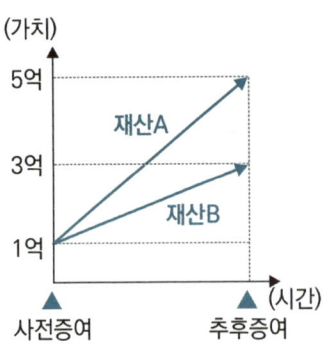

구분		A재산	B재산
추후 증여	증여가액	5억	3억
	증여세	7,760만원	3,880만원
사전 증여	증여가액	1억	1억
	증여세	485만원	485만원
절세효과		7,275만원	3,395만원

(4) 대출, 전세보증금 등 부채와 함께 증여하자(부담부증여)!

현금을 증여할 경우 증여받은 현금으로 증여세를 내면 문제가 없다. 그러나 부동산을 증여받을 경우, 재산을 증여받은 수증자가 소득이 없거나 적을 경우 증여세를 낼 재원이 부족할 수도 있기 때문에 가치가 있는 부동산을 선뜻 증여받기 어려울 때가 있다. 이런 경우 활용할 수 있는 것이 '부담부증여'이다.

부동산을 증여받는 사람이 증여자의 재산뿐만 아니라, 증여자의 채무(전세보증금이나 대출금 등)을 같이 인수받는 것을 '부담부증여'라고 하는데, 결국 수증자는 자산에서 채무 부분을 제외한 부분만 증여세를 납부하기 때문에 증여세 부담을 덜 수 있다.

다만, 증여자인 부모는 수증자인 자녀에게 채무를 넘기는 것이므로 양도소득세가 부과될 수 있다. 따라서 재산가액에 따라서 양도소득세가 많아지는 경우가 생길 수도 있지만 부채를 제외한 단순증여시 납부하는 증여세 총액보다 양도소득세와 증여세를 합한 금액이 더 적어지는 경우도 종종 있으므로 절세 플랜으로 활용이 가능하다. 구체적인 사례를 살펴보자.

> 증여대상 부동산의 평가금액: 8억원, 취득가액(취득세 등 부대비용 포함): 2억원
> 보유기간: 15년 , 대출금액: 4억원

[단순증여 vs 부담부증여 세액 계산(예시)]

(단위: 원)

구분	단순증여 시 (채무없이 증여) 증여세 (수증자 부담)	부담부증여 시 (채무와 함께 증여)		
		증여세 (수증자 부담)	양도소득세 (증여자 부담)	
증여재산가액	800,000,000	800,000,000	양도가액	400,000,000
− 채무액	0	400,000,000	취득가액	100,000,000
− 증여재산공제 또는 각종 공제	50,000,000	50,000,000	공제 등 *	92,500,000
=과세표준	750,000,000	350,000,000	과세표준	207,500,000
산출세액	165,000,000	60,000,000	양도소득세	59,450,000
납부세액	160,050,000	58,200,000	총납부세액	65,395,000
세금 합산	160,050,000	123,595,000 (36,455,000원 절세)		

* 장기보유특별공제: 30% , 양도소득기본공제 : 250만 원

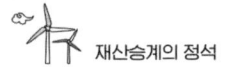

(5) 수익형 재산을 먼저 증여하자!

(생전에 본인의 재산을 자녀에게 물려주고자 마음먹었다면) 주차장, 상가 등 임대소득이 발생하는 부동산, 배당수익률이 높은 주식 등 수익형 재산을 먼저 증여하는 것이 좋다.

그 이유로는 첫째, 소득이 많은 부모가 수익형 재산을 소득이 적은 자녀에게 물려주어 자녀에게 임대소득 등을 발생케 함으로써 소득분산을 통한 소득세 절세효과를 누릴 수 있다. 둘째, 물려받은 재산에서 발생하는 임대소득과 배당금 등은 소득세 납부 이후 자녀의 현금재산이 된다. 자녀는 이러한 현금재산을 잘 축적하고 관리하여 향후 추가로 재산을 증여받거나 상속이 발생할 때 증여세, 상속세, 취득세 등의 자금으로 사용할 수 있다. 셋째, 물려받은 재산에서 발생하는 소득은 누가 뭐라고 해도 자녀의 소득이다. 즉, 자녀가 본인 명의의 부동산이나 재산을 취득할 때 이 소득은 자녀의 자금출처로써 활용될 수 있다.

2 정기적 증여를 통한 증여세 절세와 신탁

정기적인 증여플랜을 통한 증여세 절세 사례와 신탁의 활용 방법을 살펴보도록 하자.

홍길동 씨(69세, 남)는 은퇴 이후 7년 전부터 부인과 함께 경기도에서 펜션업을 하고 있다. 슬하에는 아들 2명(장남 48세, 차남 42세)을 두고 있다. 홍길동 씨는 5년 전 위암 초기 판정을 받아 수술을 했고, 현재는 거의 완치되어 반기에 한번씩 서울○○병원에서 정기검진을 받는 상황이다. 홍길동 씨의 재산은 서울시 소재 아파트 1채(시가 20억원), 국내 주식과 펀드(시가 10억원), 경기도 소재 펜션 및 토지(감정평가액 10억원)를 보유하고 있다.

[홍길동 씨 자산 현황]

구분	시가	비고
서울시 소재 아파트	20억원	단독 소유(차남에게 증여 검토)
주식 및 펀드	20억원	단독 소유(장남에게 증여 검토)
경기도 소재 펜션 및 토지	10억원	단독 소유(본인 사망 후 배우자에게)
합계	50억원	

홍길동 씨는 ① 서울시 소재 아파트는 현재 주택이 없는 차남에게 증여하고, ② 금융재산인 주식과 펀드는 장남에게 증여하며, ③ 경기도 소재 펜션 및 토지는 부인에게 주고 싶다는 의사를 보였다. 그런데 자녀들에게 한꺼번에 재산을 증여하지 않고 정기적으로 나눠주었을 때 대략적인 증여세를 알고 싶어 했고 아래의 표를 통해 홍길동 씨는 두 자녀들에게 정기적으로 재산을 분산해서 증여하면 증여세를 절세할 수 있다는 것을 깨달았다.

[재산을 증여할 때 Case별 증여세 시뮬레이션]

① Case 1: 두 아들에게 아파트와 주식 및 펀드를 현재 일시에 증여
② Case 2: 두 아들에게 각 재산의 절반은 현재 증여하고 10년 뒤에 나머지 절반을 증여
③ Case 3: 두 아들에게 각 재산을 현재 4분의 1을 증여하고 10년 뒤, 20년 뒤, 30년 뒤 각각 4분의 1씩 증여

구분	Case 1	Case 2	Case 3
1명당 증여재산(회당)	20억원	10억원	5억원
증여재산공제	5천만원	5천만원	5천만원
과세표준	19억 5천만원	9억 5천만원	4억 5천만원
산출세액	6억 2천만원	2억 2,500만원	8천만원
신고세액공제	1,860만원	675만원	240만원
증여 건수	2건(장남, 차남)	4건(2회×2명)	8건(4회×2명)
총 증여세액 합계	약 12억 280만원	약 8억 7,300만원	약 6억 2,080만원
홍길동 씨의 선택	×	○ (본인의 연령, 건강, 사전증여재산 합산 고려)	×

※ 1명 당 증여재산: 서울시 소재 아파트 20억 원, 주식 및 펀드 20억 원, 재산가액 변동/취득세 등 미고려

만약 두 자녀에게 최종적으로 재산을 증여한 이후 10년이 지나고 홍길동 씨가 사망한다고 가정했을 때, 홍길동 씨의 상속세 과세가액은 10억 원(경기도 소재 펜션 및 토지, 가액 변동 미반영)이고 일괄공제(5억 원)와 배우자 상속공제(5억 원)를 차감할 경우 실제 납부할 상속세는 없거나 매우 적을 것으로 예상되었다.

뿐만 아니라 본인이 신경쓰지 않고도 신탁회사 등 수탁자가 정기적인 시기에 수익자인 자녀에게 안내하고, 미리 계획한 바에 따라 수익자인 자녀에게 재산을 이전(증여)하는 신탁제도에 호감을 표시하였다. 종국적으로 홍길동 씨는 ① 서울시 소재 아파트와 주식 및 펀드는 두 자녀들에게 시기를 나눠 증여하는 증여신탁을 설정하였고, ② 경기도 소재 펜션과 토지는 본인 사망 시 부인에게 재산을 이전하는 유언대용신탁을 설정하였다.

[홍길동 씨의 신탁계약 예시]

구분(현재 시가)	위탁자	생전수익자	사후수익자	비고
서울시 소재 아파트 (20억)	홍길동	차남	-	증여신탁 (10년 단위 원본증여)
주식 및 펀드 (20억)	홍길동	장남	-	증여신탁 (10년 단위 원본증여)
경기도 소재 펜션 및 토지(10억)	홍길동	홍길동 (본인)	배우자	유언대용신탁

미리미리 계획을 세워 재산을 증여하면서(수증자 분산, 증여시기 분산) 증여신탁을 활용하거나 유언대용신탁을 결합하면 증여세 및 상속세를 절약할 수 있고, 본인이 설계한 대로 재산승계가 효율적으로 이뤄질 수 있다.

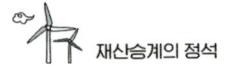

◢ 3 결혼 축의금과 교육비 과연 증여세 비과세일까?

미처 예상하지 못한 거래들이 증여인 경우가 종종 발생하고 있다. 우리가 태연하게 했던 거래들이 세금에 어떤 영향을 주는지 잘 알지 못하는 경우가 있다. 무심코 이체한 자금이 추후 증여로 판명되어 증여세뿐만 아니라 가산세까지 내야하는 상황도 발생할 수 있다. 대표적인 사례가 바로 결혼 축의금과 생활비, 교육비이다.

1) 결혼 축의금, 혼수 물품은 모두 비과세?

유수의 결혼정보업체 조사에 따르면 2023년 기준 결혼비용으로 부부 합산 약 3억 3,000만 원 정도가 든다고 한다. 취업도 늦어지는 추세이고 직장 생활을 막 시작한 사회초년생이 3억 원이라는 자금을 만들기 쉽지 않다.

결국, 결혼을 앞 둔 자녀가 있는 부모라면 어떻게든 도와주고 싶은 것이 인지상정일 것이다. 그렇다고 해서 무턱대고 결혼 축의금 형태로 자녀를 도와주게 되면 증여세를 낼 수도 있다. 세법에서는 사회통념상 인정되는 결혼 축의금, 부의금, 기념품은 증여세를 비과세하고 있다. 단, 사회통념 또는 적정수준 이내에 있을 때만 비과세가 가능한데 도대체 얼마일까? 사례를 통해 살펴보자.

> (Case 1) 1억원의 축의금을 1천 명의 하객으로부터 받았다면?
> (Case 2) 1억원의 축의금을 10명의 하객으로부터 받았다면?

Case 1의 경우, 1억 원을 1천 명으로 나누면 1인당 10만 원 정도를 받았으니 문제가 되지 않는다. 그런데 Case 2의 경우 1억 원을 10명으로 나누면 1인당 1,000만 원 정도인데 증여세 문제가 발생할 수 있다. 1인당 1천만 원씩 축의금을 내는 건 흔치 않고 누가 보더라도 사회통념상 적정수준의 금액이라고 하기에는 너무 큰 금액이다.

결국 결혼 축의금과 관련된 증여세 이슈는 받은 총액을 기준으로 증여 여부를 판단하는 것이 아니라 누구로부터 얼마를 받았는지가 중요하다는 것이다. 그럼 도대체 얼마까지 축의금을 보냈을 때 증여세 문제의 소지가 없을까?

사람마다 재산의 정도, 소득의 수준, 사회적 지위 등이 다르기 때문에 단언할 수 없지만 과거 국세심사사례에 따르면 외손자에게 송금한 결혼 축하금 400만 원은 사회통념상 인정된다고 판단한 사례가 있으니 이를 기준으로 판단하면 될 것이다.

> 외손자에게 결혼 축하금으로 송금한 4백만원은 사회통념상 인정되는 비과세되는 증여재산의 범위에 포함됨(국심 2003부562, 2003.06.25.).

세법상 결혼 축의금은 결혼 당사자 아니라 혼주인 부모의 비용 부담을 덜어주고자 하는 부조의 형태이자 사회적 관행으로 보고 있다. 따라서 원칙적으로 결혼 축의금은 혼주인 부모에게 귀속되는 것으로 본다. 다만, 결혼 당사자의 하객으로 참석해 결혼 당사자에게 직접 전달하는 축의금은 결혼 당사자인 자녀에게 귀속된다고 할 수 있다.

결혼 당사자는 결혼할 때 받은 축의금으로 신혼집을 구입하는데 쓰고 싶을 것이다. 이때 축의금을 주택마련자금의 출처로 인정받기 위해서는 하객명부(방명록), 축의금 내역서 등을 보관할 필요가 있다. 과거 결혼 당사자와의 친분 관계에 따라 결혼 당사자에게 직접 건네진 축의금을 제외한 나머지는 전액 혼주인 부모에게 귀속된다고 보는 심판사례가 있기 때문이다(조심-2016-서-1353(2017.02.08.)

그렇다면 혼수용품의 경우는 어떨까? 이것 또한 위 사례와 마찬가지로 사회통념상 필요하다고 인정되는 금품으로 일상생활에 필요한 가사용품에 한해서 증여세가 비과세된다. 단, 호화·사치품이나 주택·차량 등은 여기에 포함되지 않는다.

2) 유학 중인 자녀의 생활비, 교육비 지원은 모두 비과세?

대개 부모가 자녀에게 지급하는 생활비, 교육비는 증여에 해당하지 않는다. 대부분 그렇다. 사회통념상 인정되는 피부양자의 생활비, 교육비는 증여세가 비과세되기 때문이다. 그러나 경제적 능력이 있는 자녀의 생활비를 부모가 지원하는 것은 증여에 해당될 수 있다. 고객들과 상담하다 보면 다음과 같은 질문을 정말 많이 받는다.

> (Case 1) A씨는 해외 유학을 간 아들에게 교육비(유학비)로 매년 8천만원씩 5년 간 송금했다. 기특하게도 아들은 유학하는 동안 성적이 우수하여 계속 학교로부터 장학금을 받았다. 이에 아들은 A씨로부터 받은 교육비를 저축하였다. 저축한 돈이 꽤 불어난 상태(약 5억원)로 귀국하였고 아들은 이 돈을 가지고 주택을 사려고 한다. 세금 문제가 없을까?
>
> (Case 2) B씨는 손주가 미국 명문대학에 합격하여 기특하기만 하다. 손주의 유학경비를 대주고 싶은데 은행에 물어보니, 자금출처확인서 없이 연 10만 달러까지는 유학생 송금으로 보낼 수 있다고 한다. 손자의 유학경비 세금 문제가 없을까?

Case 1을 살펴보자. 유학생 자녀가 장학금을 받았다면, 교육비로 받은 돈(5년 간 총 4억 원)은 전부 자녀의 돈일까? 그렇지 않다. 부모로부터 받은 교육비를 용도에 맞게 사용했다면 비과세가 되겠지만, 용도에 맞지 않게 사용한 자금은 모두 증여로 볼 수 있다. 특히 교육비로 받은 돈을 금융자산에 투자하거나 부동산을 구입하면 이는 증여에 해당된다.

Case 2를 살펴보자. 손주의 유학비를 할아버지가 지원해주는 경우는 아무 문제가 없을까? 자녀가 사망하여 생계를 유지해 나가기 힘들 때 조부모가 손주에게 지원하는 생활비, 교육비는 증여세가 비과세된다. 그러나 부모가 충분히 손주를 부양할 수 있음에도 불구하고 조부모가 손주를 위해 지원해주는 생활비, 교육비는 증여에 해당한다.

> ＊참고
>
> 재산-4168, 2008.12.10.
> 타인의 증여에 의하여 재산을 취득한 자는 상속세 및 증여세법 제2조 및 제4조의 규정에 의하여 증여세를 납부할 의무가 있는 것이며, 부양의무가 없는 조부가 손자의 생활비 또는 교육비를 부담한 경우는 같은 법 제46조 제5호에서 규정하는 비과세되는 증여재산에 해당하지 않는 것임. 귀 질의의 경우 조부가 손자를 부양할 의무가 있는지 여부는 부모의 부양능력 등 구체적인 사실을 확인하여 판단할 사항임.

3) 기타: 혼인 예정 자녀를 위한 증여세 절세와 신탁

(1) 혼인에 따른 증여재산공제 금액 신설

2024년에 개정된 세법사항 중 단연코 세간의 주목을 받은 사항은 '혼인에 따른 증여재산공제 금액 신설'이다. 우선 '증여재산공제 금액'이란 증여세 계산에 있어서 국내 거주자가 타인으로부터 증여받은 증여재산가액에서 일정 금액을 공제하는 것으로, 수증자별 증여재산공제 금액 이내로 재산을 증여받을 때는 증여세가 발생하지 않는다. 2023년까지는 성년 자녀가 혼인을 앞두고 있거나, 혼인을 했다고 하더라도 부모가 자녀에게 재산을 물려주게 되면 10년 간 최대 5,000만 원까지만 증여재산공제 금액을 적용하였다.

2024년부터 적용된 '혼인에 따른 증여재산공제 금액 신설(상속세 및 증여세법 제53조의2)' 조항은 2024년부터 직계존속인 부모가 혼인을 앞두고 있거나(혼인신고일 기준 2년 전부터), 혼인을 한(혼인신고일 이후 2년 이내) 국내 거주자인 자녀에게 재산을 물려주는 경우 직계비속 증여재산공제 금액(5천만 원)과는 별개로 증여재산공제 금액을 최대 1억 원까지 더 늘려주겠다는 것을 골자로 한다. 이렇게 되면 혼인신고일 전후 2년 이내 자녀 본인과 배우자(예정 배우자)가 각각 부모로부터 최대 1억 5천만 원(신혼 부부 합산 3억 원)을 증여받아도 증여세가 발생하지 않게 된다.

그리고 혼인신고일 전 미리 재산을 증여받고 혼인 관련 증여재산공제 금액을 적용받은 자녀가 만약 혼인을 할 수 없는 불가피한 상황(법령상 정당한 사유, 예: 약혼자의 사망)이 생기는 경우 사유발생일이 속한 달의 말일로부터 3개월 이내에 부모에게 증여받은 재산을 반환하면 처음부터 증여가 없었던 것으로 보는 내용도 있다.

[혼인관련 증여재산공제 금액 신설에 따른 증여세 비교]

총 증여금액	~2023년	2024년~ [혼인 증여재산공제 금액 적용 시]	
	증여세 합계액 [①]	증여세 합계액 [②]	절세액 [①-②]
5천만원	0	0	0
1억원	485만원	0	485만원
1억 5천만원	970만원	0	970만원
2억원	1,940만원	485만원	1,455만원

※ 수증자: 세법 요건에 해당하는 혼인한(혼인 예정) 국내 거주자, 상기 증여 이외에 10년 이내 기증여 없음. 증여재산공제와 신고세액공제만 적용

(2) 타익신탁 중에서 원본증여신탁 활용

타익신탁이란 신탁을 설정하는 위탁자와 원본 또는 신탁재산에서 발생하는 수익을 수취할 수익자가 동일인이 아닌 신탁을 말한다. 수익자는 원본수익자와 이익수익자로 구분할 수 있는데 신탁재산 원본을 받을 권리가 있는 사람을 원본수익자라 하고, 신탁재산에서 발생하는 수익을 받을 권리가 있는 사람을 이익수익자라 한다.

타익신탁에서 증여세가 발생하는 시점은 위탁자인 부모가 타익신탁을 설정할 때가 아니라 신탁계약 이후 수익자인 자녀가 실제 신탁재산 원본 또는

수익을 받을 때이다. 즉, 신탁 종료, 만기 시점에 수익자인 자녀에게 증여세 납세의무가 발생한다.

따라서 원본만 증여하는 신탁(이하, 원본증여신탁)을 통해, 수익자인 자녀가 실제 혼인신고를 할 때를 신탁 종료일(신탁 만기일)로 하여 수익자인 자녀가 신탁재산을 받아갈 수 있게 한다. 신탁기간 중에 발생하는 이자 등의 이익은 위탁자인 부모가 쓰고, 신탁 종료 시점에 수익자인 자녀가 신탁재산 자체(원본)를 받아가는 것이다.

세법상 증여재산 공제금액과 연계시켜 구체화해 보면 ① 혼인 예정 자녀를 둔 부모는 ② 상속세 및 증여세법상 성년 수증자의 증여재산 공제금액(10년 간 5천만 원)과 혼인 관련 증여재산 공제금액(최대 1억 원) 이내의 재산을 ③ 수탁자에게 맡겨 신탁을 설정하면서 ④ 신탁재산 자체를 받아 갈 원본수익자를 혼인 예정 자녀로 하고(이익수익자는 위탁자 부모), ⑤ 혼인신고 예정일을 신탁기간 종료일(만기일)로 하면 혼인신고일 2년 전후로 유연하게 증여세 부담없이 자녀에게 재산을 증여할 수 있다. 신탁을 활용하면 정확하게 혼인 목적으로만 재산을 증여할 수 있다는 장점도 있다(신탁 종료 시점에 혼인신고서 제출시 원본수익자가 신탁재산을 찾을 수 있게 함).

[원본증여신탁 구조도]

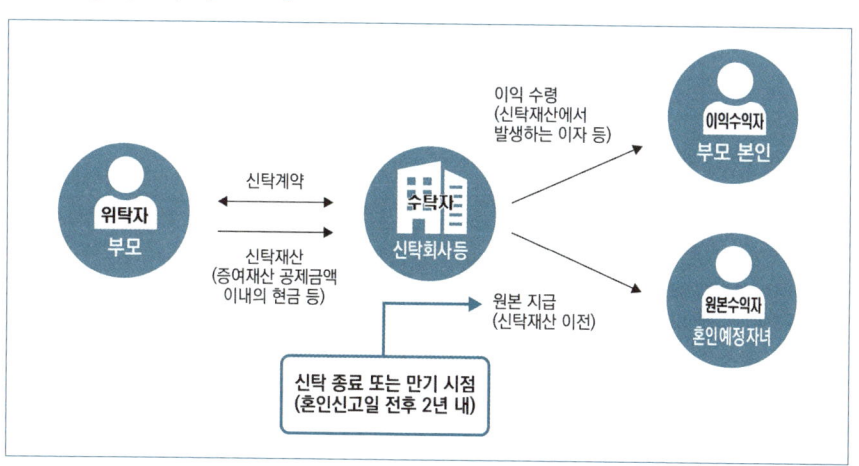

◢ 4 증여를 통한 절세와 신탁의 활용

> 홍길동 씨(53세)는 ○○기업 이사로서 부인 김아내 씨(50세)와 함께 서울에서 살고 있다. 홍길동 고객은 ○○증권사의 HTS를 통해 3년 전에 세계적인 기업인 애플 등 해외상장주식에 3억원을 투자하였다. 최근 해외상장주식의 가격 상승으로 평가액은 5억원에 육박하여, 현재 주식을 전량 매도할 경우 상당한 금액의 양도소득세가 나올 수 있음을 인지하고 절세할 방법을 찾고 있었다.

1) 해외상장주식은 배우자 이월과세 규정 미적용(2024년 말까지)

우선, 배우자에게 재산을 증여할 때는 증여재산공제 금액 6억 원이 적용된다. 결국 홍길동 씨가 부인 김아내 씨에게 5억 원 상당의 해외상장주식을 증여하면 증여세는 발생하지 않는다(기증여한 금액이 없다는 가정). 또한 해외상장주식은 증여 취득으로 인한 취득세도 발생하지 않는다.

더욱 중요한 것은 해외상장주식 등 유가증권은 부동산과 달리 배우자 이월과세 규정*이 2024년 말까지 적용되지 않으므로 증여받을 때의 시가가 부인 김아내 씨의 주식 취득가액이 되어 2024년 말까지 주식을 매도할 경우 양도소득세를 줄일 수 있다.

[해외상장주식 양도소득세 계산 예시(2024년 말까지 양도시)]

재산	취득가액	증여 前 평가금액	선택 사항	선택 후 취득가액 (①)	실제 양도가액 (②)	양도차익 (②-①)	양도소득세 (지방소득세 포함)
해외 상장 주식	3억원	5억원	㉠ 본인 보유 (홍길동 씨 소유)	3억원 (변경 ×)	6억원	3억원	6,545만원
			㉡ 배우자에게 증여 (부인 김아내 씨 소유)	5억원 ※ 증여세 없음		1억원	2,145만원

※ 배우자에게 증여시 증여재산공제 : 6억 원(10년 단위 기준), 본 사례의 경우 旣증여금액이 없다고 가정
※ 상기 해외상장주식 거래 이외 2024년에 추가적인 해외상장주식 거래가 없다고 가정
※ 2025년부터 배우자(증여자)로부터 증여받은 주식을 수증자가 증여일 기준 1년 이내 양도할 경우 이월과세 적용 예정(수증자의 취득가액이 증여가액이 아니라 주식을 증여한 자 즉 증여자의 취득가액을 필요경비로 하여 양도차익 계산 및 과세)

증여에 있어서 수증자가 증여받은 재산의 취득가액이 증여시점의 시가로 조정되면, 이후 수증자가 재산을 매도할 때 매매차익이 줄어들고 양도소득세 회피 목적으로 이용될 수도 있다. 이를 방지하고자 이월과세 규정에서 명시된 기간 내에 수증자가 증여받은 재산을 처분하는 경우 해당 재산의 취득가액을 재산을 증여한 증여자의 취득가액으로 조정하여 매매차익을 계산하는 것을 '배우자 등 이월과세 규정'이라고 한다.

부동산의 경우는 진작부터 배우자 등 이월과세 규정이 적용되고 있었으나, 주식 등 유가증권(주식, 채권, 투자계약증권)은 금융투자소득세 시행과 발맞추어 2025년부터 시행될 예정이다. 부동산관련 배우자 등 이월과세 규정과 주식관련 이월과세 규정을 아래 표를 통해 자세히 비교해 보기 바란다.

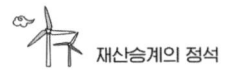

[부동산과 주식의 이월과세 적용 비교]

구분	부동산	주식 등
납세의무자	증여받은 배우자, 직계존비속	배우자 (* 직계존비속은 이월과세 대상 아님)
증여세 납부액	필요경비에 산입	(좌동)
양도차익 계산 (양도가액 – 필요경비)	필요경비: 증여한 자의 취득가액 (증여받은 자의 증여가액 아님)	(좌동)
적용대상 자산	토지, 건물, 특정시설물이용권 등 부동산을 취득할 수 있는 권리	주식, 채권, 투자계약증권
적용기간	증여 후 10년(5년) 이내 양도시	증여 후 1년 이내 양도시
조세회피목적	조세부담 감소와 무관	(좌동)
취득시기	수증자의 등기접수일	주식의 명의개서일
장기보유특별공제 보유기간 계산	당초 증여자의 취득일부터 기산	장기보유특별공제 적용 없음
연대납부의무 (증여자와 수증자)	–	–
적용 시기	현재 적용 中	**2025년부터 적용(예정*)**

* 2024년 7월 발표된 기획재정부 세법개정안에 따르면 금융투자소득세 폐지 추진 예정
 (단, 양도소득세 이월과세 적용재산 확대 추진 예정)
* 참고자료: 신관식, 〈사례와 함께하는 자산승계신탁·서비스〉, 삼일인포마인(2022년)

2) 증여받은 재산을 내연남에게 쓴 사연과 통제형 증여신탁

세금 절약 측면에서만 보면 증여재산공제 금액 이내로 배우자에게 해외상장주식 등을 증여한 뒤 매매할 경우 양도소득세를 줄일 수 있다. 그런데 재산 증여 이후 예상하지 못한 사건들이 발생할 수도 있는데 실제 사례를 통해 살펴보자.

> 김남편 씨(68세)는 2개의 주택을 소유하고 있었는데 종합부동산세가 많이 발생하여 1년 전에 한 개의 주택을 처분하였다. 세금과 각종 비용을 내고 나니 5억원이 남았다. 본인 명의로 예금을 넣자니 금융소득종합과세에 해당될 것 같아 부인 정아내(59세, 전업주부) 씨에게 3억원을 증여하였다. 김남편 씨는 정아내 씨에게 증여한 자금을 연금보험에 넣어 부부의 노후생활비로 쓰자고 이야기하였고 정아내 씨도 이에 동의하였다. 그리고 김남편 씨는 정아내 씨가 증여받은 돈으로 보험계약을 체결한 줄로만 알았다.
>
> 그런데 정아내 씨는 증여받은 자금을 보험료로 납부하지 않았다. 기가 막히게도 정아내 씨에게는 3년 전부터 OO동호회에서 만난 내연남이 있었다. 정아내 씨는 김남편 씨로부터 증여받은 3억원 중 2억 5천만 원을 내연남의 오피스텔 구입자금으로 아무 조건없이 건네 주었다. 이 사실을 김남편 씨는 6개월 전에 알았다. 현재 이혼 소송 중이지만 돌려받을 길이 마땅치 않다.

상기 사례뿐만 아니다. 재산을 증여받은 배우자가 상습 도박으로 재산을 탕진한 사례, 재산을 증여받은 딸이 다단계 사기를 당해 신용불량자가 된 사례, 재산을 증여받은 아들이 게임머니로 전 재산을 날린 사례, 친할머니가 미성년 손주에게 재산을 증여하였는데 아들과 이혼한 며느리가 그 재산을 모두 써버린 사례 등 열거할 수 없이 많다.

증여에 있어서 세금도 세금이지만 재산을 증여받은 수증자의 재산관리능력도 매우 중요하다. 좀 더 구체적으로 이야기하면 수증자의 재산관리능력이 갖추어질 때까지 재산을 증여한 증여자가 일정 정도 관여하거나 감독할

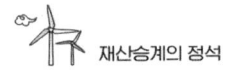

수 있는 통제 장치가 필요할 수도 있다. 이때 효과적인 통제 장치로써 신탁이 매우 유효하다.

> 박아비 씨(65세)는 딸 박예쁨 씨(34세)의 결혼을 앞두고 걱정이 많다. 이유는 예비사위 때문이다. 예비사위는 신생 투자자문사의 대표라고는 하지만 각종 비용과 임대료 등을 제외하면 월 100만 원 정도를 번다고 한다. 그런데 예비사위는 결혼 후 투자자문사를 정리하고 강남에서 프랜차이즈 식당을 창업하고 싶다고 한다. 설상가상으로 딸 박예쁨 씨는 박아비 씨가 소유한 경기도 소재 아파트(시가 7억원)를 신혼집으로 사용할테니 증여해 달라고 한다.
>
> 박아비 씨는 딸에게 아파트를 증여하기로 마음먹었다. 그러나 증여 후 아파트를 담보로 대출을 받거나, 아파트를 양도하여 생긴 자금이 예비사위의 창업자금으로 쓰여질까봐 그게 걱정되었다. 그것만큼은 막고 싶어했다.

박아비 씨의 고민은 **신탁관리인이 지정되는 통제형 증여신탁**으로 해결할 수 있다.

우선 통제형 증여신탁 계약의 프로세스를 살펴보면 ① **신탁계약 전 부담부증여계약이 먼저** 이뤄져야 한다. 부담부증여계약에는 수증자(딸 박예쁨)가 **증여받은 재산을 신탁재산으로 하여 신탁을 설정할 것과 신탁 설정 시 신탁관리인*은 증여자(박아비 씨)로 한다는 내용이 반드시 담겨 있어야** 한다. ② 부담부증여계약에 대해 증여자와 수증자는 합의한 뒤, 이를 토대로 증여자는 수증자에게 재산을 증여한다. ③ 수증자는 부담부증여계약을 이행한다. 수증자는 증여받은 재산을 신탁재산으로 하여 위탁자 겸 수익자로서 신탁을 설정한다. 이때 증여자를 신탁관리인으로 지정한다. 신탁관리인인 증여자는 신탁계약 종료의 동의권, 신탁재산 권리 변경의 이의제기권 등의 권한을 가진다.

* 신탁법 제67조(신탁관리인의 선임)
① 수익자가 특정되어 있지 아니하거나 존재하지 아니하는 경우 법원은 위탁자나 그 밖의 이해관계인의 청구에 의하여 또는 직권으로 신탁관리인을 선임할 수 있다. 다만, 신탁행위로 신탁관리인을 지정한 경우에는 그에 따른다. (중략)

* 신탁법 제68조(신탁관리인의 권한)
① 신탁관리인은 수익자의 이익이나 목적신탁의 목적 달성을 위하여 자기의 명의로 수익자의 권리에 관한 재판상 또는 재판 외의 모든 행위를 할 권한이 있다. (중략)
② 신탁관리인은 신탁에 관하여 수익자와 동일한 지위를 가지는 것으로 본다.

신탁관리인인 증여자의 권한을 구체적으로 살펴보면 ① 위탁자가 신탁기간 중에 신탁재산(신탁수익권)을 담보로 대출을 실행하려고 할 때, ② 신탁재산의 권리 또는 신탁계약의 수익자를 위탁자가 아닌 타인으로 변경하려고 할 때, ③ 위탁자가 신탁재산을 처분할 목적으로 신탁계약을 종료하려고 할 때 이의를 제기하거나 동의하지 않음으로써 신탁재산의 권리 변경 및 신탁계약의 종료를 막을 수 있다.

[통제형 증여신탁의 구조도]

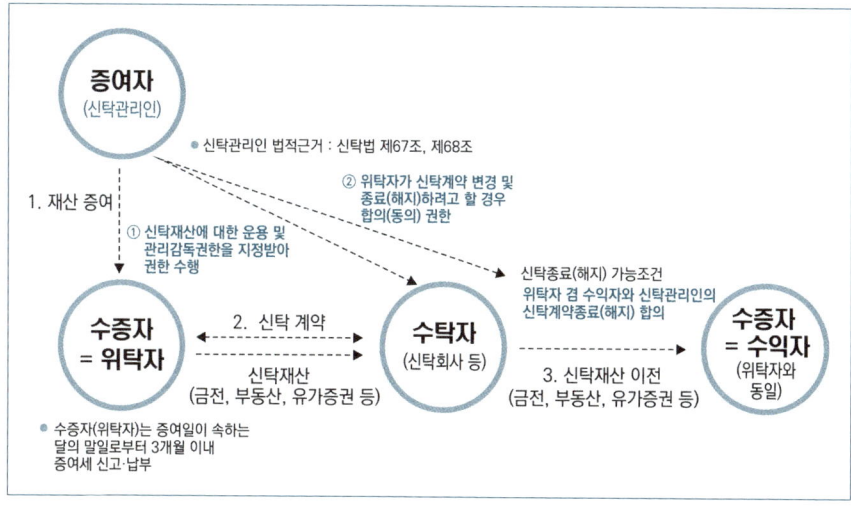

5 민법상 부담부증여와 세법상 부담부증여

1) 민법상 부담부증여

민법상 부담부증여란 상대부담이 있는 증여를 말한다. 민법상 부담부증여에 있어 부담과 관련하여 특별한 제한이 없다. 단, **민법상 부담이란 보통 금전적 가치를 가지지만 금전으로 가액을 측정할 수 없는 것이라도 부담의 내용으로 할 수 있다**[민법 제373조(채권의 목적) 금전으로 가액을 산정할 수 없는 것이라도 채권의 목적으로 할 수 있다. 수증자가 이행하여야 할 급부가 금전으로 가액을 산정하기 어려운 것도 가능하다. 예컨대, **서울에 있는 주택을 증여하면서 그 대신 증여자의 자녀가 서울에 유학하는 동안 수증자가 돌봐주기로 약속하는 경우도 부담부증여에 해당**한다(지원림, 「민법강의」, 홍문사, 2014, 1406면)].

2) 부모 "재산을 모두 증여하면 자식들이 모른 척 한다던데"

유○○ 씨는 2003년 12월 아들에게 서울 소재 시가 20억원 상당의 2층 단독주택을 물려주며 효도 각서를 받았다. 효도 각서의 내용은 이랬다. 단독주택을 물려주되 함께 살면서 부모 봉양의 의무를 다하지 않으면 증여한 재산을 모두 돌려받겠다는 내용의 부담부증여였다. 하지만 재산을 물려받은 뒤 아들의 태도는 180도 바뀌었다. 함께 살기는 했지만 식사도 같이 하지 않았다. 허리가 아픈 유○○ 씨의 간병은 따로 사는 딸과 가사도우미가 도맡았다. 2013년에는 스스로 거동조차 할 수 없게된 유○○ 씨에게 아들은 "요양원에 가시는 게 어떻겠느냐"고 권유했다. 이에 실망한 유○○ 씨는 따로 나가서 살겠다며 집을 다시 돌려달라고 하자 아들은 "평생 살 것도 아닌데 마음대로 하세요"라고 막말을 퍼부었다. 결국 유○○ 씨는 딸의 집으로 이사를 간 뒤 아들을 상대로 부동산 소유권을 돌려달라는 소송을 냈다. 이에 대법원 민사 3부는 "**유○○ 씨가 부동산을 넘긴 행위는 단순증여가 아니라 (효도라는) 의무 이행을 전제로 한 부담부증여이다. 조건이 충족되지 않았으므로 (증여) 계약을 해제할 수 있다**"라고 유○○ 씨의 손을 들어주었다(대법원 2015 다236141 및 박민제, '가족끼리 왜 이래', 동아시아(2018년) 143~144면 참조).

상기 사건은 효도 각서라는 민법상 부담부증여계약이 있었기 때문에 증여해제*가 가능했다. 부담부증여가 아니라 단순증여였다면 이미 증여가 이행된 경우*에는 증여한 재산을 되돌려 받을 수 없다.

실제 부모들은 본인들이 평생토록 모은 재산을 자식들에게 물려줄 때 뭔가 불안해하면서도 효도 각서 등 부담부증여를 통해 자식들에게 부양의 의무를 지우는 것을 껄끄럽게 생각한다. 그렇게 생각해서는 안된다.

재산을 증여받을 때 그 순간에 "잘 모시겠다"라는 자녀의 다짐과 언사는 얼마 지나지 않아 무용지물이 되는 경우가 많다. 재산을 물려받을 때는 감사하게 생각하지만 시간이 지나면 무던해지고 원래 자기 재산이었던 것처럼 행동하는 것이 보통사람들이다.

따라서, 앞으로 부모가 자녀들에게 재산을 증여할 때는 본인의 의사를 확실히 표현하는 게 좋다. 그 의사표시의 하나가 바로 민법상 부담부증여인 것이다.

민법 제556조(수증자의 행위와 증여의 해제) ① 수증자가 증여자에 대하여 다음 각호의 사유가 있는 때에는 증여자는 그 증여를 해제할 수 있다.
  1. 증여자 또는 그 배우자나 직계혈족에 대한 범죄행위가 있는 때
  2. **증여자에 대하여 부양의무있는 경우에 이를 이행하지 아니하는 때**
  ② 전항의 해제권은 해제원인있음을 안 날로부터 6월을 경과하거나 증여자가 수증자에 대하여 용서의 의사를 표시한 때에는 소멸한다.

민법 제561조(부담부증여) 상대부담있는 증여에 대하여는 본절의 규정외에 **쌍무계약**에 관한 규정을 적용한다.

민법 제558조(해제와 이행완료부분) 전3조의 규정에 의한 계약의 해제는 이미 이행한 부분에 대하여는 영향을 미치지 아니한다.

3) 민법상 부담부증여와 신탁의 결합

민법상 부담부증여계약과 신탁계약을 결합하면 부모와 자식 모두 윈-윈(Win-Win) 할 수 있다. 부모는 재산을 증여하고도 자식들로부터 떳떳하게 부양을 받을 수 있다. 자녀도 부모로부터 재산을 증여받고 자녀의 도리를 다할 수 있다.

구체적으로 살펴보면 민법상 부담부증여계약에는 수증자인 자녀가 '신탁계약을 체결하고 유지할 의무' 및 '증여자인 부모를 일정 시기부터 봉양해야 할 의무(부양의 의무)'를 명시한다. 뿐만 아니라 자녀가 재산을 증여받은 후 부양의 의무를 이행하지 않을 경우 증여자인 부모가 증여계약을 해제할 수 있는 내용을 담는다(해제조건부).

민법상 부담부증여계약과 함께 작성되는 신탁계약은 수증자인 자녀와 수탁자가 맺게 되는데, 증여자인 부모를 신탁계약상 '신탁관리인'으로 지정하고 신탁관리인인 부모의 권한(통제권)을 명확히 한다.

신탁관리인인 부모는 수증자인 자녀(위탁자)가 신탁을 설정하고 신탁계약을 계속 유지하는 것을 감독할 권리를 갖는다. 예를 들어 ① 수증자인 자녀(위탁자)가 신탁재산의 처분, 담보부차입, 증여 등 신탁재산의 권리 변경을 하려고 할 때는 신탁관리인인 부모의 동의를 받아야 한다. ② 수증자인 자녀(위탁자)가 신탁수익권의 양도, 담보부차입, 증여 등 신탁수익권에 특정한 법률행위를 하려고 할 때 신탁관리인인 부모의 동의를 받아야 한다. ③ 수증자인 자녀(위탁자)가 신탁계약의 해지, 해제, 수익자를 변경하려고 할 때 신탁관리인의 동의를 받아야 한다.

[민법상 부담부증여를 활용한 증여신탁 구조도]

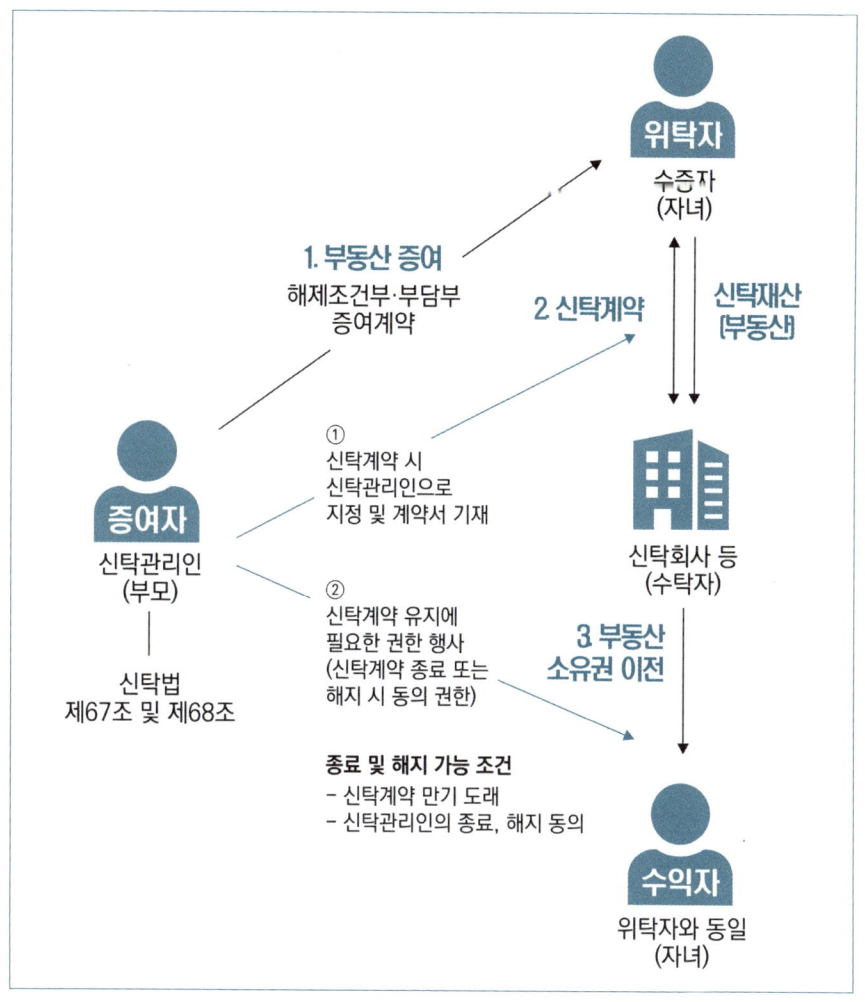

4) 세법상 부담부증여와 증여세 절세

앞서 언급한 내용이지만 중요한 내용이기 때문에 재차 설명하고자 한다. 세법상 부담부증여란 수증자가 증여자로부터 재산을 증여받음과 동시에 증여자의 채무를 인수 및 부담하게 되는 증여를 말한다. 부담부증여에 있어 수증자가 증여자의 채무를 인수할 경우, 상속세 및 증여세법상으로는 수증자의 증여재산가액에서 그 채무를 공제한 금액을 증여세 과세가액으로 계산

한다. 반대로 소득세법상 증여자는 채무액에 해당하는 부분을 수증자에게 유상으로 양도한 것으로 보아 양도소득세를 부담하게 된다.

부담부증여의 경우 수증자가 인수한 채무가 증여재산가액에서 공제되므로 부담부증여를 잘 이용하면 수증자는 증여에 따른 세부담을 줄일 수 있다. 예를 들어 부모가 자녀에게 시가 8억 원 상당의 주택을 증여하면서 그 주택에 담보된 주택담보대출금액 4억 원을 인수토록 하는 경우(부모의 취득가액은 2억 원, 보유기간 15년) 자녀가 인수한 채무 4억 원을 증여재산가액 8억 원에서 공제하기 때문에 자녀는 8억 원이 아닌 4억 원에 대해 증여세를 부담하는 것이다(부모는 4억 원의 채무를 자녀에게 유상으로 양도한 것으로 보아 양도소득세를 부담하는 것이다). 단, **수증자**는 인수한 채무를 잘 갚을 수 있을 정도의 **소득, 재산 등의 채무상환능력** 등을 갖고 있어야 하며 실질적으로 수증자 본인이 직접 채무를 갚아야 한다.

[순수증여와 부담부증여 계산예시]

(단위: 원)

구분	순수증여	부담부증여		
		증여세	양도소득세(과세 ○, 중과세 ×)	
증여재산가액	800,000,000	800,000,000	양도가액	400,000,000
채무액	0	400,000,000	취득가액	100,000,000
증여재산공제	50,000,000	50,000,000	공제 등*	92,500,000
과세표준	750,000,000	350,000,000	과세표준	207,500,000
산출세액	165,000,000	60,000,000	양도소득세	59,450,000
납부세액	160,050,000	58,200,000	지방소득세 포함	65,395,000
비교	160,050,000	123,595,000(36,455,000원 절약)		

* 장기보유특별공제: 30% 적용(15년 이상 보유 가정)
  양도소득기본공제: 250만 원

5) 세법상 부담부증여의 유의사항(요건)

세법상 부담부증여로 인정받기 위해서는 다음의 3가지 요건을 모두 갖추어야 한다.

첫째, 증여재산에 대해 담보된 채무(담보대출금, 전세보증금 등)이어야 한다. 증여자의 일반 채무(신용대출 등)나 해당 증여재산이 아닌 다른 재산에 담보된 채무를 수증자가 인수한 경우에는 부담부증여가 인정되지 않는다[상증, 기획재정부 조세법령운용과-696, 2022.06.29.].

둘째, 증여재산에 담보된 채무가 실질적으로 증여자의 채무여야 한다. 형식 또는 명의상으로 채무자가 증여자라고 할지라도 실질적으로 제3자 또는 수증자의 채무에 해당하는 경우에는 부담부증여가 인정되지 않는다. 예를 들어 증여자가 증여일 이전(직전)에 형식적으로 담보대출을 받고 근저당권설정등기를 하였으나 해당 **채무에 대해 증여자가 실질적 사용처를 객관적으로 입증하지 못하는 경우** 증여자의 진정한 채무로 볼 수 없어 **부담부증여로 인정하지 않는다**는 심판사례도 있다[국심 2003서 3238, 2004.3.22.].

셋째, 증여일 이후 증여재산을 받은 수증자가 실질적 채무자가 되어야 한다. 수증자의 자금으로 입증되는 재산(수증자의 자금으로서 출처가 확인된 재산)으로 원금과 이자를 변제해야 한다[서면4팀-811, 2007.3.8., 재산-635, 2009.3.26.]. 따라서 **소득이 없거나, 원금 및 이자를 변제할 능력이 없다고 판단되는 무소득자, 미성년자, 전업주부, 초고령의 부모 등이 수증자가 되는 경우 부담부증여로 인정되지 않을 수 있다.**

재산승계의 정석

6 부모 자식 간 현금 거래와 차용증 그리고 증여세

> 최근 제약회사에 다니는 큰딸(39세)이 첫 집을 사려고 하는데 3억원 정도가 부족하다고 한다. 도와주려고 마음을 먹었으나 막상 큰 돈을 증여하려고 하니 증여세가 많이 나올 것 같아 걱정이다. 좋은 방법이 없을까?

1) 기본 사항: 차용증을 작성하고 실제 자금거래 내역을 남겨라

자녀에게 증여재산공제 금액(10년 간 5천만 원, 미성년자 2천만 원) 이상으로 돈을 증여하면 증여세가 나온다. 부모가 자녀에게 돈을 빌려주는 금전소비대차(자금대여) 형식을 취한다고 하더라도 과세당국에서는 증여로 추정한다. 다만, **부모가 실제 돈을 빌려준 것이고, 자녀가 원금과 이자를 갚을 만한 능력과 갚게 될 것이라는 충분한 증거 등을 입증한다면 증여로 보지 않는다.**

우선 실제 금전소비대차(자금대여) 거래라는 것을 입증하는 방법 중 가장 널리 활용되는 것이 **차용증**이다. 그러나 단순 차용증만으로는 부족하다. ① 부모 자식 간에 자금을 대여할 때는 차용증을 작성한 뒤 **확정일자 또는 공증을 받아두면 좋다.** ② 세법에서 정한 **적정 이자(年 4.6%)와 실제 지급 이자의 차이가 年 1,000만 원을 넘지 않도록 이자율을 설정**해야 한다. ③ **자금 대여기간을 되도록 짧게, 3~5년 단위**로 하되 부득이한 경우 자금 대여 기간을 연장하고, 자금 대여기간 중 **정기적으로 원금을 실제 상환하는 것**이 바람직하다. ④ 차용증 내용에 근거하여 자금 대여, 이자 상환, 원금 상환 사실 등 **자금거래내역(실제 통장이체 사실) 등을 명확히 남겨놓는 것**이 좋다.

2) 추가 사항: 대여금 2억 1,700만 원 이하는 무이자 가능

(1) 대여금 2억 1,700만 원 이하일 때

상기 '1) 기본 사항'이 충족된다고 하더라도 **적정한 이자율을 받지 않으면 그 이자(금전무상대출에 따른 이익)에 대해서도 증여세가 부과**된다. 세법에서 정한 적정이자율은 연 4.6%이다(상속세 및 증여세법 제41조의4).

다만, 이자 없이 무상으로 빌려준 금액에서 적정이자율을 곱한 금액인 이자(금전 무상 대출에 따른 이익)가 연 1,000만 원 미만이면 그 이자에 대해서는 증여세를 부과하지 않는다. 역산해 보면 대여한 금액이 약 2억 1,700만 원 이하일 때는 무이자로 빌려줘도 이자에 대한 증여세는 발생하지 않는다.

(2) 대여금 2억 1,700만 원 초과일 때

만약, 대여하는 금액이 약 2억 1,700만 원을 초과할 때는 세법상 적정 이자금액과 실제 지급 이자금액의 차이를 연 1,000만 원 미만이 되도록 해야 하는데, 이때 추가적으로 확인하고 유의해야 할 이슈가 발생한다.

자금을 대여한 부모의 입장에서는 대여금에 관한 이자도 이자소득이다. 그런데 우리나라는 소득을 지급할 때 **원천징수**제도라는 것이 있다. 자금을 빌린 자녀가 부모에게 이자소득을 지급할 때 지급하는 쪽에서 일정 금액의 세금을 떼고 지급하는 것을 말한다. 예를 들어 금융기관으로부터 예금 이자를 받을 때 총이자에서 15.4%(지방소득세 포함)의 원천징수금액을 뗀 세후 금액을 받게 된다.

세법에서는 부모 자식 간의 금전거래(개인 간의 금전거래)에서 발생하는 이자를 '비영업대금의 이익'이라고 열거하고 있다. 이때 이자를 지급하는 쪽은 총이자에서 원천징수세율 27.5%(지방소득세 포함)를 떼고 지급해야 한다. 따라서 원칙적으로 돈을 빌린 자녀는 부모에게 이자를 지급할 때 원천징수금액(총이자금액의 27.5%)을 제외하여 송금해야 하고, 자녀는 해당 원천징수금액을 다음 달 10일까지 자녀의 주소지 기준 관할 세무서에 신고·납부해야 한다.

부모의 입장에서 살펴보면 자녀로부터 지급받은 비영업대금의 이익을 포함한 연간 금융소득이 2,000만 원을 초과할 경우 부모는 다음 해 5월 말까지 종합소득으로 소득세를 신고해야 한다. 만약, 자녀가 원천징수를 하지 않았다면 해당 비영업대금 이익은 연 2,000만 원 여부와 관계없이 다음 해 5월 말까지 다른 소득과 합산하여 종합소득으로 소득세를 신고해야 한다.

과거에는 개인 간의 금전거래에 대해 크게 신경쓰지 않아도 되었으나 최근에는 비영업대금의 이익관련 원천징수 및 소득세 신고 누락으로 소득세 및 가산세를 추가 부담하는 사례가 많아졌다.

7 부모 자식 간 저가양도거래와 증여세

> 나는 서울시에 살고 있다. 현재 일시적 1세대 2주택자라 예전에 취득한 시가 10억원인 기존주택을 2025년 1월 말까지 팔면 양도소득세가 비과세된다고 한다. 그래서 몇 개월부터 집을 내놨지만 팔리지 않아 3년 전에 결혼한 딸(38세)에게 기존주택을 팔려고 한다. 그런데 딸이 자금이 부족하다고 하여 6억원에 양도하려고 한다. 세금적으로 어떤 문제가 있을까?

1) 양도소득세: 질문자인 부모 기준

질문자인 부모 기준으로는 양도소득세 계산 시 **부당행위계산부인**에 해당될 수 있다. 부당행위계산부인이란 과세의 공평을 위해서 일정한 거래(특수관계자간 자산의 저가양도, 고가매입, 저리 자금대여 등)에 대하여 개인 간의 거래를 인정하지 않고 세법에서 정한 일정한 방법으로 과세를 하는 것을 말한다.

질문자가 특수관계인인 딸에게 매매할 양도가액은 6억 원이겠지만 특수관계인 간의 저가양도 거래는 부당행위계산부인에 적용된다. 실제 양도가액은 부당행위계산부인을 할 때 기준이 되는 9억 5천만 원(10억 원에서 시가의 5%인 5천만 원을 뺀 금액) 이하이다. 따라서 양도소득세 계산 시 양도가액을 6억 원으로 보지 않고 시가 10억 원으로 보아 세금을 계산한다.

다만, 부당행위계산부인을 적용받아 10억 원으로 양도가액을 조정한다고 치자. 그렇다고 하더라도 **양도가액 12억 원 이하라면 2025년 1월 말까지 딸에게 잔금을 받고 소유권을 이전할 경우 일시적 1세대 2주택 특례를 적용받아 양도소득세는 과세되지 않을 것으로 보인다.**

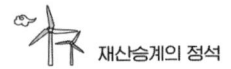

2) 증여세: 딸 기준

딸은 질문자인 부모로부터 시가보다 적은 가액으로 주택을 매수하였기 때문에 상속세 및 증여세법 제35조에 의거하여 증여세를 부담할 수 있다.

딸의 증여세 계산에 있어서 증여재산가액(증여세 과세가액)이 중요하다. 증여재산가액은 시가와 대가(매수가액)와의 차이에서 시가의 30%와 3억 원 중 적은 금액을 빼서 계산하며, 증여재산가액은 1억 원이 된다.

```
증여재산가액 =
(10억원 - 6억원) - Min(10억원 × 30% = 3억원, 3억원) = 1억원
```

단, 딸이 부모로부터 증여받는 사실이 최근 10년 간 없었다고 가정하면 증여재산공제 금액은 5천만 원이 되고, 증여세 과세표준은 5천만 원이 된다. 여기에 세율 10%를 곱하고 신고세액공제 등을 적용하면 실제 납부해야 할 증여세는 485만 원이 된다.

뿐만 아니라 배우자나 직계존비속 간에 주식이나 부동산 등을 거래하는 경우 국세청의 전산 과세자료에 의하여 100% 포착된다. 따라서 특수관계인 간 저가로 거래할 때는 여러 소명자료를 반드시 준비하고, 거래를 하여야 한다.

8 자녀의 창업자금 지원 전략과 증여세

> 서울에서 '20평 안팎의 외식·음식점, 디저트 상점'은 약 1억원~3억원 정도의 창업비용이 필요하고, '40평 이상의 커피, 피자, 베이커리, 패스트푸드점, 일상용품점'은 약 3억원~5억원 정도가 소요된다고 한다. 창업자금이 만만치 않다는 것을 확인한 다음에 밀려오는 걱정은 바로 자금 마련이다. 청년인 자녀가 스스로 마련한 자금으로 창업할 수 있을 것인가를 생각해 보면 긍정적인 답변이 나오기 힘들다. 그렇다면 어떻게 하는 것이 좋을까?

1) 자녀 입장에서 창업자금을 마련하는 3가지 전략

2024년 5월 초 기준으로 금융기관의 사업자 전용 대출금액 한도는 금융기관별로 차이가 있지만 최대 5,000만 원에서 1억 원 이하이다. 대출금리는 최소 5% 초반에서 최대 19.9% 정도에 달한다. 추가적으로 신용대출을 활용한다고 하더라도 소득이 많지 않은 자녀라면 높은 금리의 상품을 이용할 수밖에 없을 것이다.

30평 정도의 음식점을 차리려고 할 때 임차보증금 포함 약 3억 원 정도의 창업비용이 들어간다고 가정할 경우 대출로도 해결되지 않는다. 즉, 초기 창업 시 부모의 도움이 필요한 경우가 많다.

창업에 필요한 자금(A)에서 자녀 본인이 마련한 자금(B)을 뺀 '창업자금 부족금액별(A-B) 3가지 활용 전략'을 생각해 보면 좋을 것이다.

첫째, 성년이면서 부모님으로부터 10년 이내 증여받은 자금이 없다고 가정할 경우 ① 창업자금 부족금액이 **5,000만 원 이하**라면 부모로부터 증여받는 것이 좋다. 부모로부터 자금을 증여받을 때 증여세 계산 시 5,000만 원을 공제하기 때문에 증여세는 발생하지 않는다. 이자 부담도 없다.

둘째, 특수관계인에게 무상 또는 저리로 자금을 대여할 때는 대여금에서 발생하는 이자 부분도 증여세가 발생할 수 있다(금전 무상 사용에 따른 이익). 그럼에도 불구하고 창업자금 부족금액이 5,000만 원 초과 **2억 1,700만 원 이하**라면 부모로부터 무이자로 빌리면 된다. 향후 정상적으로 원금을 갚아야 하지만 증여세는 발생하지 않는다.

셋째, 창업자금 부족금액이 **2억 1,700만 원을 초과**할 경우에는 조세특례제한법의 **'창업자금 증여세 과세특례'**를 활용하는 것이 좋다. 창업자금 증여세 과세특례는 현금 등 양도소득세가 과세되지 않는 재산을 60세 이상 부모부터 18세 이상의 국내 거주자인 자녀가 증여받아 창업중소기업 업종(개인, 법인 모두)을 창업하면 5억 원까지는 증여세가 없다.

창업자금 증여세 과세특례를 적용받는 경우 증여세 계산 시 증여재산가액에서 일괄적으로 5억 원을 공제한 과세표준을 기준으로 단일 특례세율 10%로 과세한다. 그래서 5억 원까지는 세금이 없다고 하는 것이다. 단, 이 특례를 적용받으려면 창업중소기업업종을 창업해야 하는데 도소매업, 커피전문점을 비롯한 비알콜음료점업 등 특례를 적용받을 수 없는 업종들이 있다.

만약 음식점을 차리는데 5억 원 정도가 부족한 경우 음식점업은 창업중소기업업종이라 특례 적용이 가능하다. 아래 표와 같이 부모로부터 해당 자금을 증여받으면서 창업자금 증여세 과세특례를 활용한다면 증여세는 나오지 않을 것으로 판단된다. 자금을 증여받은 것이니 부모에게 돈을 갚을 필요도 없고, 이자 부담도 발생하지 않는다. 그러나 창업자금 증여세 과세특례는 사전요건과 사후관리요건, 업종요건 등 준수해야 할 사항들이 많기 때문에 여러 유의해야할 사항과 통제 장치로서 신탁 등이 필요하다.

[일반 증여 vs 창업자금 증여세 과세특례 증여]

일반적인 5억원 증여	구분	창업자금 증여세 특례로 5억원 증여
5억원	증여세 과세가액	5억원
−0.5억원	(−) 증여공제 (최초 증여 기준)	−5억원
4.5억원	(=) 증여세 과세표준	0
기본세율 20% (누진공제 0.1억원)	(×) 세율	단일 특례세율 10%
8,000만원	(=) 산출세액	0원
−240만원	(−) 신고세액공제	적용하지 않음
7,760만원	(=) 자진납부세액	0원

2) 부모 입장에 창업자금 증여세 과세특례를 활용하는 전략: 신탁

창업자금 증여세 과세특례와 신탁을 접목하면 증여세도 아낄 수 있을 뿐만 아니라 증여자인 부모는 당초 의도대로 일정 기간 동안 자녀가 증여받은 재산을 창업 용도로 정확히 사용하는지 관리 및 통제할 수 있다.

소위 창업자금 관리신탁이라는 것이다. 이 신탁은 위탁자와 수익자가 다른 타익신탁이자 신탁계약 이후 증여가 일어나는 후(後)증여 신탁으로서 ① 60세 이상의 부모가 위탁자로서 금전을 신탁재산으로 하여 신탁계약을 체결하고, ② 18세 이상의 자녀가 신탁계약의 원본수익자가 되며, ③ 신탁계약을 통해 지정된 신탁관리인(부모 또는 세무법인 등)이 동의할 때에 한하여, ④ 창업자금 사용 목적으로만 원본수익자인 자녀에게 신탁재산이 이전 및 증여되는 신탁이다.

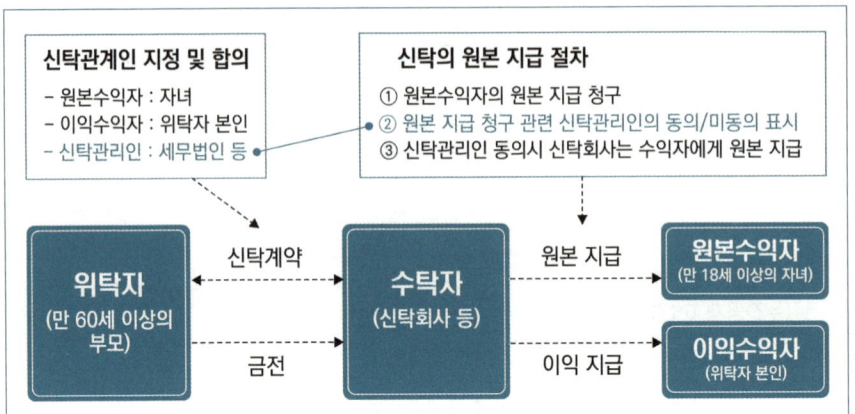

[창업자금 관리신탁 구조도(예시)]

창업자금 증여세 과세특례를 적용받을 경우 증여세는 절약할 수 있으나 자녀는 재산을 증여받은 날로부터 2년 이내 창업중소기업 업종을 창업(사업자등록)을 해야하고, 증여받은 재산을 4년 이내 모두 써야 하며, 10년 동안 폐업을 할 수 없다. 만약 조특법상 사후관리요건을 충족하지 못할 경우에는 증여세 및 이자상당액이 추가적으로 부과된다.

또한 창업자금 증여세 과세특례를 적용받은 증여재산은 증여시기나 기간에 상관없이 증여자인 부모의 상속재산에 당연 포함되어 상속세가 계산된다. 따라서 해당 특례를 적용받고자 하는 자녀나 부모는 반드시 세금전문가의 도움을 받아야 할 뿐만 아니라 창업자금을 사용하는데 신중해야 하고, 여러 안전장치를 통해 상속세를 대비해야 한다. 이에 적합한 제도가 바로 창업자금 관리신탁이다. 특히, 세무법인 등을 신탁계약의 신탁관리인으로 둔다면 더욱 효과적일 수 있다.

9 장애인이 재산을 증여받을 때 절세법 2가지

1) 보험금수익자가 장애인일 때: 증여세 비과세
(상속세 및 증여세법 제46조 제8호)

보험계약에 있어서 보험료납부자와 보험금수익자가 다르면 증여세가 발생할 수 있다. 그러나 만약 보험금수익자가 장애인인 경우에는 장애인이 받는 연간 4,000만 원까지의 보험금은 증여세를 부과하지 않는다.

예를 들어 10년 간 매년 3,000만 원의 보험금을 수령한다면 총 3억 원, 20년간 매년 3,000만 원씩 보험금을 수령한다면 총 6억 원, 30년 간 매년 3,000만 원씩 보험금을 수령한다면 총 9억 원은 증여세가 비과세 된다.

[보험관계자별 보험금수익자의 과세 유형]

유형	실질적인 보험료납부자	보험계약자	피보험자 (보험사고 대상자)	보험사고	보험금수익자	상속세·증여세 과세여부
1	부	부	모	모 사망	자녀	증여세
2	모	모 or 자녀	모	연금지급개시	자녀	증여세
3	모	모	모	모 사망	자녀	상속세
4	모	자녀	모	모 사망	자녀	상속세
5	자녀	자녀	모	모 사망	자녀	과세안됨

* 보험금 관련 상속세 및 증여세 과세 여부는 실질과세원칙에 따름
* 자료: 신관식, 「내 재산을 물려줄 때 자산승계신탁·서비스」, 삼일인포마인(2022년), 158면

여기서 장애인이란 소득세법 시행령 제107조에 따른 세법상 장애인으로 ① 장애인복지법 기준 등록장애인을 포함하여 ②「장애아동복지지원법」기준 발달재활서비스를 지원받고 있는 사람, ③「국가유공자 등 예우 및 지원에 관한 법률」기준 상이자 및 이와 유사한 사람으로 근로능력이 없는 사람, ④ 항시 치료를 요하는 중증환자를 말한다.

2) 장애인신탁: 증여재산가액 5억 원까지 증여세 없음 (상속세 및 증여세법 제52조의2)

상속세 및 증여세법 제52조의2에 따라 세법상 장애인이 타인으로부터 증여받은 금전·유가증권·부동산을 신탁업자(이하, 신탁회사)에 신탁하고 신탁에서 발생하는 이익을 수익자인 장애인 본인이 전부 지급받은 경우 증여받은 재산가액에서 최대 5억 원을 한도로 증여세 과세가액에 산입하지 않는 신탁을 장애인신탁(자익신탁)이라고 한다. 2020년 1월 1일 이후부터는 타인이 신탁회사에 신탁하여 수익자를 장애인으로 하는 신탁(타익신탁)도 장애인신탁에 포함하였다.

[일반 증여와 장애인신탁(자익신탁) 증여세 비교]

(단위: 원)

구분 (증여금액)	증여세 납부세액		장애인신탁 증여세 절세액	비고
	일반 증여	장애인신탁 활용		
5천만원	–	–	–	• 수증자: 성년 자녀, 국내거주자 • 증여세과세가액불산입과 직계비속 증여재산공제(5천만원) 적용 • 10년 이내 증여 없음 • 신고세액공제만 적용
1억원	4,850,000	–	4,850,000	
2억원	19,400,000	–	19,400,000	
3억원	38,800,000	–	38,800,000	
4억원	58,200,000	–	58,200,000	
5억원	77,600,000	–	77,600,000	
5억 5천만원	87,300,000	–	87,300,000	
6억원	101,850,000	4,850,000	97,000,000	
7억원	130,950,000	19,400,000	111,500,000	
8억원	160,050,000	38,800,000	121,250,000	
9억원	189,150,000	58,200,000	130,950,000	
10억원	218,250,000	77,600,000	140,650,000	
10억 5천만원	232,800,000	87,300,000	145,500,000	

세법상 장애인이란 소득세법 시행령 제107조에 따른 세법상 장애인으로 ① 장애인복지법 기준 등록장애인을 포함하여 ② 「장애아동복지지원법」 기준 발달재활서비스를 지원받고 있는 사람, ③ 「국가유공자 등 예우 및 지원에 관한 법률」 기준 상이자 및 이와 유사한 사람으로 근로능력이 없는 사람, ④ 항시 치료를 요하는 중증환자를 말한다.

장애인신탁 중 자익신탁에서 대해서 살펴보자. 증여자로부터 금전, 유가증권, 부동산을 증여받은 장애인이 위탁자가 되어 증여받은 재산을 신탁하고 장애인 본인을 수익자로 하는 신탁을 말한다. ① 「자본시장법」에 따른 신탁회사에게 재산을 신탁해야 하고, ② 신탁에서 발생되는 이익의 전부를 수익자인 장애인이 받아야 하며, ③ 신탁기간이 장애인이 사망할 때까지로 되어 있거나 장애인이 사망하기 전에 신탁기간이 끝나는 경우에는 신탁기간을 장애인이 사망할 때까지 계속 연장하는 조건을 모두 충족해야 한다.

[장애인신탁(자익신탁) 구조도]

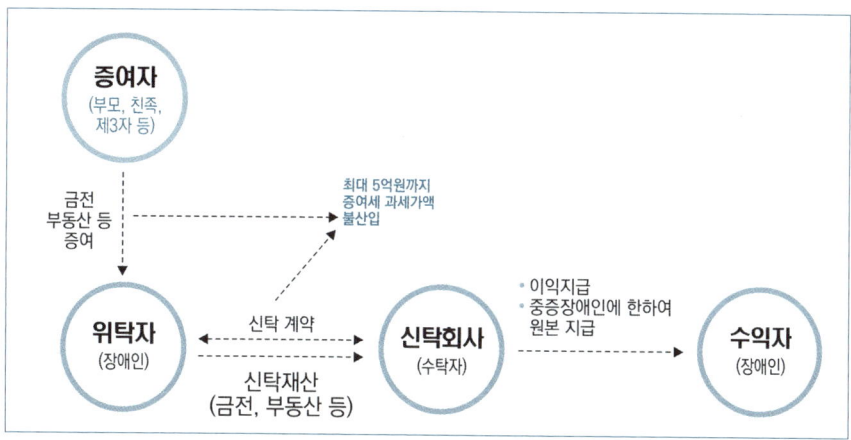

* 상기 구조도: 신관식, 「내 재산을 물려줄 때 자산승계신탁·서비스」, 72면

장애인신탁 중 타익신탁에 대해서 살펴보자. 타인이 위탁자로서 신탁회사에게 본인 재산을 신탁하고 수익자를 장애인으로 하는 신탁을 말한다. ①「자본시장법」에 따른 신탁회사에게 재산을 신탁해야 하고, ② 신탁에서 발생되는 이익의 전부를 수익자인 장애인이 받아야 하며(단, 장애인이 사망한 후의 잔여재산에 대해서는 그렇지 않음), ③ 수익자인 장애인이 사망하기 전에 신탁이 해지 또는 만료되는 경우에는 잔여재산이 그 장애인에게 귀속되어야 하고, ④ 수익자인 장애인이 사망하기 전까지는 수익자를 변경할 수 없으며, ⑤ 장애인이 사망하기 전에 위탁자가 사망하는 경우에는 위탁자의 지위가 그 장애인에게 이전되는 요건을 모두 충족해야 한다.

[장애인신탁(타익신탁) 구조도]

* 상기 구조도: 신관식, 「사례와 함께하는 자산승계신탁·서비스」, 58면

장애인신탁은 증여세 계산에 있어서 혜택이 있다. 장애인이 살아있는 동안 증여받은 재산가액을 합친 금액과 타익신탁에서 설정 당시 원본의 가액을 합산한 금액에서 최대 5억 원을 한도로 증여세 과세가액에서 차감(불산입)한다. 다만, 이 혜택을 누리려면 증여세 신고기한(자익신탁의 경우: 증여일이 속한 달의 말일로부터 3개월 이내) 이내에 관할 세무서장에게 신고하여야 하는데 제출해야 하는 필수서류로는 ① 증여세 과세표준 신고서, ② 증여재산명세서 및 증여계약서 사본(금전의 경우 통장 이체 사실 여부 확인 서류 등), ③ 신탁계약서(불특정금전신탁의 경우 신탁증서 또는 수익증권 사본), ④ 장애인증명서가 있다.

장애인신탁을 유지, 해지, 만료하는 상황에서 '증여세 즉시 부과 사유'에 해당될 때는 해당 재산가액을 증여받은 것으로 보아 즉시 증여세를 부과한다. 다만 불가피한 경우일 때는 증여세 부과를 배제하는 사유도 있으므로 이하 표를 참고하기 바란다.

[증여세 부과 사유와 부과 배제 사유]

구분	증여세 즉시 부과 사유	부과 배제 사유
①	신탁을 해지하거나 신탁기간이 만료된 경우로서 이를 연장하지 아니한 경우	- 해지일, 만료일: 해당일로부터 1개월 이내 신탁에 재가입시 예 2017년부터 다른 종류의 신탁 재가입 허용(금전 ⇄ 부동산) - 법령, 감독기관의 지시 및 명령에 의거 영업정지, 영업폐쇄, 허가취소 등의 사유로 해지: 해지일로부터 2개월 이내에 신탁에 재가입시 - 재개발, 재건축, 소규모 재건축사업에 따른 사유로 해지: 건축완료일(준공인가일)로부터 2개월 이내 재가입시
②	신탁기간 중에 수익자를 변경하거나 증여재산가액(신탁가액 원본·원금)이 감소하는 경우	- 신탁업자(신탁회사)가 재산을 운용하는 중에 재산가액이 감소하는 경우 - 중증장애인* 본인을 위한 의료비, 간병비, 특수목적교육비, 월 150만원 이하의 생활비로 원본·원금이 인출되는 경우
③	신탁의 이익의 전부 또는 일부가 장애인 이외의 자에게 귀속되는 것으로 확인된 경우	

* 여기서 '중증장애인'이란(아래 어느 하나에 해당)
 ① 장애인복지법과 장애인고용촉진 및 직업재활법상 등록장애인 중 중증장애인(舊 1급 ~ 3급)
 ② 5.18민주화운동 관련 보상 등에 관한 법률 기준 장해등급 3등급 이상으로 지정된 사람
 ③ 관련 법에 따라 고엽제후유의증환자로서 경도 장애 이상의 장애등급 판정을 받은 사람

[장애인신탁의 원본과 이익 인출]

구분	원본 인출(원금 인출)			이익 인출 (이자 인출)
	항목 구분	인출 가능 여부 (언제부터)	한도 금액	
중증장애인 (舊 1~3급)	의료비, 간병비, 특수목적교육비	○ (2018년부터)	증빙서류로 입증되는 금액 한도 내	○
	월 생활비 150만원 이하	○ (2020년 2월부터)	월 150만원 이하	
	이외 원금 인출	×		
경증장애인 (舊 4~6급)		×		○

　장애인신탁을 가입한다고 하더라도 타인으로부터 재산을 증여받은 장애인은 취득세, 재산세, 소득세 등을 부담할 수 있다. 게다가 국민기초생활보장수급권, 장애인연금 등 수급권을 판정할 때 신탁된 재산을 포함하여 증여받은 재산은 소득인정액 계산시 포함된다. 즉, 장애인신탁을 할 경우 ① 국민기초생활보장수급자 또는 차상위계층에서 제외되어 국가 등으로 부터 지급받는 급여, 보조금이 없어지거나 줄어들 수 있고, ② 중증장애인이 받게 되는 장애인연금이 없어지거나 줄어들 수도 있으며, ③ 국민건강보험료 피부양자에서 제외되어 지역가입자로 전환되거나 건강보험료 등을 추가로 납부할 수도 있고, ④ 근로장려금 신청자격 기준 등에서 탈락할 수도 있다.

[장애인이 증여받은 재산 금액별 '국민기초생활보장급여 수급' 여부 예시]

구분		1억원	2억원	3억원	4억원	5억원
금융재산 (현금)	소득인정액	163만원	789만원	1,415만원	2,041만원	2,667만원
	의료급여 소득인정액	257만원	883만원	1,509만원	2,135만원	2,761만원
	모의 결과 (예상값)	의료/주거/교육급여 지원대상 아님.	의료/주거/교육급여 지원대상 아님.	의료/주거/교육급여 지원대상 아님.	의료/주거/교육급여 지원대상 아님.	의료/주거/교육급여 지원대상 아님.
일반재산 (주거용 주택)	소득인정액	32만원	387만원	804만원	1,221만원	1,638만원
	의료급여 소득인정액	48만원	465만원	882만원	1,299만원	1,716만원
	모의 결과 (예상값)	생계/의료/주거/교육급여/수급대상자로 선정 가능	의료/주거/교육급여 지원대상 아님.	의료/주거/교육급여 지원대상 아님.	의료/주거/교육급여 지원대상 아님.	의료/주거/교육급여 지원대상 아님.

* 일반재산: 시가표준액(개별공시지가, 공시가격) 기준
* 복지로 사이트(https://www.bokjiro.go.kr/): 복지서비스 모의계산 참조(2022년 3월 기준)
* 기본가정: 1인 가구, 대도시 거주, 장애 정도가 심한 장애인(중증장애인), 65세 미만, 한부모 가정 아님, 시설입소 아님, 부채 없음, 소득 없음, 월평균의료비 지출액 50만 원, 차량 없음, 부양의무자 없음 가정

[장애인이 증여받은 재산 금액별 '장애인연금 수급' 여부 예시]

구분		1억원	2억원	3억원	4억원	5억원
금융재산 (현금)	소득인정액	27만원	60만원	93만원	127만원	160만원
	단독가구 소득인정액 기준	122만원	122만원	122만원	122만원	122만원
	모의 결과 (예상값)	장애인연금 수급 가능	장애인연금 수급 가능	장애인연금 수급 가능	지원대상 아님	지원대상 아님
일반재산 (주거용 주택)	소득인정액	0	22만원	55만원	88만원	122만원
	단독가구 소득인정액 기준	122만원	122만원	122만원	122만원	122만원
	모의 결과 (예상값)	장애인연금 수급 가능	장애인연금 수급 가능	장애인연금 수급 가능	장애인연금 수급 가능	장애인연금 수급 가능 (단, 시가표준액 인상 시 제외 가능성도 높음)

* 일반재산: 시가표준액(개별공시지가, 공시가격) 기준
* 복지로 사이트(https://www.bokjiro.go.kr/): 복지서비스 모의계산 참조(2022년 3월 기준)
* 기본가정: 단독가구, 대도시 거주, 장애 정도가 심한 장애인(중증장애인), 65세 미만, 한부모 가정 아님, 시설입소 아님, 부채 없음, 소득 없음, 차량 없음 가정

3) 장애인 관련 최근 조세심판원의 심판사례

신탁 업무를 수행하면서 개인적으로 이렇게도 주장할 수 있지 않을까하는 내용이 있었는데 실제 진행되었다. 요약하면 이렇다.

아무개 청구인은 조세심판원에 심판청구를 하였다. **"상속인들 중 장애인이 유증받은 재산**은 상속세 및 증여세법 제12조 제6호* 및 동법 시행령 제8조 제5항*에 따른 **비과세되는 상속재산**으로 보아야 한다"고 말이다.

* 상속세 및 증여세법 제12조(비과세되는 상속재산) (중략)
  6. 사회통념상 인정되는 이재구호금품, 치료비 및 그 밖에 이와 유사한 것으로서 대통령령으로 정하는 재산
* 상속세 및 증여세법 시행령 제8조(비과세되는 상속재산) (중략)
  ⑤ 법 제12조 제6호에서 "대통령령으로 정하는 재산"이란 불우한 자를 돕기 위하여 유증한 재산을 말한다.

그럼에도 불구하고 조세심판원은 처분청(세무서) 의견*을 수용하여 상속인 중 **장애인에게 유증한 재산이 불우한 자에게 유증한 재산으로 볼 수 없으므로 쟁점상속재산을 비과세해야 한다는 청구인의 주장을 받아들이기 어렵다고 판단**했다[조심 2023구9517, 2024.05.22.].

* 처분청(세무서)의 의견: 쟁점조항이 비과세 상속재산에 관하여 규정하고 있는 이유는 피상속인의 재산이 국가정책이나 공익목적에 사용되는 경우에 비과세를 적용하겠다는 취지이지, 피상속인과 사적 관계에 있는 장애인 상속인에게 유증한 재산에 대하여 비과세를 적용하겠다는 것은 아니다.

10 보험을 활용한 상속세 재원 마련과 절세

1) 보험금에 관한 진실: 세무당국은 보험금을 알고 있다.

보험금을 지급하거나 보험계약 관계자를 변경하는 경우, 금융기관은 세무당국에 지급명세서를 제출해야 하다. 이때 세무당국에 제출하는 정보에는 보험의 종류·보험금액·보험금 지급 사유·보험계약일·보험사고발생일(중도해지일)·보험금수취인·보험계약자 및 명의변경 일자 등 보험금(해약환급금, 중도인출금 포함) 내용이다. 만약, 연금처럼 보험금을 여러 번 나누어 지급할 때는 보험금 누적액이 1천만 원을 초과하면 지급명세서를 제출한다. 결국 보험계약기간이 10년이 경과하였다고 보험금 수령 사실을 세무당국에서 알 수 없을 것이라는 생각은 아주 잘못된 생각이다.

2) 보험관계자의 형태에 따라 상속·증여세를 내지 않을 수도

피보험자의 사망시점에 사망보험금을 지급하는 생명보험계약(종신보험 등)은 상속세 재원을 마련하는데 유익한 금융상품 중 하나이다. 만약 상속재산 중 부동산이나 비상장주식 등 현금화하는데 어려움이 있는 재산이 많을 경우 유족들은 상속세를 마련하기 쉽지 않다. 이때 생명보험계약의 사망보험금은 상속세 납부 재원을 마련하는 데 큰 도움이 된다. 단, 생명보험계약은 보험계약자, 피보험자, 보험금수익자가 누가 되느냐에 따라 세목과 납세의무가 달라진다.

Case별로 살펴보면 아래 (1) 사례를 활용하면 세금없이 사망보험금을 상속세 재원으로 활용할 수 있다.

(1) 보험계약자(실질적 보험료 납부자)와 보험금수익자(사망보험금 수령자)가 일치하는 경우에는 과세 대상이 아니다. 예를 들어 어머니 또는 아들이 보험계약자로서 보험료를 납부하고, 피보험자를 아버지로 하며, 보험금수익자를 어머니 또는 아들 본인으로 했다 치자. 향후 아버지가 사망할 경

재산승계의 정석

우 보험계약자 본인이 납부한 보험료에 대해 사망보험금을 받게 되므로 아버지의 상속재산에 속하지 않는다. 상속세를 부담할 필요가 없다. 이런 계약은 상속세 과세 없이 상속세 납부 재원을 마련하는 방법으로 매우 유용하다.

(2) 피상속인이 보험계약자이면서 피보험자이고 보험금수익자가 상속인인 경우에는 피상속인의 상속재산으로 본다. 예를 들어 아버지가 보험계약자이면서 피보험자이고 어머니 또는 자녀가 보험금수익자일 때 아버지의 사망으로 발생한 사망보험금은 피상속인의 간주상속재산에 포함되어 상속세가 과세된다.

(3) 보험계약자와 피보험자, 수익자가 모두 동일인이 아닐 경우에는 증여세가 과세된다. 예를 들어 어머니가 보험계약자로서 보험료를 납부하고, 피보험자를 아버지로 하며, 보험금수익자를 아들로 했을 때 피보험자인 아버지가 사망하면 어머니가 납입한 보험료로 아들이 보험금을 받게 되는 것이므로 아들이 어머니로부터 보험금을 증여받은 것으로 보아 증여세가 과세된다.

[보험관계자 유형에 따른 과세 내용]

유형	보험계약자 (실질적 보험료 납부자)	피보험자 (보험사고: 사망)	보험금수익자 (사망보험금 수령자)	과세 내용
(1)	母	父	母	과세 안됨
	子	父	子	
(2)	父	父	母	상속세
	父	父	子	
(3)	母	父	子	증여세

① 보험계약자: 자기 명의로 보험회사와 보험계약을 체결하고, 보험료를 실제 납부하는 사람
② 피보험자: 보험사고의 대상이 되는 사람
③ 보험금수익자: 피보험자에게 보험사고 발생 시 보험회사로부터 보험금을 지급받는 자

11 해외에 있는 자녀에게 송금할 때 증여세

> 나는 50세 여성으로 25년 전 미국으로 유학을 왔고, 20년 전 미국인 남편과 결혼하여 미국 영주권을 취득하였으며, 현재는 시애틀에 살고 있다. 남편은 공무원으로 일하고 있고, 나는 보험설계사로 일하면서 돈을 많이 벌었다.
>
> 그런데 최근 보험계약 관련 소송에 휘말려 거액의 손해배상금을 부담하게 되었다. 이런 상황을 안타깝게 생각한 한국에 계신 아버지가 40만 달러(2024년 6월 1일 기준 원화 약 5억 2,160만원)를 송금해 주신다고 하는데 증여세 문제는 어떻게 되는 걸까?

질문자인 딸은 국내 거주자가 아닌 비거주자이기 때문에 증여재산공제(5천만 원)를 적용받을 수 없다. 따라서 약 9,603만 원의 증여세를 한국의 과세당국에 납부해야 한다.

그러나 동법 동조 제6항 제3호에 따라 수증자인 딸이 비거주자일 때 재산을 송금하는 증여자인 아버지가 증여세를 연대하여 납부할 의무가 있다. 다시 말해 딸의 증여세를 아버지가 대신 내줘도 되고, 아버지가 대신 내준 증여세로 인하여 수증자인 딸에게 추가적인 증여세가 발생하지 않는다.

미국은 한국과 정반대이다. 현금을 송금받은(재산을 물려받은) 수증자인 딸이 증여세를 부담하는 것이 아니라, 현금을 송금한(재산을 물려준) 증여자인 아버지에게 증여세 납부의무가 있다. 즉, 재산을 물려준 사람이 미국 거주자이거나 미국에 소재한 재산을 증여할 때 증여자에게 증여세가 나온다. 따라서 아버지가 한국 거주자이고 한국 소재 재산을 딸이 증여받은 것이라면 딸은 미국에서 증여세를 납부할 필요는 없다.

다만, 미국의 경우 재산을 증여받은 딸이 미국 영주권자이고, 한국 거주자인 아버지로부터 증여받은 재산가액이 연간 10만 달러가 넘을 경우, 증여일이 속한 연도의 다음 해 4월 15일까지 소득세를 신고할 때, 해당 증여재산을 미국 국세청(IRS)에 보고(Form 3520 Part IV)해야 하며 미이행 시 벌금이 부과된다.

12 가업을 생전에 자녀에게 넘겨주면서 절세하는 방법

1) 가업승계할 때 가장 많이 활용되는 가업승계 증여세 과세특례

정부의 가업승계 지원제도는 많지만 가업승계 세제지원 제도에 국한하여 설명하겠다.

우리나라 과세당국은 2000년대 중반부터 2024년 현재까지 중소기업 등의 원활한 가업승계를 위해 세제지원을 지속적으로 확대해왔다. 가업승계 관련 대표적인 세제지원 제도로는 가업상속공제, 가업승계 증여세 과세특례, 창업자금 증여세 과세특례, 납부유예제도, 가업승계관련 연부연납 등이 있다.

가업승계 증여세 과세특례란 중소기업 등의 창업주 또는 CEO의 연령이 점차 고령화됨에 따라 살아생전에 자녀가 부모의 가업주식을 증여받을 때 적용되는 특례이다. 세법상 요건을 충족할 경우 증여세 과세가액 중 최대 600억 원(10년 이상 가업 영위 300억 원, 20년 이상 가업 영위 400억 원, 30년 이상 가업 영위 600억 원)을 한도로 10억 원을 공제한 과세표준에 특례세율 10%(과세표준 120억 원 초과 20%)를 적용하여 증여세를 계산한다. 다만 주식을 증여한 창업주 또는 CEO(이하 증여자)가 사망할 경우 증여시기에 관계없이 증여자의 상속세로 세금을 정산하는 제도이다.

[가업승계 증여세 과세특례 구조]

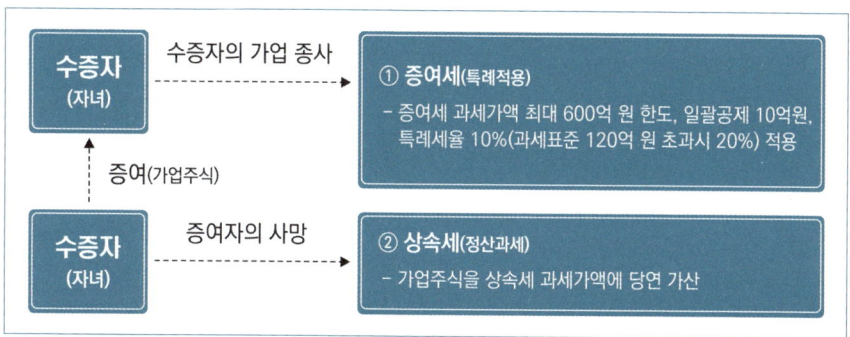

가업승계 증여세 과세특례는 일반적인 증여와 달리 증여세가 크게 절감되는 측면이 있어 2022년 기준으로 410건, 증여재산가액 약 7,458억 원 정도가 해당 특례를 적용받았다. 2021년 대비 그 활용도가 크게 증가하였다(2021년에 특례를 적용받은 건은 총 267건으로 증여재산가액 4,025억 원이고, 2020년은 222건에 증여재산가액은 약 3,169억 원, 2019년은 172건에 증여재산가액은 약 2,382억 원).

[300억 원 주식 증여 시 세금: 일반 증여 vs 가업승계 증여세 과세특례]

일반 증여	구분	가업승계 증여세 과세특례
300억원	증여세 과세가액	300억원
0.5억원	− 증여재산 공제	10억원(일괄 적용)
299.5억원	= 증여세 과세표준	290억원
50%(누진공제액 4.6억원)	× 세 율	10%(과세표준 120억원 초과 부분 20%)
145억 1,500만원	= 산출세액	46억원
약 4억 3,545만원	= 신고세액공제(3%)	−
약 140억 7,955만원	납부세액	46억원 (일반 증여 대비 94억 7,955만원 절약)

[가업승계 증여세 과세특례 제도 활용 현황]

구분	건수	증여재산가액
2022년	410	7,458억원
2021년	267	4,025억원
2020년	222	3,169억원
2019년	172	2,382억원
2018년	204	3,119억원

2) 가업승계 증여세 과세특례의 요건과 사후관리, 활용 사례

(1) 특례를 적용받을 수 있는 요건

증여자는 가업주식 증여일 현재 중소기업 등 가업을 10년 이상 경영한 국내 거주자이자, 60세 이상 부모(증여 당시 부모가 사망한 경우 조부모·외조부모 포함)여야 한다. 동시에 가업법인의 최대주주로서 발행주식 총수의 40% 이상(상장기업의 경우 20% 이상, 특수관계인 지분 포함)을 10년 이상 계속 보유한 사람이어야 한다.

수증자는 가업주식 증여일 현재 18세 이상의 국내 거주자로서 증여자의 자녀이어야 한다. 또한 가업주식을 증여받은 날이 속하는 달의 말일로부터 3개월 이내(증여세 신고기한)에 가업에 종사해야 하며, 가업주식을 증여받은 날로부터 3년 이내에 대표이사에 취임해야 한다.

단, 증여일 전 10년 전부터 ~ 증여 후 5년 까지 증여자 또는 수증자가 탈세·회계 부정으로 징역형 또는 벌금형을 받은 경우 가업승계 증여세 과세특례 적용이 배제되거나 사후관리요건에 위배되어 증여세 및 이자상당액이 추징된다.

(2) 사후관리요건

가업승계 증여세 과세특례를 적용받은 후 수증자는 사후관리기간 5년 동안 사후관리요건을 반드시 지켜야 한다. ① 수증자는 증여세 신고기한까지 가업에 종사해야 한다. ② 수증자는 가업주식을 증여받은 날로부터 3년 이내 상법 및 정관 등 규정에 따라 적법한 절차를 통해 대표이사로 선임되고, 법인등기부에 대표이사로 기재되며, 실제로 대표이사로서 업무를 수행해야 한다. 또한 5년 간 대표이사직을 유지해야 한다. ③ 사후관리기간 동안 가업의 주된 업종을 변경하지 않아야 한다(다만, 한국표준산업분류에 따른 대분류 내에서 업종을 변경하거나, 평가심의위원회의 심의 및 승인을 거쳐 업종

을 변경하는 것은 허용), ④ 물려받은 가업을 1년 이상 휴업(실적이 없는 경우 포함)하거나 폐업하지 않아야 한다. ⑤ 증여일부터 5년 간 가업주식을 처분하지 않아야 한다. ⑥ 국내 주식시장 상장 등 일부 상황을 제외하고 수증자의 지분율이 낮아지면 안된다. 만약, 가업주식을 증여받은 날로부터 5년이 될 때까지 정당한 사유없이 사후관리요건을 충족하지 않으면 증여세뿐만 아니라 이자상당액이 부과된다.

[가업승계 증여세 과세특례 사후관리요건(5년 간)]

- 증여세 신고기한까지 가업에 종사하지 않은 경우
- 증여일로부터 3년 이내 대표이사에 취임하지 않거나 5년간 대표이사직을 유지하지 않은 경우
- 가업을 1년 이상 휴업(무실적 포함) 또는 폐업하는 경우
- 수증자가 주식을 처분하거나 유상증자 등으로 지분율이 낮아진 경우
- 가업의 주된 업종을 변경하는 경우(대분류 내에서는 가능)

(3) 활용 사례

① 사후관리기간 5년 동안 정규직 근로자 수와 총급여액을 신경쓰고 싶지 않을 때: 예를 들어 가업상속공제의 경우 사후관리기간 5년 동안 상속인은 고용유지조건을 반드시 충족해야 한다. 쉽게 설명하면 피상속인의 사망일 직전 2년의 법인세 사업연도 정규직 근로자 수 또는 총급여액을 기준으로 5년 평균 90% 이상을 유지해야 한다. 그런데 가업승계 증여세 과세특례의 경우는 정규직 근로자 수와 총급여액에 관한 사후관리 규정이 없다.

② 가업법인의 규모가 소규모일 때: 증여자가 생전에 가업주식을 증여하면 수증자인 자녀는 증여세를 신고 및 납부해야 한다. 가업승계 증여세 과세특례 요건을 갖추고 이를 신청하면 10억 원까지는 증여세가 없다. 10억 원을 초과하는 금액은 10% 또는 20%로 저율과세 된다. 단, 딩장에는 증여세는 절약할 수 있다고 쳐도 증여자인 최대주주가 사망

할 때 상속세로 정산된다(세율 10~50%). 따라서 가업승계 증여세 과세특례는 최대주주의 가업주식 가치가 10억 원 전후인 소기업에게 적합하다.

13 합산되는 증여재산과 사례별 증여세 계산

증여세는 **10년 간 동일인으로부터 증여받은 금액을 합산**하게 되어 있다. 예를 들어 아버지로부터 이번에 1억 원을 증여받는다고 치자. 만약, 작년에 아버지로부터 증여받은 금액 1억 원이 있었다면 이번에 증여세를 계산할 때는 합산된 2억 원을 기준으로 세금이 나온다. 그리고 기존에 낸 증여세를 차감한다.

그런데 세법에서는 **동일인이라는 개념**이 무척 중요하다. ① 동일인에는 증여자가 직계존속인 경우에는 그 직계존속의 배우자를 포함한다. 단, 증여자가 부·모일 경우 계모·계부는 동일인에 포함되지 아니한다. ② 부와 조부는 직계존속이라 할지라도 동일인에 해당하지 아니한다(상증세법 집행기준 47-36-6). 이렇게만 설명하면 헷갈릴 수 있으니 사례를 통해 살펴보자.

[사례 1: 아버지가 5,000만 원을 5년 전에 주고, 어머니가 5,000만 원을 추가로 주는 경우] 세법에서 아버지와 어머니는 동일인으로 본다. 이번에 어머니가 추가로 증여할 때 기존에 아버지로부터 받은 재산과 합쳐 총 증여재산가액은 1억 원이 되고, 증여재산공제 5,000만 원을 차감 후 증여세를 계산한다.

[사례 2: 아버지가 5,000만 원을 5년 전에 주고, 계모(새엄마)가 5,000만 원을 주는 경우] 아버지와 계모는 동일인이 아니다. 따라서 각각 5,000만 원씩 증여한 것으로 본다. 다만, 자녀인 수증자를 기준으로 두 증여 중에서 한 번만 증여재산공제 5,000만 원을 적용받을 수 있다.

[사례 3: 아버지가 5,000만 원을 5년 전에 주고, 할아버지가 올해 5,000만 원을 주는 경우] 아버지와 할아버지는 동일인이 아니다. 따라서 각각 5,000만 원씩 증여한 것으로 본다. 다만, 자녀인 수증자를 기준으로 두 증여 중에서 한 번만 증여재산공제 5,000만 원을 적용받을 수 있다.

[사례 4: 장인이 5,000만 원을 3년 전에 주고, 장모가 올해 5,000만 원을 주는 경우] 세법상 특이한 점인데 아버지와 어머니는 동일인이지만, 장인과 장모는 각각 다른 사람으로 본다. 따라서 각각 5,000만 원씩 증여한 것으로 본다. 다만, 사위(며느리)는 직계존속이 아닌 기타친족이므로 증여재산공제는 1,000만 원만 적용된다.

[사례 5: 아버지가 5,000만 원을 증여하고 사망함, 그 후 10년 내 엄마가 5,000만 원을 주는 경우] 세법상 특이한 점인데 아버지와 어머니는 동일인이지만, 사망에 따른 상속은 예측 가능한 것이 아니다. 따라서 예외 규정을 두고 있다. 이때는 동일인 적용을 하지 않고 각각 5,000만 원씩 증여받은 것으로 본다. 단, 두 증여 중에서 한 번만 증여재산공제 5,000만 원을 적용받을 수 있다.

[사례 6: 아버지가 8년 전에 5,000만 원을 증여하고 어머니랑 이혼, 그 후 10년 내 어머니가 5,000만 원을 주는 경우] 세법상 특이한 점인데 이혼한 경우에는 각각 별개의 독립된 사람으로 본다. 따라서 각각 5,000만 원씩 증여한 것으로 본다. 단, 두 증여 중에서 한 번만 증여재산공제 5,000만 원을 적용받을 수 있다.

[사전증여재산 합산관련 동일인의 범위]

당해 증여자	10년내 증여자	관계	합산여부
부	모	부부	○
부	모	이혼 또는 사별	×
부	계모	부부	×
장인	장모	부부	×
조부	조모	부부	○
부	조부	부자관계	×

14 최근 트렌드: 할아버지가 손자에게, 세대생략증여

1) 세대생략증여의 의미와 현황

세대생략증여란 조부모가 자녀를 건너뛰고 손주에게 직접 재산을 증여하는 것을 말한다. 세대생략증여를 하는 목적과 배경으로는 ① 자녀에게는 이미 재산을 많이 증여하여 추가적으로 재산을 증여할 때 40~50%의 세금을 내는 것보다는 손주에게 증여하는 것을 고려하거나 ② 100세 시대를 맞아 평균 수명이 늘어나면서 이미 50~60대가 된 자녀보다는 더 어린 손주에게 증여하기 위해서다.

2021년 기준 국세청 자료에 따르면 미성년자가 수증자가 되는 세대생략증여는 7,251건에 증여재산가액 1조 117억 원에 이르렀다. 이는 2020년 대비 각각 77%, 82% 순증한 수치이다. 왜 세대생략증여가 많이 이뤄지는지 살펴보도록 하자.

[최근 5년간 미성년자 증여 현황]

(단위: 건, 억원)

구분		세대생략 증여		일반 증여		합계	
		인원	증여재산	인원	증여재산	인원	증여재산
2017년		3,377	5,723	4,484	4,555	7,861	10,278
2018년		3,682	6,858	6,026	5,721	9,708	12,579
2019년		3,905	6,094	5,463	5,670	9,368	11,764
2020년		4,105	5,546	5,951	5,071	10,056	10,617
2021년		7,251	10,117	13,455	13,387	20,706	23,504
2020년 대비	증감	3,146	4,571	7,504	8,316	10,650	12,887
	증감률	77%	82%	126%	164%	106%	121%

2) 세대생략증여의 장점 3가지

(1) 2번 증여세 낼 것을 1번으로 해결

일반적으로 조부모가 자녀에게 증여할 때 자녀는 증여세를 납부해야 한다. 이후 그 자녀가 손주에게 증여할 때 한 번 더 증여세를 부담해야 한다. 그에 비해 바로 손주에게 증여하게 되면 증여세를 한 번만 낼 수 있다.

다만, 세대생략증여를 활용한 조세회피행위를 막기 위해 세법에서는 세대생략증여에 대해 증여세 산출세액에 30%(수증자가 미성년자이면서 증여재산가액 20억 초과 시 40%)를 할증하여 납부할 증여세를 계산한다. 조부모의 재산이 손주에게 온전히 이어지길 바란다면 자녀를 거쳐 증여세를 2번 내는 것 보다는 할증되더라도 한 번에 증여세를 내는 것이 세금 측면에서 더 유리하다고 할 수 있다.

[세대생략증여 절세 사례 ①]

* 순차적 증여: 현금 20억 원을 자녀가 증여받은 뒤 세후 현금을 손주에게 증여한다고 가정
* 세대생략증여: 조부모가 손주에게 바로 20억 원 증여 가정
* 손주: 성인, 조부모 또는 부모로부터 기증여금액이 없다고 가정
* 공제: 증여재산공제금액 5,000만 원, 신고세액공제 3% 적용

구분	순차적 증여 (조부모→자녀→손주)	세대생략증여 (조부모→손주)
증여재산가액	20억원	20억원
1차 증여세	6억원	7억 8,000만원
세후 증여재산가액	14억원	-
2차 증여세	3억 7,000만원	-
증여세 합계액	9억 7,000만원	7억 8,000만원
차이	세대생략증여로 약 1억 9,000만원 절세 가능	

(2) 자녀에게 이미 물려 준 재산이 있어 추가증여에 따른 세금 부담이 클 경우 활용

이미 자녀에게 10억 원을 증여하였고, 10년이 지나지 않은 상황에서 1억 원을 추가로 증여한다면 40%의 세율이 적용되어 4천만 원의 세금을 납부해야 한다. 만약 자녀에게 추가로 증여하지 않고 기존에 증여한 적이 없는 손주에게 증여한다면 증여세 산출세액에서 30%가 할증이 된다고 해도 절세가 가능하다.

[세대생략증여 절세 사례 ②]

구분	기존 증여 (현금 10억원)	추가 증여 (현금 1억원)	
수증자	자녀	자녀	손주 (성인)
증여재산가액	10억원	1억원	1억원
증여재산공제	5,000만원	-	5,000만원
증여세율	30%	40%	10% (할증 시 13%)
증여세	2억 1,825만원	3,880만원	650만원
차이		세대생략증여로 약 3,230만원 절세	

(3) 조부모가 손주에게 재산을 증여한 후 5년이 지나면 상속재산에 합산하지 않음

피상속인의 상속재산가액에는 상속개시일로부터 10년 이내에 상속인에게 한 증여재산을 합산하게 된다. 사전에 미리 미리 증여하여 낮은 세율을 적용받았더라도, 10년 이내에 상속이 개시되면 사전증여재산이 상속재산에 합산되어 40~50%의 높은 세율로 추가 납부해야 하는 상황에 놓여진다.

그러나 피상속인이 상속인 외의 자인 손주, 며느리, 사위에게 한 증여는 상속개시일로부터 5년 이내의 사전증여재산만 상속재산에 합산한다. 따라서 조부모가 손주에게 재산을 증여한 후 5년이 지나게 되면 조부모의 상속세 개신 시 합산과세를 피할 수 있게 된다.

3) 미성년 손주에게 재산을 증여할 때는 신탁 활용

> 할머니인 나는 최근 고민이 생겼다. 3개월 전 임야를 판 돈 1억 5,000만원을 갖고 있자니 이래저래 생활비 등으로 쓸 것 같고, 미성년자인 친손주에게 지금 물려주자니 친손주가 성년이 되기 전에는 아들 내외가 마음대로 쓸 것 같아 걱정된다. 좋은 방법이 없을까?

(1) 이벤트(Event)형 신탁의 활용

신탁에 있어서 신탁재산의 원본 또는 이익을 받아갈 권리가 있는 자를 수익자라고 한다. 수익자는 대표적으로 신탁재산에 대한 이전 청구권과 수급권을 가지게 된다. 다만, **수익자가 신탁재산에 대한 이전 청구권과 수급권을 행사할 수 있는 조건(이벤트), 시점 등을 신탁계약에서 별도로 정할 수가 있는데 이를 '이벤트형 신탁'**이라고 할 수 있다.

(2) 이벤트형 신탁을 활용한 고민 해결

상기 사례에 있어 할머니의 고민은 '이벤트형 신탁'을 통해 해결할 수 있다. ① 임야를 판 돈 1억 5,000만 원을 친손주에게 신탁설정을 조건으로 하여 증여한다(민법상 부담부증여). ② 증여자인 할머니, 친손주(수증자), 친손주의 친권자(아들 내외)와 함께 신탁을 설정한다. ③ 신탁을 설정할 때 위탁자 겸 수익자를 친손주로 하며 친손주가 수익권을 행사할 수 있는 조건(이벤트: 성년, 대학 입학)을 붙인다. ④ 그리고 친손주 또는 위탁자의 친권자가 단독으로 신탁을 해지할 수 없도록 조치한다. ⑤ 향후 친손주는 성년이 되거나 대학에 입학한 후 수탁자에게 주민등록증 또는 재학증명서, 입학증명서를 제출하면 수탁자로부터 온전히 신탁재산을 받아서 쓸 수 있다.

이벤트형 신탁에서 조건(이벤트)은 불법적이거나 비윤리적이거나 달성 불가능한 사항들을 제외하고, 성년 도달, 대학 입학을 비롯하여 결혼, 학위 취득, 공무원 시험 합격 등 증여자와 수증자(위탁자 겸 수익자), 수탁자 간에 합의한 사항이라면 어떤 것이든 가능하다.

[이벤트형 신탁의 구조도]

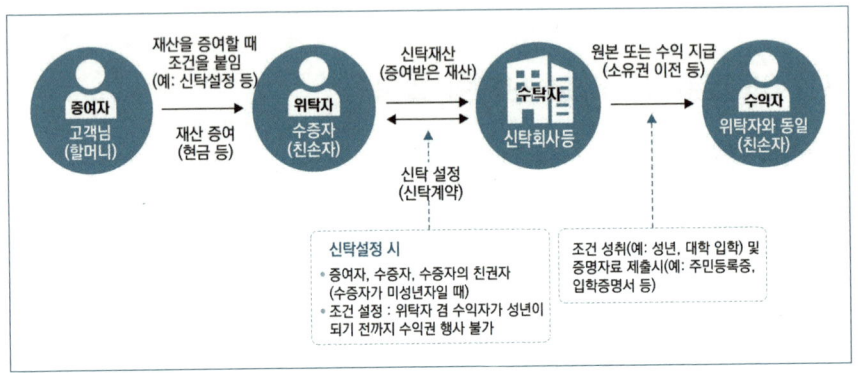

15 기부하려면 제대로 해야 한다.

1) 기부와 상속증여세

장학금 210억에 세금 140억… 기부의 흑역사 (조선일보, 2024.02.14.)

(증략) 황씨는 2003년 회사(수원교차로) 주식 90%(약 180억원)와 현금 등 210억원을 아주대와 공동 설립한 장학재단에 기부해 대학생 1000명을 지원했다. 그런데 국세청은 2008년 이 재단에 증여세 100억원에 가산세 40억원을 보태 세금 140억여 원을 부과했다. 공익법인에 특정 기업의 주식을 5% 넘게 기부하면 초과분에 대해 최고 60%까지 증여세를 부과할 수 있기 때문이다. 해당 법 규정은 재단을 만들고 주식을 넘기는 편법 상속을 막기 위한 취지였는데 황씨 기부금에도 동일하게 적용됐다. 황씨는 세금을 못 내 집까지 압류당했고, 가산세가 늘어 내야 할 부담은 225억원까지 늘었다. 2009년 장학재단이 제기한 소송은 2017년에야 대법원 결론이 나왔다. 대법원은 "경제력 세습과 무관하게 기부를 목적으로 한 주식 증여에도 거액 증여세를 매기는 일은 부당하다"며 애초 부과한 증여세 140억여 원을 취소하라고 판결했다. (후략)

상속세 및 증여세법에 제48조에 따라 **공익법인*이 출연받은 재산의 가액은 증여세 과세가액에 산입하지 아니한다.** 즉, 공익법인은 기부 형태로 받은 재산에 대해 증여세를 내지 않는다. 다만, 공익법인이 내국법인(국내 주식회사)의 의결권 있는 주식을 출연받은 경우로서 일정 주식 지분*을 초과하는 경우 그 초과하는 주식의 가액은 증여세 과세가액에 산입한다.

* 상속세 및 증여세법 기준 공익법인(상속세 및 증여세법 시행령 제12조(공익법인 등의 범위)) (중략) 1. 종교의 보급 기타 교화에 현저히 기여하는 사업
  2. 「초·중등교육법」 및 「고등교육법」에 의한 학교, 「유아교육법」에 따른 유치원을 설립·경영하는 사업
  3. 「사회복지사업법」의 규정에 의한 사회복지법인이 운영하는 사업
  4. 「의료법」에 따른 의료법인이 운영하는 사업 (이하 생략)
  5. 「법인세법」 제24조 제2항 제1호에 해당하는 기부금을 받는 자가 해당 기부금으로 운영하는 사업 (후략)
* 일정 주식 지분 한도: 5%

상속세 및 증여세법 제16조에 따라 피상속인의 상속재산 중 피상속인이나 상속인이 종교·자선·학술 관련 사업 등 공익성을 고려하여 **공익법인에게 상속세 신고기한까지 출연한 재산의 가액은 상속세 과세가액에 산입하지 아니한다.** 즉 공익법인에 기부한 재산에 대해서는 상속세가 나오지 않는다.

그럼에도 불구하고 공익법인을 활용하여 간접적으로 내국법인(국내 주식회사)의 경영권, 지배권을 행사하거나 조세 회피하는 것을 방지하기 위해 일정 주식 지분을 초과하는 경우 그 초과하는 주식의 가액은 상속세 과세가액에 산입한다.

> *일정 주식 지분 한도: 일반 공익법인 10%, 특수관계에 있는 공익법인 5%, 의결권을 행사하지 않는 자선/장학/사회복지목적의 공익법인 20%

2) 기부와 절세를 동시에: 공익신탁 활용

공익신탁이란 기부를 하려는 사람(위탁자)이 기부 재산을 일정한 개인이나 신탁회사(수탁자)에게 맡겨 관리하게 하면서 그 원금과 수익을 기부자가 지정하는 공익적 용도로 사용하게 하는 신탁을 말한다. 수익자를 구체적으로 지정하지 않는 '목적신탁'의 대표적인 신탁이며 신탁법이 아닌 '공익신탁법'의 법령을 적용받는다.

공익신탁은 기부자(위탁자)와 수탁자 간에 신탁계약을 체결하고 법무부의 인가만 받으면 즉시 설정할 수 있고, 공익법인 또는 공익재단 등 별도의 조직을 운영할 필요가 없어서 공익법인 또는 공익재단 설립에 비해 상대적으로 관리 비용이 덜 들어간다. 또한 인가신청일로부터 3개월 이내에 인가 여부가 결정된다.

공익신탁은 신탁의 특성상 신탁회사 등 수탁자의 고유재산과는 별개로 구분하여 관리된다. 또한 수탁자가 파산하더라도 영향을 받지 않고, 신탁재산(기부재산)을 신탁계약에서 정한 목적으로만 사용할 수 있으므로 위탁자의 의지대로 신탁재산이 관리 및 운용된다. 뿐만 아니라 법무부가 공익신탁의 운영 및 회계에 대해 수탁자를 관리 및 감독하고 공익신탁의 주요 현황을 법무부 공익신탁 홈페이지(trust.go.kr)에 공시한다. 따라서 기부자(위탁자) 및 일반인들이 쉽게 공익신탁 현황을 파악할 수 있고 투명성이 보장된다.

[공익신탁법에 따른 공익신탁의 구조도]

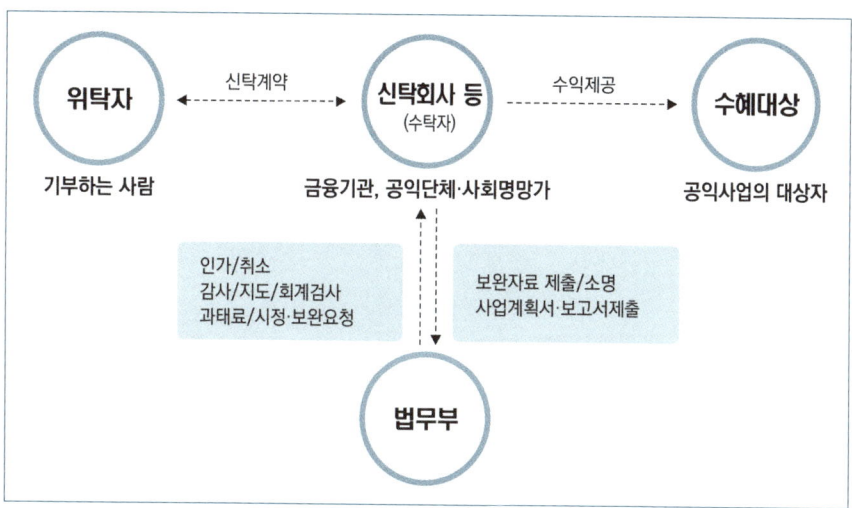

* 구조도 : https://www.trust.go.kr/process.do 참조

[2020년 이후 설정된 공익신탁 예시]

순번	상품명	공익사업유형	수탁자	인가일
33	Green Wave 1.5℃ 공익신탁	환경보호와 정비	주식회사 !!!	2021.5.14.
32	장애청소년의 복리를 위한 공익신탁	장애인·노인	주식회사 ###	2020.12.29.
31	순천愛 생활 SOC 공익신탁	지역사회의 건전한 …	주식회사 !!!	2020.7.9.
30	창원愛 생활 SOC 공익신탁	지역사회의 건전한 …	주식회사 !!!	2020.7.9.
29	은평愛 생활 SOC 공익신탁	지역사회의 건전한 …	주식회사 !!!	2020.7.9.
28	맑은바다 공익신탁	환경보호와 정비	주식회사 !!!	2020.6.18.
27	The 맑은하늘 공익신탁	환경보호와 정비	주식회사 !!!	2020.2.27.

[공익신탁관련 세법 조항]

* 상속세 및 증여세법 제17조(공익신탁재산에 대한 상속세 과세가액 불산입) ① 상속재산 중 피상속인이나 상속인이 「공익신탁법」에 따른 공익신탁으로서 종교·자선·학술 또는 그 밖의 공익을 목적으로 하는 **신탁**(이하 이 조에서 '공익신탁'이라 한다)**을 통하여 공익법인 등에 출연하는 재산의 가액은 상속세 과세가액에 산입하지 아니한다.** (후략)

* 상속세 및 증여세법 제52조(공익신탁재산에 대한 증여세 과세가액 불산입) 증여재산 중 증여자가 「공익신탁법」에 따른 공익신탁으로서 종교·자선·학술 또는 그 밖의 공익을 목적으로 하는 **신탁을 통하여 공익법인 등에 출연하는 재산의 가액은 증여세 과세가액에 산입하지 아니한다.** 이 경우 제17조 제2항을 준용한다.

16 재산을 언제 증여해야 할까?

1) 비재무적 관점: 치매가 걸리기 전에

재산을 언제 증여하면 좋을까 묻는 사람들이 많다. 대답하기 곤란한 질문이다. 이럴 때는 세법적인 관점보다는 생물학적 관점으로 이야기하는 편이다.

'국민연금을 받을 수 있는 연령(통상 65세)부터 보험사 종신보험에 가입할 수 있는 최대 연령(통상 75세) 사이'

왜냐하면 증여는 증여자와 수증자와의 계약이고, 계약은 흔히 말하는 밀당의 과정을 거치게 된다. 결국, 증여자가 정신적으로 온전할 때 맺은 계약이 최선의 결과로 이어질 수 있기 때문이다. 그리고 **증여자와 수증자를 제외한 이해관계인이 해당 증여계약으로 불만을 품을 수 있고, 증여자의 정신적 건강상태 등을 문제 삼아 증여계약 자체를 무효화시킬 수 있게 때문**에 더욱 그렇다. 즉, 한 마디로 치매가 발병하기 전까지 재산을 증여하는 것이 중요하다.

> **"의사능력 없어" 대법 OO證 신탁계약 무효판결** (매일일보, 2023.04.26.)
>
> OO증권이 4년 전 체결한 유언대용신탁계약이 **무효**로 결론 났다. 대법원에서 신탁계약을 체결한 당사자의 의사능력이 없다고 봤기 때문이다. 이와 유사한 유언대용신탁의 최초 판결과 다르다. 전문의의 소견서가 승패를 갈랐다. 신탁계약의 안정성을 제고하기 위한 업계의 노력이 이어질 것으로 전망된다. (중략)
>
> 서울고등법원 항소심 판결문(2021나2026008 신탁계약무효확인의소)에 따르면 OO증권은 2018년 12월 24일, 2019년 3월 27일 신탁계약을 체결했다. **계약자는 신탁계약 당시 알츠하이머 치매를 앓고 있었다.** 재판부는 "원고가 사건을 체결할 당시 의사능력이 없었으므로 원고의 나머지 주장(강박에 의한 의사표시, 비진의의사표시)에 대해 더 나아가 판단할 필요 없이, 이 사건 **신탁계약은 효력이 없다**"고 설명했다.

> 판단 근거는 의료 전문가의 진단이었다. 치매환자의 인지·사회기능은 MMSE(한국형 간이정신상태검사)와 GDS(전반적 퇴화척도) 검사로 정도를 측정한다. **MMSE의 경우 17점 이하인 경우에는 '분명한 인지 기능장애'로 평가**한다. 18~23점은 '경도 인지 기능장애', 24점 이상은 '인지 손상이 없는 상태'로 본다. (후략)

통계청 자료에 따르면 우리나라는 2017년 10월 고령사회로 진입하였다. 고령사회란 UN기준에 따라 총인구에서 65세 이상인 사람들(이하, 시니어)이 차지하는 비율이 14%를 넘는 국가나 사회를 말한다. 2022년 말 기준 우리나라의 시니어 인구는 약 901만 명이다.

보건복지부 자료에 따르면 시니어 중에서 치매가 발병한 사람은 약 94만 명(치매 발병률 10.4%)에 이른다. 보건복지부가 발간한 동일한 자료에 따르면 전국 65세 이상의 치매 발병자 수는 2030년에는 약 136만 명, 2040년에는 약 217만 명, 2050년에는 약 302만 명에 이를 것으로 추정하고 있다.

현대의학으로 치매를 완벽히 치유할 수는 없다고 한다. 다만, 유수의 의학 전문가들은 치매를 조기에 발견하여 의사들의 조언과 처방에 따라 적절히 치료한다면 치매의 진행을 더디게 할 수 있고, 치매 증상을 개선시킬 수 있다고 한다. 따라서 건강검진을 주기적으로 받는 것처럼 시니어 분들은 정기적으로 치매진단을 받아 보시는 것이 좋을 것 같다.

치매진단은 통상 3단계를 거친다. '**1단계는 선별검사(MMSE-DS, 인지선별검사(CIST))**'라고 하는데 인지기능 저하 여부를 간단하고 신속하게 측정하는 대표적인 검사이다. 우리나라 보건소(치매안심센터 등)에서는 만 60세 이상의 분들에게 해당 인지선별검사(CIST)를 무료로 지원하고 있다.

만약, 1단계 선별검사에서 'MMSE-DS 총점 23점 이하 인지기능장애 또는 인지저하'로 판정되는 경우 보건소와 협약된 병원(일정 소득 이하인 경우 검사비가 지원됨)이나 신경과 등 병원에 가서 '**2단계 진단검사(CDR, GDS 등)**'을 받을 수 있다.

대표적으로 CDR(Clinical Dementia Rating) 검사는 치매 전문의가 실시하는 치매척도검사로써 여러 평가 항목(기억, 오리엔테이션, 판단 및 문제해결, 커뮤니티, 가정 및 취미)을 통해 치매의 단계 및 정도를 판단하는 검사이다. CDR 검사를 받으면 통상 CDR 0등급 ~ CDR 3등급 사이에서 평가된다. 'CDR 0'은 정상을 의미하고, 'CDR 0.5'는 경증인지장애(불확실, 가벼운 인지장애), 'CDR 1'은 경도치매, 'CDR 2'는 중등도치매, 'CDR 3'은 고도치매라고 한다(CDR 4는 심각한 치매, CDR 5는 치매 말기).

[CDR 척도]

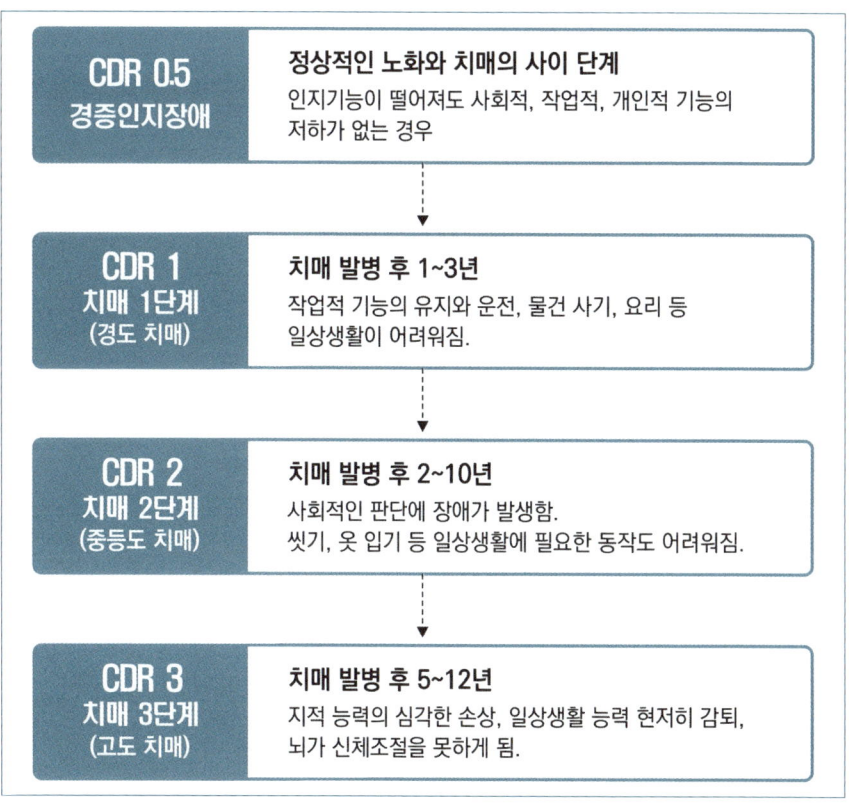

2단계 진단검사에서도 치매가 의심되는 경우라면 '**3단계 감별검사(혈액 검사, 요검사, 뇌 영상 검사 등)**'을 진행할 수 있다. 특히, 뇌 영상 검사 (MRI, CT, SPECT, PET)는 뇌 세포 부위의 이상 유무와 위축 상태 등을 직접 확인할 수 있기 때문에 알츠하이머 치매 등 치매의 원인을 구별하는데 특히 도움이 된다고 한다.

다시 한번 강조하여 말씀드린다. 본인의 재산을 자식, 손주들에게 증여하기로 결정했다면 빠를수록 좋긴 하지만 최적의 타이밍은 '치매가 발병하기 전 65세부터 75세까지' 라고 말이다.

2) 세법적 관점: 부부 합산 재산가액이 70억 원을 초과할 때

예를 들어 남편과 배우자, 자녀 2명인 가족을 가정해 보자. 남편 사망 시 상속재산가액이 70억 원일 때와 71억 원일 때 상속세 차이를 비교하면 명확해진다.

[남편 사망시 상속세 예시]

구분	70억원인 경우	71억원인 경우	차이
상속재산	70억원	71억원	1억원
일괄공제	5억원	5억원	-
배우자공제	30억원	30억원	-
과세표준	35억원	36억원	1억원
결정세액	12.5억원	13억원	0.49억원
상속재산 대비 세금 비율	17.9%	18.3%	48.5%

* 상속인은 배우자와 자녀 2명 가정

위의 경우와 같이 사망한 남편의 상속재산이 70억 원인 경우 배우자의 법정상속분은 30억 원이다(70억 원 × 1.5/3.5). 그런데 남편 사망시 상속재산가액에서 차감하는 배우자상속공제액*의 최대 한도는 30억 원이다. 따라서 상속재산이 71억 원이 된다고 해도 배우자상속공제액은 더이상 늘어나지 않는다. 즉, 상속재산 70억 원에서 1억 원이 증가함에 따른 세율은 48.5%*이다.

> * 배우자상속공제액 = ① 최소 5억 원부터 최대 30억 원 사이에서 ② 배우자가 실제 상속받은 금액과 배우자의 법정상속분 중에 적은 금액
> * 48.5% = 과세표준 30억 초과에 따른 세율 50% − 신고세액공제율(세율 50% x 3%)

따라서 배우자 및 자녀 2명이 있는 상태에서 일괄공제액(5억 원) 및 배우자상속공제액 공제만 놓고 계산해보면 상속재산 70억 원까지는 재산이 증가함에 따라 배우자상속공제액도 같이 증가해서 1억 원당 22%~27%의 세금을 부담하게 되지만, 70억 원을 초과하면 1억 원당 48.5%의 세금을 부담하게 된다.

[결론 요약]

부부합산 30억원 이하	오히려 상속이 유리할 수 있음
부부합산 30억 원~70억원	(상황에 따라) 증여 vs 상속
부부합산 70억원 초과	사전 증여 적극 추천

〈별첨 4〉 신탁에서 상속증여세 성립일과 특징

신탁이란 ① 신탁을 설정하는 자인 위탁자가 ② 관리, 운용, 개발, 처분 등 신탁사무를 수행하는 자인 신탁회사 등 수탁자에게 재산을 이전하면서 신탁목적에 맞게 임무를 부여하고, ③ 신탁회사 등 수탁자는 수익자의 이익 등을 위해 부여받은 임무를 성실히 수행하게 되는데 이러한 일련의 과정(Process) 또는 틀(Vehicle)을 말한다.

[신탁의 구조도]

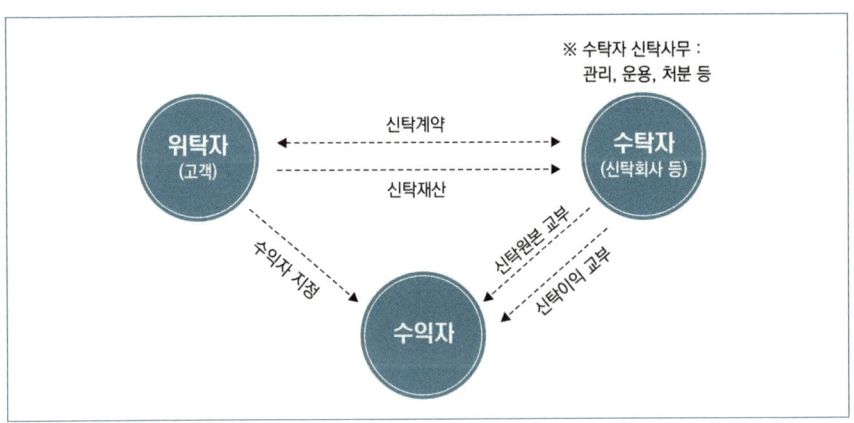

유언대용신탁이란 유언과 동일한 효과를 내면서도 유언장을 작성할 필요가 없고, 위탁자가 수익자의 동의가 없더라도 수익자(사후수익자 포함)를 자유롭게 지정 및 변경할 수 있다. 게다가 수탁자인 신탁회사 등은 위탁자가 살아있을 때 뿐만 아니라 사망한 이후에도 신탁재산을 관리 및 운용할 수 있다. 유언대용신탁의 가장 큰 장점은 위탁자 사망 시 위탁자 생전의 계획대로 다른 법정상속인들의 동의가 없더라도 신탁재산을 사후수익자에게 지급·이전한다.

수익자연속신탁이란 생존한 배우자나 가족, 그 밖의 제3자의 생활을 보장할 필요가 있거나 기업 경영 등에 유능한 후계자를 명확히 할 수 있는 신탁이다. 예를 들어 위탁자 생전에는 위탁자 본인을 수익자로 하되, 본인이 사망한 이후에는 자녀를 수익자로, 자녀가 사망한 후에는 연속하여 손자를 수익자로 하는 신탁을 말한다.

상속세 및 증여세법에서의 상속은 민법 제5편의 상속 및 유증*, 사인증여*, 특별연고자*에 대한 상속재산 분여, 신탁법의 유언내용신탁과 수익자연속신탁을 포함한다. 즉, 신탁 관련 '상속세'가 나올 수 있는 상황은 ① 유언대용신탁, 수익자연속신탁, 자익신탁을 설정하고 ② 신탁재산을 수탁자에게 맡긴 '위탁자가 사망하는 경우'이다.

* 유증: 유언으로써 자기 재산의 전부 또는 일부를 무상으로 타인에게 주는 행위
* 사인증여: 증여자와 수증자가 생전에 증여계약을 맺되 증여의 효력 발생은 증여자의 사망을 조건으로 하는 무상계약
* 특별연고자: 민법 제1057조2에 따른 피상속인과 생계를 같이하고 있던 자, 피상속인의 요양간호를 한 자, 그 밖의 피상속인과 특별한 연고가 있던 자

특히, 유언대용신탁과 수익자연속신탁을 설정한 '위탁자가 사망하여 신탁재산의 수익권을 취득한 자(영리법인은 제외)'는 '세법상 수유자'로서 사망한 위탁자의 상속재산(신탁재산 포함)에 대해 각자가 받았거나 받을 재산을 기준으로 상속세 납세의무가 생긴다.

[유언대용신탁 등 상속세]

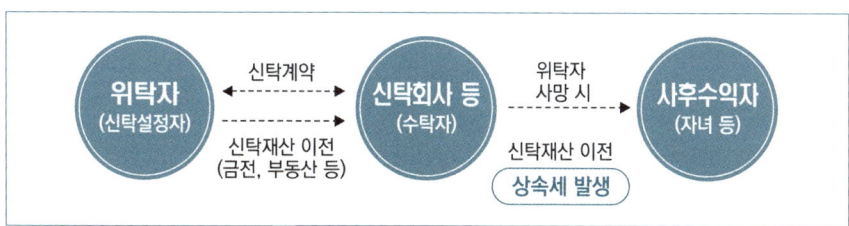

신탁과 관련하여 증여세가 발생하는 상황은 ① 신탁계약 이후 증여가 발생하는 경우(**후(後)증여 신탁**), ② 신탁계약 전에 증여계약이 이뤄지는 경우(**선(先)증여 신탁**)로 나눠볼 수 있다.

[신탁계약일 전후 '증여시기'에 따른 증여신탁 분류]

'선(先)증여 신탁'의 경우에는 신탁계약 이전에 증여계약이 먼저 이뤄지는 형태이므로 증여계약의 수증자 겸 신탁계약의 위탁자가 증여세 납세의무를 부담한다. 문제는 '후(後)증여 신탁'이다.

이 경우 경제적 실질을 기준으로 하여 신탁의 수익권을 무상으로 취득하는 수익자가 증여세 납세의무자가 된다.

'후(後)증여 신탁'의 증여일은 ① 원칙적으로 '원본 또는 수익이 수익자에게 실제 지급되는 날'이다. 다만, 위탁자와 수익자가 다른 타익신탁에서 ② 수익자가 신탁에서 발생한 원본 또는 수익을 받기 전에 위탁자가 사망하는 경우에는 '위탁자 사망일'을 증여일로 보고, ③ 원본 또는 수익을 지급하기로 약정한 날에 실제 지급되지 않은 경우에는 원본 또는 수익을 '지급하기로 약정한 날', ④ 신탁계약일에 원본 또는 수익을 확정할 수 있고 동시에 원본 또는 수익을 여러 차례로 나눠 지급하는 경우에는 원본 또는 수익이 '최초로 지급된 날'이 증여일이 된다.

추가적으로 신탁에서 발생한 수익을 수익자에게 지급할 때는 일반적으로 수익자에게 소득세가 발생할 수 있다(단, **2023년 초 소득세법 시행령 개정으로 위탁자가 신탁계약에 대해 통제권을 가지고 있을 경우 신탁계약에서 발생되는 소득은 위탁자의 소득으로 간주됨**). 만약 수익자에게 소득세가 부과된다면 세법에서는 수익자가 부담하는 소득세와 증여세의 이중과세 문제를 방지하고자 '신탁의 수익에서 소득세 원천징수세액을 차감한 나머지 금액을 증여세 계산시 증여재산가액으로 본다.

<별첨 5> 신탁의 분류와 각 신탁별 특징

['위탁자 자격'에 따른 분류(민법상 분류)]

① 행위능력자 신탁: 위탁자가 민법상 제한능력자가 아닌 신탁
② 제한능력자 신탁: 위탁자가 민법상 제한능력자인 신탁(제한능력자 관련 민법 제5조 ~ 제17조: 미성년자, 피성년후견인, 피한정후견인)
③ 유언적령자 신탁: 민법 제1061조에 따라 만 17세 이상인 자만 위탁자가 될 수 있음(유언신탁에 한함)

['위탁자 자격'에 따른 분류(세법 등에 따른 분류)]

① 거주자 신탁: 위탁자가 국내에 주소를 두거나 183일 이상 거소(居所)를 둔 사람인 신탁
② 비거주자 신탁: 위탁자가 국내 거주자가 아닌 신탁
③ 법적제한신탁: 장애인신탁, 신탁형 ISA 등 세법 및 국내법에 의해서 위탁자 자격을 제한한 신탁

['신탁재산'에 따른 분류(자본시장법 제103조 및 실무상 분류)]

① 특정금전신탁: 신탁재산이 '금전'인 신탁
② 재산신탁: 자본시장법 제103조에 따라 신탁재산이 '금전 외' 증권, 금전채권, 동산, 부동산, 부동산 관련 권리, 무체재산권(지식재산권)인 신탁
③ 종합재산신탁: 하나의 신탁계약에 자본시장법 제103조에서 규정한 재산 중 둘 이상의 재산을 설정한 신탁

[**'신탁설정 행위(신탁행위) 또는 신탁 성립'에 따른 분류**]
① 계약에 의한 신탁: 위탁자와 수탁자 사이의 신탁계약에 의한 신탁
② 유언에 의한 신탁: 민법상 방식에 따라 유언자가 유언을 남김으로써 설정되는 신탁, 다만 효력 발생은 유언자가 사망한 시점부터 발생
③ 선언에 의한 신탁: 공정증서를 작성하는 방법으로 위탁자 본인을 수탁자로 선언하면서 설정되는 신탁
④ 법정신탁(신탁법 제101조 제4항): 신탁관계인의 의사와는 무관하게 신탁법에 의해 규정된 신탁

[**'수탁자의 영업성 유무'에 따른 분류**]
① 영리신탁(상사신탁): 금융위원회로부터 신탁업 인가(겸영 인가 포함)를 받은 '신탁업자'가 수탁자인 신탁으로, 신탁업자(신탁회사)가 신탁사무 수행에 따라 보수 및 수수료 등을 수취할 수 있는 신탁
② 비영리신탁(민사신탁): 수탁능력을 갖춘 개인 또는 신탁회사 외 법인 등이 수탁자가 되는 신탁(비영리목적)

[**'수탁자의 재량'에 따른 분류**]
① 확정신탁(수동신탁): 신탁상 수익자와 그 수익권의 내용이 확정되는 신탁, 수탁자는 신탁상 정해진 수익자에게 정해진 수익 등의 급부를 지급할 의무만을 부담하는 등 재량권이 없는 신탁
② 재량신탁(능동신탁): 수탁자가 누구에게 무엇을 지급할 것인지를 선택할 재량권이 있는 신탁

[**'수익자 유무'에 따른 분류**]
① 수익자신탁: 신탁설정행위(신탁행위)를 통해 '수익자가 지정되는 신탁'
② 목적신탁: 수익자가 지정되어 있지 않은 신탁(ex. 공익신탁법에 따른 공익신탁 또는 신탁법상 목적신탁)

[위탁자와 수익자의 '동일인 여부'에 따른 분류]

① 자익신탁: 위탁자와 수익자가 동일인인 신탁(위탁자 = 수익자)
② 타익신탁: 위탁자와 수익자가 동일인이 아닌 신탁(위탁자 ≠ 수익자)

[신탁계약의 '투자성 유무'에 따른 분류(자본시장법 제3조에 따른 분류)]

① 관리형신탁: 금전 이외 재산에 대한 신탁으로 위탁자 또는 처분권한이 있는 수익자의 지시에 따라서만 신탁재산의 처분이 이뤄지는 신탁(신탁회사가 신탁재산의 보전·이용·개량행위만을 할 수 있는 신탁)
② 금융투자상품 신탁: 자본시장법 제3조에 의거한 신탁(적합성 및 적정성 원칙, 설명의무, 투자 광고 준수 등 의무 있음)

[특정금전신탁 분류(자본시장법 및 특정금전신탁 업무처리 모범규준에 따른 분류)]

① 지정형 특정금전신탁: 투자자가 운용자산 및 특정 종목, 비중 등을 구체적으로 지정한 특정금전신탁
② 비지정형 특정금전신탁: 투자자가 운용자산 및 특정 종목, 비중 등을 지정하지 않는 특정금전신탁
③ 고난도 금전신탁계약: 자본시장법 시행령 제2조에 따라 최대 원금손실 가능금액이 20퍼센트를 초과하는 금전신탁 중 운용방법 및 위험을 투자자가 이해하기 어렵다고 인정되는 신탁계약

[부동산신탁 분류(영리신탁 기준)]

① 담보신탁: 부동산의 관리와 처분을 신탁회사에 신탁한 후 수익권 증서 등을 발급하여 이를 담보로 금융기관에서 자금을 대출받는 신탁
② 관리신탁: 신탁회사가 부동산에 대한 소유권 또는 소유권 및 회계, 임대차 관리 등을 수행하는 신탁

- 을종관리신탁: 신탁회사가 소유권자로서 부동산의 '소유권만'을 관리하는 신탁
- 갑종관리신탁: 신탁회사가 소유권자로서 임대차관리, 시설관리, 회계 및 세무관리 등을 하는 신탁

③ 처분신탁: 부동산의 처분을 목적으로 하는 신탁, 신탁회사가 부동산을 처분하여 그 처분대금을 수익자에게 교부하는 신탁

④ 분양관리신탁: 건축물 분양에 관한 법률에 의거하여 부동산을 개발하면서 사전분양이 필요할 때 진행하는 신탁

⑤ 토지신탁: 건축자금이나 개발 노하우 및 전문성이 부족한 고객으로부터 토지를 신탁회사가 수탁받아 해당 토지에 대한 개발계획 수립, 건설자금 조달, 공사관리, 건축물의 분양 및 임대 등 개발사업의 모든 과정을 신탁회사가 수행하고, 발생한 수익을 토지소유자에게 교부하는 신탁

저자약력

◉ 윤 서 정

現 신한은행 신탁솔루션부 변호사
前 서울대학교 산학협력단
　　법무법인 평강
　　법무법인 중부로
- 제2회 변호사 시험 합격(2013년)
- 대한변호사협회 법제위원회 위원 역임
- 대한변호사협회 벤처스타트업 법률지원특별위원회 위원 역임
- 대법원 국선변호인 역임
- 중앙행정심판위원회 국선대리인 역임
- 선거관리위원회 정보공개심의위원회 위원 역임
- 칼럼니스트(동아일보)
- 변호사회, 법무사회, 대학(서울대학교, KAIST, UNIST) 등 강의

■ 이메일 : seojung.yoon2@gmail.com

◉ 신 관 식

現 우리은행 신탁부 가족신탁팀
前 신영증권 패밀리헤리티지본부
　　한화투자증권 상품전략실
- 제53회 세무사 시험 합격(2016년)
- KBS 2TV(무엇이든 물어보세요), 매일경제TV(머니클래스),
  YTN라디오(조태현의 생생경제), 시니어TV 등 출연
- 한국금융연수원, 금융투자교육원, 현대백화점 문화센터 등 강의
- 칼럼니스트(조세금융신문, 뉴스락, 에이블뉴스)
- 저서: 불멸의 가업승계 & 미래를 여는 신탁(2024년, 개정판)
  　　　내 재산을 물려줄 때 자산승계신탁(2024년, 개정판)
  　　　5주 완성 이것만 알면 나도 세금전문가(2024년)
  　　　장애인 금융 세금 가이드(2023년)
  　　　사례와 함께하는 자산승계신탁·서비스(2022년)

■ 이메일 : skskt1107@naver.com

재산승계의 정석

초판인쇄 :	2024년 8월 26일	
초판2쇄 :	2024년 9월 20일	
저　　자 :	윤서정 · 신관식	
발 행 인 :	(주)더존테크윌	
주　　소 :	서울시 광진구 자양로 142 청양빌딩 3층	
등록번호 :	제25100-2005-50호	
전　　화 :	02-456-9156	
팩　　스 :	02-452-9762	
홈페이지 :	www.etaxkorea.net	

ISBN 979-11-6306-108-3

정가 22,000원

• 파본은 구입하신 서점이나 출판사에서 교환해 드립니다.
• 이 책을 무단복사, 복제, 전재하는 것은 저작권법에 저촉됩니다.

※ 더존테크윌 발행도서는 정확하고 권위 있는 내용의 제공을 목적으로 하고 있습니다.
그러나 그 완전성이 항상 보장되는 것은 아니기 때문에 적용결과에 대하여 당사가 책임지지 아니합니다. 따라서 실제 적용할 때에는 충분히 검토하시고, 저자 또는 전문가와 상의하시기 바랍니다.